出版支持

国家社科基金一般项目"连片特困区扶贫资源配置效应与优化机制研究"（14BJL077）

江西省高校重点人文社科研究基地江西农业大学"三农"问题研究中心

"江西省农业科技创新与发展"软科学研究基地

"江西现代农业及其优势产业可持续发展的决策支持"协同创新中心

"十 三 五" 国 家 重 点 图 书 出 版 规 划 项 目

中国减贫研究书系/**专题研究**
CHINA'S POVERTY ALLEVIATION SERIES

连片特困区扶贫资源
配置效应与优化机制

POVERTY RESOURCES
ALLOCATION EFFECT AND
OPTIMIZATION MECHANISM OF
CONTIGUOUS POVERTY AREA

郑瑞强　朱述斌　王 英／著

社会科学文献出版社
SOCIAL SCIENCES ACADEMIC PRESS (CHINA)

《中国减贫研究书系》
出版说明

消除贫困是人类自古以来的理想，是人类的共同使命，也是当今世界面临的最大全球性挑战。中国的消除贫困行动取得了举世瞩目的成就，为全球减贫事业作出了重大贡献。党的十八大以来，新一届中央领导集体高度重视扶贫开发工作，明确了"到2020年现行标准下农村贫困人口全部脱贫，贫困县全部摘帽，解决区域性整体贫困"的目标，召开中央扶贫开发工作会议，对打赢脱贫攻坚战进行了全面部署。目前，全国上下全面实施精准扶贫、精准脱贫方略，中国迎来了与贫困作战的新一轮浪潮。

在这种大背景下，社会科学文献出版社希望通过减贫与发展主题作品的出版，搭建减贫研究的资源共享和传播平台，向社会和政策界传递学界的思考和分析，探索和完善中国减贫和发展的模式，并通过学术成果"走出去"，丰富国际减贫经验，为人类消除贫困贡献中国模式。

《中国减贫研究书系》和"中国减贫数据库"是社会科学文献出版社自主策划的出版项目，项目策划之初就获得了中国社会科学院李培林副院长、蔡昉副院长的肯定和支持。图书项目目前已被列入"十三五"国家重点图书出版规划。依托于该书系以及社会科学文献出版社历史上已出版图书的"中国减贫数据库"业已入选"十三五"重点电子出版物出版规划。

中文版书系将全面梳理新中国成立以来，特别是改革开放30多年来我国减贫政策演变进程及历史经验；系统分析现阶段我国减贫工作所面临的突出问题并探索相应的解决方式与途径，为减贫工作提供理论资源和智识支持；总结政府、社会、市场协同推进的大扶贫格局，跨地区、跨部门、跨单位、全社会共同参与的多元主体社会扶贫体系的优势；探索区域合作、国际合作在减贫问题上的实践路径，为全球减贫视野贡献中国智慧。

"中国减贫数据库"旨在全面整合社会科学文献出版社30年来出版的减贫研究学术成果，数据库设有减贫理论、政府减贫、市场减贫、国际减贫、区域减贫、金融减贫、社会救助、城市减贫、减贫政策（战略）、社会减贫、减贫案例等栏目。我们希望以此为基点，全面整合国内外相关学术资源，为中国减贫事业的开展、学术研究、国际合作提供数据平台支持。

基于中文版书系及数据库资源而成的"走出去"项目，将以多语种展现中国学术界在贫困研究领域的最新成果，展现减贫领域的中国模式并为其他国家的减贫事业提供中国镜鉴，增强中国发展模式的国际话语权。

作为人文社会科学专业学术出版机构，社会科学文献出版社长期关注国内外贫困研究，致力于推动中外减贫研究领域的学术交流与对话，出版了大批以减贫与发展为主题的学术著作。在新时期中央有关减贫战略思想的指导下，我们希望通过《中国减贫研究书系》这个平台，多维度、多层次展现中国减贫研究的优秀学术成果和成功的中国经验，为中国减贫事业、为全面实现小康贡献出版界的力量。

《中国减贫研究书系》
编辑委员会

（以姓氏笔画为序）

前　言

　　摆在您面前的这本研究报告，是国家社会科学规划一般项目"连片特困区扶贫资源配置效应与优化机制研究"的最终研究成果。为便于大家了解有关项目研究的情况，这里简要向读者交待一下有关研究的背景和问题、研究过程和方法，以及研究的内容与结论。

　　扶贫开发是贯穿中国现代化进程的重大任务，是实现全面建成小康社会目标需要解决的重大问题。《中国农村扶贫开发纲要（2011－2020年)》将"连片特困地区"作为新十年国家扶贫开发的主战场，意味着扶贫开发工作要更加注重片区的自我发展能力，更加注重与区域发展相结合，更加注重形成大扶贫工作格局。受力于当前精准扶贫、精准脱贫方略的指导，加之《中共中央、国务院关于打赢脱贫攻坚战的决定》出台的影响，扶贫力度前所未有。但至2015年底，中国仍有农村贫困人口5575万人，其中约70%的贫困人口生活在14个连片特困区。展望未来，2020年共同富裕、全面建成小康社会目标能否如期实现，看点、难点和关键都在连片特困区。

　　能否实施好片区规划、推进连片特困区扶贫开发是决定新一轮扶贫开发攻坚战成败之举，全方位整合扶贫资源，创新资源优化配置机制，最大限度发挥扶贫资源减贫效应，提高扶贫资源配置效率是题中应有之义。扶贫资源配置既是一个理论命题，又是一个重大的现实问题，涉及资源配置结构、供需行为、配置成本与方式、决策机制与需求表达、配置效益与效率等多个方面，并受到政府职能、财政制度、经济发展水平和市场化程度等多个方面的影响与制约。本研究聚焦扶贫资源配置效率问题，以精准扶贫、精准脱贫方略为指导，借鉴要素关联、生计空间、资源配置机制等领域分析范式,依托分属我国不同区域的 3 个国定连片特困区社会经济调查资料,重点围绕"扶贫开发工作重心与面临挑战、连片特困区发展逻辑、区域发展要素替代规律、扶贫配置秩序重构、要素流动促进区域发展和减贫的关系、扶贫资源配置与区域发展关联效应、宏观区域与微观家庭扶贫资源配置效率综合分析、脱贫人口返贫风险防范、扶贫资源传递过程"等主题内容,运用竞争优势理论对于贫困区域发展要素配置机制与竞争优势获取途径进行分析,基于资源传递过程阐释扶贫资源供需主体行为协调性和区际要素流动机制,计量分析贫困区域扶贫资源总量与配置结构及其区域发展带动效应,明确扶贫资源配置的作用机制,评价扶贫资源配置效率,找寻影响配置效率的因素并进行制度优化,把脉区域发展方向和贫困人口发展意愿,有针对性地提出了实现连片特困区区域"协同发展中减贫"的政策措施和制度保障,优化与完善有效嵌入片区扶贫开发活动系统的扶贫资源精准配置机制,关注脱贫人口长远生计保障并对脱贫人口后期扶持政策进行了完善,在此基础上提出发展资源获取与扶贫资源配置结构调整方面的建议,以提高扶贫资源配置效率,促进贫困区域脱贫和区域间协调发展,提升贫困区域发展与民众福利水平。

从区域扶贫开发工作重心和面临的挑战上看,历史分析贫困区域发展与扶贫行为工作重心,我国的扶贫开发历经 1949 ~ 1978 年救济式扶贫、1978 ~ 1985 年改革经济体制方式减贫、1986 ~ 1993 年开发式扶贫、1994 ~ 2000 年攻坚式扶贫、2000 ~ 2010 年基本贫困消除、2011 年至今的同步小康发展扶贫等阶段,扶贫目标已由原来的"保生存"向"保生态,促发展,惠民生"转变;扶贫模式亦由救济式扶贫、普惠式扶贫向开发式扶贫、竞争式扶贫转变,并开始跳出行政区划间隔迈向具有区际合作效应的连片扶贫开发;扶贫工作总体呈现由"关注政策扶贫效果的国家导向"逐步朝着"注重外部环境改善的区域导向"直至"关注区域与贫困人口生计可持续发展的能力导向"的战略转变。当前片区扶贫乃至国家扶贫工作面临六大挑战:一是扶贫治理机构尚待完善，扶贫资源传递内耗过大；二是贫困主体对接能力不足，资源配置机制亟须调整；三是普惠式扶贫政策瞄准机制存在偏差，中间力量的利益阻隔明显；四是扶贫政策异化现象突出，扶贫资源边际效益递减；五是扶持项目权属模糊，扶贫资源良性循环基础薄弱；六是特殊贫困群体边缘性特征显著，发展不平衡带来贫困群体社会剥夺感增强。

从连片特困区发展逻辑上看，多种致贫因素引发的贫困人口相对集中连片迹象的出现，使得创新扶贫开发机制、推进连片开发扶贫，成为未来扶贫开发路径的必然选择。区域发展理论和空间贫困理论视角下的连片开发扶贫，应从空间上注重区域间发展资源禀赋特征与耦合，发展环境质量整体提升，产业结构优化，外界市场对接以及贫困人口赋能；从时间上促使区域系统朝着突破发展瓶颈、保持可持续发展状态的方向进化；从管理体制上明晰各利益相关主体角色，协同整合，形成全方位的大扶贫格局，以促进连片开发扶贫实践向纵深发展，提高连片开发扶贫的针对性和有效性。

从区域发展要素替代规律上看，区域发展实质是一个生产要素优化配置问题，解析复合状态的贫困概念，贫困机制的形成正是由于要素短缺和要素组合功能长期疲软。中国区域发展的各个阶段的主导要素大致表现为"劳动力为主导、资本（自然资源、人造资本、资金）为主导、知识（科技、信息、管理）为主导、环境质量为主导"逐步演替。在连片特困地区扶贫开发过程中，如果对区域经济发展要素的变化没有一个正确的预期，发展就会出现全局性的失误、失衡、失效，造成发展要素资源的严重浪费。因此，进行贫困区域开发应从区域整体的高度认识和把握社会经济发展主导要素的演替规律，基于区域资源比较优势，准确发现区域发展短板，重视要素流动与优化配置，提升区域发展整体实力，惠及贫困人口脱贫致富。

从扶贫配置秩序重构方面来看，经济新常态下扶贫资源配置机制优化的重心在于市场机制与行政机制的协调。政府要在社会主义市场经济条件下有效发挥作用必须遵守市场秩序，市场在扶贫资源配置过程中发挥决定性作用时也应该遵守政治秩序，市场机制与行政机制高效协作表现为良性社会运行秩序形成。要将市场机制的自由与张力、行政机制的约束与调控等功能有效发挥，明晰边界与重建秩序是前提。本研究系统阐述资源配置机制演进历程，比较分析资源配置机制作用机理，论证了作为社会发展优先价值的秩序功能，提出了扶贫资源配置秩序重构策略：良心为本，重拾个体层面的道德理性约束；契约至上，健全组织层面的规制体系；协同参与，完善社会层面的复合治理模式。

从要素流动促进区域发展和减贫的关系上看，生产要素流动有助于提升资源配置效率，有助于但并不必然带来区域发展的竞争优势，并有可能造成区域非均衡发展态势，有关要素流动优劣争论的焦点在本质上反映了市场经济体制运行与政府行政干预在要素流动这一焦点问题上的碰撞，集中反映了人力资源、资本、制度等要素配置机制及效率是制约贫困区域发展的关键。本研究以罗霄山片区赣州部分发展为例进行实证分析，认为在"市场主导发展资源配置"的经济环境下实现贫困区域发展在治理层面需要解决的首要问题是：明确区域生产要素流动及相互作用机理，通过合理的政策设计促进要素流动、产业转移来推进贫困区域发展，发挥生产要素流动的正向效应，依托生产要素流动逐渐融入高端产业链条并分享收益，从根本上改观并建立贫困区域发展增长机制，实现贫困区域发展资源的优化配置。

从扶贫资源配置与区域发展关联效应上看，连片特困区扶贫开发作为政策设计，缘起于片区在长期发展过程中受到"贫困陷阱"与"梅佐乔诺陷阱"影响的理性判断。本研究基于政策支持影响区域产业关联、区际关联视角，选择大兴安岭南麓山区（内蒙古自治区兴安盟）作为分析样本，探寻连片特困区政策驱动区域发展与贫困人口脱贫的作用机理。鉴于片区发展中的产业结构关联度不高和区际经济差异趋高的阶段性特征，研究提出产业发展与跨域治理政策优化建议：破除传统产业黏性，提升片区现代农业品味；健全区域经济协调机制，创新片区跨域治理机制；强化要素市场培育，提高资源配置效率，以实现区域内部和谐和区域外部共生，推进片区减贫脱贫。

从扶贫资源配置效率的宏观区域分析与微观家庭视角综合分析上看，经济新常态的发展背景要求新时期扶贫工作应重视资源配置效率以及发展质量的提高。鉴于当前扶贫资金额度不断提高而减贫效率递减等扶贫挑战，本研究选择罗霄山片区（江西赣州部分）18个县（市、区）为分析样本，系统剖析其财政扶贫资金规模与结构特征，明确影响扶贫资金减贫效应发挥的整村推进投资、产业扶贫投资、管理与奖励投资等关键因素及影响程度；选择乌蒙山片区（贵州遵义部分）620户农户为分析样本，着重分析农户家庭收入影响因素及影响程度；并通过调研访谈与观察在把脉区域、农户发展意愿的基础上，认为扶贫偏差行为的消减是提高扶贫资源配置效率的一个重要抓手，而扶贫资源配置过程中多元主体行为诉求不一致、供需对接失衡、过程管理水平不高等则是扶贫偏差行为出现的主要原因。

从脱贫人口返贫风险防范上看，脱贫人口的返贫问题将成为蚕食扶贫开发工作成果和阻碍扶贫目标顺利实现的顽疾，应准确识别扶贫开发进程中脱贫人口面临的政策性返贫、能力缺失返贫、环境返贫、发展型返贫等风险，利用"生计空间重塑"理论清晰梳理风险因素致贫机理，并在此基础上提出了脱贫人口后期发展扶持策略：实施精准扶贫，推进精准脱贫；依托区域特色资源，关注扶贫模式创新；健全脱贫人口返贫风险预警机制，完善脱贫人口后期扶持政策；严格精准扶贫考核，优化保障扶贫开发工作条件。

从扶贫资源传递过程分析来看，连片特困区在资源配置过程中存在扶贫资源传递"漏出"、扶贫政策异化、政府减贫行为与资源配置机制路径依赖、中间力量利益阻隔、贫困主体对接能力不足、公益扶贫社会氛围有待改善等政府减贫行为供需对接障碍，应基于双边市场理念进行扶贫供需平台协作机制、驱动机制与发展保障机制设计与优化，以增强扶贫行为的针对性，提高扶贫资源配置效率，推进扶贫目标实现。

破解经济新常态下连片特困区提升扶贫资源配置效率难题，切实做到"扶真贫、真扶贫、治本扶贫",实现扶贫开发工作稳中有进,量质双升,要认识到精准扶贫政策作为新时期我国扶贫开发的战略导向,是对接经济新常态要求扶贫资源优化配置和发展质量提升的政策回应。通过历史性分析准确把握精准扶贫生成逻辑,系统探讨精准扶贫提出的理念要求、制度关联、技术背景与政策指向,关注精准扶贫流程再造需要回答的"扶贫主体意识回归、扶贫资源供需对接、扶贫工作业务流程再造"等三个理论问题,正视"防范外部资源'强制嵌入',应重视乡村价值发现和本土资源利用;防范扶贫开发'运动异化',应重视系统资源整合和脱贫长效机制完善;防范工作推进'盲目跟风',应重视扶贫开发形势的理性研判和实践探索;防范政府扶贫资源传递'效率缺失',应重视农村扶贫资源传递过程的整体改进"等四个倾向性问题,妥善处理"扶贫开发方式的精准对接与多重方式协同的关系;扶贫开发资源短期减贫效应与脱贫主体可持续发展长效机制的关系;扶贫开发治理系统稳定性保持与动态能力提升的关系;经济增长与极贫人口脱贫的关系;精准扶贫与区域发展的关系"等五重关系,并尝试提出连片特困区扶贫开发未来政策走向:把握结构性贫困特征,推进精准扶贫需要系统思维;促进农村产权制度的改革深化,提高贫困人口资产性收益;强化扶贫模式协同与政策衔接,注重内源式扶贫;依托区域特色资源,关注新型扶贫模式创新;强化贫困人口的动态管理,创新扶贫脱贫区域正向退出机制;严格精准扶贫考核,优化扶贫开发工作条件保障等。

研究认为:贫困现象本就是社会发展的多种表征之一,表现在社会经济领域的方方面面,贫困问题需要通过社会经济的全面发展来有效消减,而不能将其孤立。实现扶贫治理的现代化将是未来扶贫开发工作的战略选择,也是新时期"领跑脱贫攻坚"工作的理念引领、组织基础和制度保障。基于"适度普惠的理念初步形成、多元主体的共责机制趋于完善、'美好生活'成为脱贫攻坚共识"的扶贫开发阶段性特征,借鉴"看护四角"发展治理理念和实现"人的全面发展"目标的可用性手段及所需社会支持，系统思考满足发展主体不同需要的路径，具体到工作实践，应以扶贫资源配置为抓手，关注"党的核心的认同化、公共服务的均等化、收入分配的合理化和政策体系的科学化"四个关键问题，扎实推进扶贫治理现代化目标实现。

在本研究报告出版之际，要特别感谢全国哲学社会科学规划办公室的资助，还要衷心感谢为这项课题研究活动的顺利开展提供了大力支持和帮助的江西省人民政府办公厅、江西省扶贫和移民办公室、贵州省水库和生态移民局、内蒙古兴安盟扶贫办公室、江西省社会科学界联合会、江西省社会科学院、南昌大学江西省鄱阳湖综合治理与资源开发重点实验室、江西师范大学财政金融学院、江西财经大学经济管理学院、江西省委党校、江西农业大学经济管理学院、中国人民大学公共管理学院、南京农业大学经济管理学院、四川大学经济学院、河海大学公共管理学院、三峡大学经济管理学院等单位及工作人员以及配合我们调研的农民朋友们，尤其是相关领域各位专家给予的理念启示、思路引导、调研机会提供、基金课题支持等资源提供对于研究开展、结果论证与成果转化弥足珍贵，没有你们的支持、指导、帮助和配合，本项课题的研究工作是难以顺利完成的。

由于我们自身知识结构和学术水平的限制，本书的分析研究肯定存在不妥之处。我们衷心希望能得到大家的批评和指教，以期推动这一领域的研究不断走向深入。

目 录

第1章 绪论

一 研究背景与意义

（一）研究背景

贫穷是社会的伤疤，减贫是政府的天职，扶贫济困是人类的良心，共同富裕是社会主义的本质要求。21世纪的今天，信息技术突飞猛进，城乡一体化日新月异，推动着历史的巨轮滚滚向前，人类创造了无穷无尽的财富和文明，然而贫困就像一道道阴影，相伴相随，挥之不去。据世界银行统计，2015年以每人每天消费1.25美元为标准，全世界仍有8亿多人生活在贫困之中。作为人口最多的发展中国家，中国对贫困有着切肤之痛。贫困面大、贫困人口多，是中国全面建成小康社会最突出的短板。

改革开放以来，中国重视扶贫开发，始终将其作为国家的一项重大战略，为消除贫困而不懈奋斗，中国国家主席习近平多次强调，"小康不小康，关键看老乡""没有贫困地区的小康就没有全面建成小康社会"，必须采取有效措施，确保贫困人口到2020年如期全部脱贫，李克强总理多次到贫困地区考察调研，连续2年将减贫1000万人以上作为中央政府年度工作目标。

中国扶贫开发，规模之广、难度之大，在世界范围绝无仅有，而取得成果之辉煌，足以载入人类发展史册。按照中国现行扶贫标准衡量，中国农村贫困人口比例，从1990年的73.5%下降到2015年的5.7%，

1

联合国 2015 年《千年发展目标报告》显示，中国农村贫困人口的比例，从 1990 年 60% 以上下降到 2002 年 30% 以下，率先实现比例减半，2014 年下降到 4.2%，中国对全球的减贫贡献率超过 70%，与此同时，农村贫困地区基础设施和公共服务体系建设加快推进，道路、水利、电力、住房、通信条件显著改善，教育条件明显改观，医疗卫生服务体系逐步健全。

消除贫困，改善民生；党心所系，民心所向。在扶贫攻坚的伟大实践中，中国成功走出了一条以经济发展为带动力量，以开发扶贫为根本途径，政府主导、社会帮扶与农民主体相结合，普惠性政策和特惠性政策相配套，扶贫开发与社会保障相衔接的中国特色扶贫开发道路。政府主导，就是政府始终将扶贫作为国家发展的重要目标和任务，先后制定了《八七扶贫攻坚计划》和 2001~2010 年、2011~2020 年两个《中国农村扶贫开发纲要》，强力推动减贫进程；开发扶贫，就是以经济建设为中心，提高扶贫对象的自我积累和自我发展能力；各界帮扶，就是机关事业单位定点扶贫，开展东西部扶贫协作，做到人人皆愿为、人人皆可为；自力更生，就是充分尊重贫困地区干部群众的主体地位，依靠自身力量改变落后面貌；社会保障，就是针对丧失劳动能力的贫困人口实行政策性兜底扶持，纳入最低生活保障和社会救助体系。

中国共产党第十八次全国代表大会召开以来，中国进一步提出精准扶贫的新方略，要求做到扶贫对象、项目安排、资金使用、措施到户、因村派人、脱贫成效"六个精准"。通过建档立卡，全国共识别出贫困人口 8900 多万人，各地向 12.8 万个贫困村派出驻村工作队，确保精准扶贫战略的落实。中国扶贫开发的成就，是对世界减贫事业的巨大贡献，中国扶贫开发的经验，愿意为所有国家分享和借鉴。2015 年 9 月联合国发展峰会，通过了 2015 年后发展议程，习近平主席在会上阐述了中国政府促进国际减贫的立场，提出了共同落实发展议程的倡议，进一步表明了推进扶贫减贫的决心。

做好扶贫开发工作，支持困难群众脱贫致富，帮助革命老区、民族地区、边疆地区、贫困地区特别是连片特殊困难地区加快发展，使发展成果更多更公平地惠及人民，是我们党坚持全心全意为人民服务根本宗旨的重要体现，也是党和政府的重大职责。党的十八大明确提出，到2020 年我国要全面建成小康社会。全面建成小康社会，最艰巨、最繁重的任务在农村，特别是贫困地区。没有农村的小康，特别是没有农村贫困地区的小康，就没有全面小康社会。

（二）研究意义

2011 年，中央召开扶贫开发工作会议，颁布实施《中国农村扶贫开发纲要（2011 – 2020 年）》，新一轮扶贫开发攻坚战拉开帷幕。与《国家八七扶贫攻坚计划（1994 – 2000 年）》和《中国农村扶贫开发纲要（2001 – 2010 年）》将扶贫开发工作重点明确为重点县、贫困村不同，《中国农村扶贫开发纲要（2011 – 2020 年）》确定罗霄山片区、乌蒙山片区、大兴安岭南麓山区等区域的连片特困地区和已明确实施特殊政策的西藏、四省藏区、新疆南疆三地州为扶贫攻坚主战场，要求国务院、各级地方政府"加大统筹协调力度，集中实施一批教育、卫生、文化、就业保障等民生工程，大力改善生产生活条件，培育壮大一批特色优势产业，加快区域性重要基础设施建设步伐，加强生态建设和环境保护，着力解决制约发展的瓶颈问题，促进基本公共服务均等化，从根本上改变连片特困地区面貌"。

是否能实施好片区规划、推进连片特困区扶贫开发是决定新一轮扶贫开发攻坚战的成败之举。全方位整合扶贫资源，创新资源优化配置机制，最大限度发挥扶贫资源减贫效应，提高扶贫资源配置效率是题中应有之义。扶贫资源配置既是一个理论命题，又是一个重大的现实问题，涉及资源配置结构、供需行为、配置成本与方式、决策机制与需求表达、配置效益与效率等多个方面，并受到政府职能、财政制度、经济发展水平和市场化程度等多个方面的影响与制约。围绕该问题进行探索，不仅可以丰富区域经济学内容体系，还可以为深化农村改革与发展、完善连片特困区扶贫资源配置政策提供决策参考。

理论意义：中国扶贫攻坚战略开展使得绝对贫困人口数量大为减少，区域发展不平衡与相对贫困问题凸显，解析扶贫资源结构与功能之间的关系，剖析其作用机理及其对社会经济运行的反作用力，为从根源上理解转型升级关键期的社会、市场及政府在扶贫开发中的行为奠定基础，有助于丰富区域发展理论认知，较好实现扶贫政策干预与市场经济发展要求之间的协调，增进区域发展竞争优势，保障区域发展质量。

实践意义：课题选取我国乌蒙山区（西部）、罗霄山区（中部）、大兴安岭南麓山区（东北部）的 3 个国定连片特困区为研究对象，围绕贫困区域发展"关键资源从哪里来，剩余要素往哪里去"的现实问题，基于扶贫政策演化与调研数据分析，探讨区域发展要素配置规律与作用机理，明确贫困区域发展资源缺口与配置结构失调之处，并依据区域比较优势，提出发展资源获取与扶贫资源配置结构调整方面的建议，将有助于促进贫困区域脱贫和区域间协调发展，提升贫困区域发展与民众福利水平。

二　前期研究综合述评

人类社会发展的历史表明，一部人类社会的发展史既可以看作人类从愚昧走向文明的历史，又可以看作人类不断同贫困进行斗争的历史。即便人类社会文明发展到今天，贫困仍是当今世界发展面临的最大挑战之一。反贫困不仅是各国人民的共同心愿，而且对世界大多数国家来说，反贫困仍是一个迫切需要解决的现实问题。

减少贫困、减缓贫困直至消除贫困，表达了人们对反贫困的不同理解，勾勒出了反贫困的阶段性和过程性，反映了人类社会摆脱贫困的逻辑顺序和渐进过程[1]。从中我们可以发现，反贫困不仅是一个具有政策

---

[1]　李俊杰：《集中连片特困地区反贫困研究》，科学出版社，2014，第 1 页。

实践与制度安排双重含义的治理理念，而且是一个与社会发展的终极目标——人的全面发展相关的目的性概念[①]：第一，在经济层面上，从政策、规范化的角度发展经济，保障贫困人口的基本生活需求，使其能够生存下去，这是反贫困的起码底线。第二，在制度层面上，从制度安排和供给上落实社会权利，矫正对贫困人口的社会排斥或社会歧视，保证贫困人口就业、迁徙、居住、医疗和受教育等应有的权利，保障社会公正，缩小贫富差距，促进收入分配的公平性，谋求经济社会稳定、和谐和可持续发展。第三，在发展层面，确立消除贫困的终极目标。人类的反贫困斗争历史实践表明，如果仅仅把反贫困看作对人类需求的不断满足或者生活质量提高的实现，那么人类永远无法实现消除贫困的目标，反贫困只能看作对所有有碍人的正常生存境况的一种反抗及在此基础上的补救。从本质上讲，必须把发展这一崇高的目标作为一项重要的价值原则，才能使人类共享社会的发展成果，最终消除绝对和相对意义上的贫困。

生产要素是构成使用价值或社会财富的基础和源泉，是一个包括生产资料、劳动者、科学技术、生产力的社会管理及其他有关内容的多层次复合体。任何生产活动都不可能脱离生产要素首先是基本要素的结合，否则便不可能形成现实生产力，贫困必然相伴随。区域经济发展所需要素具有共通性，通过政府配置和市场配置两种方式对生产过程中所需资源要素的适当配比，形成区域产业结构；区域发展水平则由这些要素的不同组合所形成的运行机制尤其是其引致的区域自我发育结构和输出输入功能所决定。导致中国区域经济发展存在差距的主要因素在于市场规模与要素的数量与质量（即资源禀赋）。解析复合状态概念的贫困，贫困机制的形成，正是由于要素短缺和要素组合功能长期疲软。按照现行的贫困标准，截止到 2015 年底，我国的农村扶贫对象仍有 0.5 亿人，贫困地区在空间分布上呈现与生态脆弱地区高度耦合的格局，14

---

① 汤浅诚：《反贫困：逃出溜滑梯的社会》，台北早安财经文化有限公司，2010，第 93 页。

个连片特困区覆盖了全国70%以上的贫困人口。区域贫困成因多种多样，因地因时而异，但最根本的原因则是生产要素缺乏或不能有效地实现组合，资源未能得到合理利用和有效配置：Sachs的"市场的政府替代负效应"、Gunnar Myrdal的"熨平回波效应"、Theodore W. Schultz的"加大人力资本投入"、Paul A. Samuelson的"由政府对于贫困的低收入者提供安全网"、Ragnar Nurkse的"强调资本积累"、Walt Whitman Rostow的"产业引导、制度保证"、Todaro M. P.的"地理环境改变"、联合国开发计划署（UDP）"扶贫目标从传统的技术援助向以人的可持续发展转变"、中国扶贫开发过程中凝练的"开发式扶贫、连片开发扶贫"理念等阐述为此提供理论解析；欠发达资源富集区的"资源诅咒"、"资源优势陷阱效应"与资源约束型贫困地区的"内卷化"发展实际，部分贫困区域生产要素的原始组合与现代要素的强制闲置共同造成的"抑制性贫困"，传统的自然经济生产经营方式诱发的家庭短期消费行为的顽固性并在贫困地区内部形成"超稳定的内部结构制约其向商品经济迈进"等现象解析为之提供现实佐证；资源配置效率研究侧重于两类分析，一是基于要素边际产出，认为资源有效配置的标志是完全市场化背景下资源市场价格等于边际产出，一是以生产率变动为起点，对其进行分解并提取出资源配置效率的变化。资源配置效率低致使发展过程中生产方式粗放、区域发展不平衡和农民发展权益受损等问题普遍存在。

减贫已成为当前区域经济社会发展的重要任务。区域社会经济发展从总体来看要依赖于其竞争优势发挥，竞争优势的获取依赖于生产要素的改变与优化组合。作为扶贫攻坚抓手的扶贫资源从表现形式上分为物质资源（物资与资金等）与非物质资源（有利于减缓贫困的一切无形要素），关注市场机制要素动员与资源配置作用，强调政府体制改革的发展释放效应，开辟解决资源稀缺的有效途径，强化生产要素的区际交流，建立贫困地区资源的吸收机制和消化功能等则成为重要的反贫困策略。研究成果主要表现为归纳总结产业扶贫、社会扶贫等典型扶贫模式，利用结构方程、多元回归等手段开展资本、产业、技术等要素对于区域发展及脱贫效应的分析，采用综合评判、前沿分析等方法测算扶贫资源配置效率，认为信息失真、寻租、扶贫对象可行能力低、监管乏力等为扶贫资源配置效率损失的原因。针对性地提出政府应加快扶贫政策创新，由救济式扶贫向片区开发扶贫、参与式扶贫转变，向贫困户提供摆脱资源约束与寻求可持续发展的技术转变方案；提高贫困区域市场发育水平和区域发展主体市场竞争力；充分发展特色产业，促进生产要素合理流动；加大农村贫困地区人力资源开发力度，改变贫困地区的文化观念，完善农村社会保障体系等措施，以突破制约脱贫的"瓶颈"。

国内外优秀成果为本课题研究提供了重要的理论基础与研究借鉴。诸多成果侧重从完善扶贫政策视角展开研究，在扶贫工作现状描述的基础上提出扶贫开发策略，注重行政机制配置扶贫资源，认为宏观调控能力与资源禀赋水平不高是贫困区域发展迟缓的重要原因，但对于"政策指导的不同配置结构扶贫资源的脱贫效应与其作用机制"这一"现状与策略的中间连接环节"的研究尚未形成系统认识，使得扶贫资源配置策略的提出缺乏协整性思考，从而影响了扶贫资源的效用发挥及扶贫工作整体水平。结合新形势下我国扶贫攻坚工作目标，针对当前连片特困区域"扶贫资源投入不足和扶贫资源配置低效率"的双重约束，要进一步深化扶贫工作机制创新，提升扶贫工作效率，需要深入研究求证的关键问题即是："市场化背景下扶贫资源配置水平及区域发展带动效应，以及哪些要素的增长和如何再分配对于贫困区域发展以及贫困家庭减贫最有效"。

三　研究的基本观点假设

（一）扶贫资源配置需要明确的顶层设计

连片特困区区域发展塌陷问题攻坚，应注重资源配置过程中市场机制的要素发掘与资源利用优化整合效用，强调劳动力、土地、资本、组织四要素在市场发育基础上良性联动，扶贫相关者利益有效衔接，宏观区域与微观家庭发展共融，区际横向联动与代际纵向跨越兼顾。

（二）扶贫资源供需主体的行为协调性影响扶贫资源配置及利用效率

应在政府主导之外充分发挥社会和市场在扶贫中的作用，强化行为主体理性预期意识与健全偏好显示机制，注重扶贫对象参与及人本理念的绩效考评方式创新，使得扶贫资源传递终点由地区向贫困人群转变，提高扶贫资源在行为主体间的传递效率。

（三）扶贫资源优化配置需要兼顾技术效率与组织效率

物质扶贫资源与非物质扶贫资源并重，破解连片特困区扶贫资源配置路径依赖现象，关注扶贫资源配置与区域发展偏好、与贫困户发展意愿的有效结合，强化区域优势资源开发的引导与衔接。

（四）贫困区域发展关注产业增值链接的功能结构优化与产业组织创新

贫困区域发展的实质就是逐步走向市场环节链的重建，改变与外部市场的隔离状态，实现贫困区域与发达地区的协同发展；逐步缩小区域经济差距，实现区域扶贫资源非均衡配置基础上的均衡发展。

四 基本概念界定

（一）资源

资源是指在自然和社会中存在的一切有利于人类生存和发展的要素总和，既包括能满足人类生存需要的土地、水、矿藏、动植物等物质要素，也包括能满足人类社会需求的制度、政策、信息和权威等社会条件。资源的本质属性决定了它具有以下特点：第一，有限性。联合国环境规划署将资源定义为"所谓资源，特别是自然资源，是指在一定时期、地点条件下能够产生经济价值以提高人类当前和将来福利的自然因素和条件"。即首先资源是自然存在的客观实在，而任何客观物质都有其相对固定的物理边界；其次客观物质的"有用性"是与人类对自然规律的认知程度有关的。因此在特定的时空范围内，相对于人类生存和发展的需求而言，资源是有限的、稀缺的。第二，无限性。首先人类对自然的认识水平在不断地深化和发展，因而客观物质的"可用性"也会不断拓展；其次，资源虽然存在于自然之中，但任何资源的开发和使用以及效能的发挥却是人类社会活动的范畴。人类的理性精神、科学的政策设计、有效的制度安排、合理的分配体系等，会使资源的价值得到最大限度的发挥。从这个意义上说，在特定时空范围内，资源效能的高低取决于资源配置体系的优劣。

（二）扶贫资源

所谓扶贫资源是就资源与社会特定群体的价值而言的一个概念，即以减缓贫困为目的，能够满足贫困人口摆脱贫困所需要的所有要素的总称。从表现形式上看，扶贫资源可分为物质资源和非物质资源两部分。物质资源主要包括资金和实物等，非物质资源主要是指以减缓贫困为目的，并且有利于减缓贫困的一切无形的要素，例如政府提供的反贫困的制度安排、制定的扶贫政策，市场提供的交换、竞争的理念等，有助于贫困人口脱贫的信息、机会、人力、技术等。

在本书展开的过程中，会不断涉及"资源"和"资金"两个核心概念。狭义的资金是指在流通过程中可以增值的金钱，而广义的资金则是资材的货币表现形式的统称。首先，对资金内涵和外延的理解是基于这样的逻辑线索：资源包含资金；在所有的扶贫资源中，资金本身就是扶贫资源的核心构成，也是其他各类扶贫资源的数量标志、基本载体和最终体现。从物质层面说，货币作为一般等价物的特性决定了可以用资金对一切扶贫资源的规模、幅度、效能等进行标识和测评。其次，非物质资源如制度安排、政策框架等，其运行的核心也是围绕着以资金为最终表现形式的扶贫资源的配置和调节。从整体上看，中国农村扶贫是由政府扶贫和社会扶贫两大部分组成的，两者最根本的不同在于扶贫资源的来源不同。前者主要是指各级政府及相关部门用财政收入在管辖范围内进行工作职能范围之内的扶贫工作，后者主要指政府非专职扶贫机构和非政府组织动员上述扶贫资金之外的财政收入及社会资源进行的扶贫工作。就政府扶贫而言，根据资金性质、传递渠道、使用目的及原则的不同，又可以分为财政扶贫和信贷扶贫两大类。财政扶贫中的资金主要来源于国家和地方财政，是无偿使用的[①]。

（三）扶贫资源配置

资源配置是经济社会中的人力、信息、物质、环境等各种资源在不同社会经济领域不同使用方向之间的分配，在发展资源稀缺的经济学假设下，研究资源配置的关键在于如何使社会中稀缺的资源得到最有价值的运用，实现以较少资源投入获取较多产出与收益的目标。我国农村扶贫开发一直在努力探索使扶贫资源投到最贫困的人群和最贫困地区去的办法，目前实施片区扶贫开发和精准扶贫，就是要打破行政区划的限制，进行扶贫资源的大整合、大规划，在片区范围内针对不同的贫困特征和不同的制约因素，从"点、线、面"不同层次立体解决贫困人口和贫困地区的整体发展问题；就是要瞄准最贫困的人群和最贫困的地区，使扶贫资源与贫困者及贫困地区的需求高度一致，进而在提高扶贫开发效率的同时，提升扶贫开发的效果，让更多的贫困人群尽快脱贫，

---

① 童宁：《农村扶贫资源传递过程研究》，人民出版社，2009，第29页。

让贫困地区尽快实现健康跨越发展①。藉此，体现在研究过程中的扶贫资源配置可以理解为扶贫开发过程中的多元主体围绕发展目标开展扶贫资源使用行为博弈的一种冲突协调行为，考虑我国政府主导、社会参与的扶贫开发工作特点，扶贫资源配置主要表现为政府对于扶贫资源的规模安排、投向考虑、实施管理，以及贫困人口对于扶贫资源的承接利用、发展决策等。故而课题在分析扶贫资源配置效益和效率问题时，始终以扶贫资源传递过程为主线，以参与扶贫开发的多元主体行为分析为基点，展开相关问题研究，并落脚于扶贫开发工作管理机制优化与政策完善。

考虑到数据的可得性和准确性，在研究扶贫资源配置相关主题时，主要考虑的是财政扶贫资金的优化配置，并在配置机制、配置效应及政策优化等领域研究过程中涉及其他扶贫资源，如有关扶贫资源优化配置的机制优化、制度完善、资源整合等。

五　研究思路与研究方法

（一）研究思路

研究依托分属我国不同区域的 3 个国定连片特困区社会经济调查资料，运用竞争优势理论对于贫困区域发展要素配置机制与竞争优势获取途径进行分析，基于资源传递过程阐释扶贫资源供需主体行为协调性和区际要素流动机制，计量分析贫困区域扶贫资源总量与配置结构及其区域发展带动效应，明确扶贫资源配置的作用机制，评价（区域、家庭层面）扶贫资源配置效率，找寻影响配置效率的因素并进行制度优化。技术路线如图 1 - 1 所示。

---

①　郑斯元：《调整资源配置格局促进精准扶贫脱贫》，《云南日报》2015 年 9 月 23 日，第 11 版。

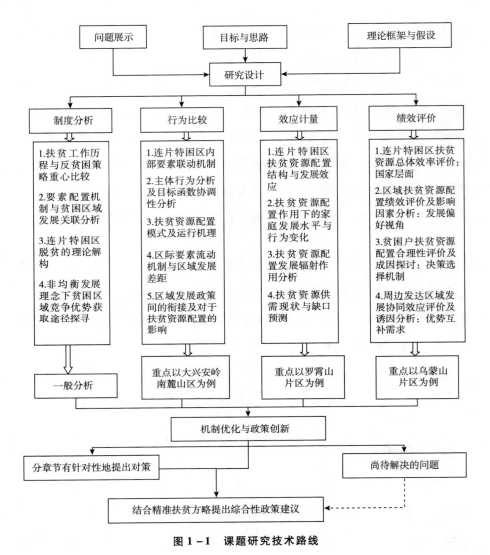

图1-1 课题研究技术路线

（二）研究方法

1. 实地问卷调查与统计资料收集相结合的方法

研究对我国乌蒙山区（西部）、罗霄山区（中部）、大兴安岭南麓山区（东北部）的3个国定连片特困区中不同发展水平的农户家庭随机实地问卷调查，并在每个调查区域选取一定数量的单位和家庭进行深度访谈；同时收集与研究相关的国内外文献资料和相应的统计资料以弥补调查问卷数量与区域局限性的不足。

2. 实证计量模型分析方法

基于 DEA – Tobit 两阶段模型要求，构建连片特困区扶贫资源配置效率评价模型，针对不同区域的扶贫资源配置效率进行评价，并回归分析连片特困区扶贫资源配置效率的影响因素；运用灰色关联方法解读扶贫资源对于产业发展、家庭收入水平提高和贫困区域发展的实际效应；利用柯布 – 道格拉斯生产函数构建空间要素流动生产函数，以 OLS 方法实证要素流动对区域经济增长的促进作用；运用多元 Logit 模型对连片特困区家庭收入水平的影响因素与发展意愿的影响因素进行分析，掌握家庭发展决策机制运行的深层次影响因素。

3. 定量分析与定性分析相结合的方法

在定量分析贫困区域发展要素配置效率的同时，考虑效率与公平原则，定性分析微观利益主体（家庭）与宏观利益主体（区域）有关发展要素的价值取向，使得扶贫资源配置效率评价与政策优化更加富有针对性。

4. 比较分析方法

运用空间计量法比较区域间扶贫资源配置效率及配置结构异同，分析其影响因素，明确政策优化重心；比较分析家庭发展意愿与扶贫资源投入差异，挖掘家庭发展决策选择机制；比较分析国际扶贫开发经验与国内典型实践，为扶贫资源配置制度优化提供借鉴。

六　可能的创新之处

（一）研究视角

立足典型连片特困区扶贫资源配置政策与实践分析，分别从扶贫资源配置锁定、要素流动的杠杆撬动效应与福利依赖、资源投入目标导向与产出目标导向的配置行为冲突等角度对连片特困区扶贫资源配置作用机理进行分析，测度各分部效率及整体效率并完善发展政策。

（二）研究内容

围绕贫困区域发展"关键资源从哪里来，剩余要素往哪里去"的关键问题，以扶贫资源配置效率为纽带，解析连片特困区发展要素联动机制与扶贫资源配置效应，比较分析不同层次利益主体扶贫资源配置非效率选择意愿影响因素，综合考察政策导向与市场化发展要求差异，基于多元主体发展诉求，提出合理的组合式扶贫资源配置策略。

（三）研究方法

完善过去运用传统技术效率指标对扶贫资源配置效率进行评价的做法，历史分析贫困区域发展与扶贫行为工作重心，兼顾组织效率与技术效率，选择合理指标体系，运用 DEA – Tobit 两阶段模型、扩展的 Cobo – Douglas 生产函数、OLS 方法、灰色关联分析、多元 Logit 模型等方法，全面揭示连片特困区扶贫资源配置效率的变化规律，给出扶贫资源配置效率提升所需调整的方向和空间。

七　研究过程说明

（一）前期准备

课题组进行了充分的前期准备，严格内业文献整理与资料收集，研究制定调研大纲，并根据工作内容要求设计调查表格。本次调查采用典型社会调查、抽样调查与访谈调查的方式开展。

（二）外业调查

课题组在调查之前与地方有关部门进行了有效沟通，经与地方干部协商，决定每个区域开展县级、村级座谈会进行面上情况了解，然后进行样本户问卷调查和典型户深度访谈。

典型社会调查：课题组在各地扶贫管理机构和人员的配合下，共分六个批次针对不同区域进行实地调研：2014 年 12 月、2015 年 3 月对于乌蒙山片区（贵州部分）扶贫开发情况进行调研；2015 年 6 月、2016 年 4 月、2016 年 7 月对罗霄山片区（江西部分）脱贫攻坚情况进行实地调研；2015 年 11 月对大兴安岭南麓山区（内蒙古部分）的产业发展和扶贫开发进行实地调研，课题组按照分布区域、扶贫开发模式、社会经济发展水平、发展资源等标准科学选点，样本点涉及江西省赣州市石城县、瑞金市、兴国县、井冈山市、乐安县、永新县，贵州省遵义市习水县、赤水市、毕节市织金县，内蒙古兴安盟扎赉特旗、科尔沁右翼前旗、科尔沁右翼中旗等。在每个样本点，调研组按照实地查看、与当地干部及居民代表座谈、社会经济问卷调查三个步骤开展工作。

抽样调查与访谈调查：共发放各类数据表格 820 份，收回数据表格 795 份，其中乡镇社会经济信息表 12 份，样本村（社区）社会经济调查表 43 份，样本户社会经济调查表 730 份，各级干部访谈表 10 份；并在县级层面收集相关统计资料 11 份。需要说明的是，由于不同地区、不同年份在统计数据统计口径、资料留存完备性等方面存有差异，故在研究分析过程中运用数据开展论证时，均有时间、区域与分析对象的分项说明，以提高研究的科学性和合理性。

（三）成果推出

在研究过程中，课题组成员依据研究设计，结合扶贫开发工作实践进行跟踪研究，既照顾到学理性探讨，又兼顾政策建议的时效性。

其间共在《财政研究》、《贵州社会科学》、《宁夏社会科学》、《青海社会科学》、《地方财政研究》、《华中农业大学学报》（社会科学版）、《商业研究》等 CSSCI 源刊发表学术性论文 12 篇（其中核心刊 3 篇，扩展版 9 篇），在中文核心期刊发表学术性论文 2 篇，在一般期刊发表学术性论文 2 篇，完成调研报告 3 篇，参加中国社会学学术年会等全国性学术会议 3 次并进行了论坛发言。

　　同时，课题组围绕研究主题，积极向当地政府建言献策，服务区域发展，共提交脱贫攻坚政策建议 4 篇，均获得政府职能部门采纳，其中获得省级领导肯定性批示 2 篇。公开发表的论文得到较多引用，相关会议受到较好关注，政策建议切合实际，成果转化取得较好成效。2016 年 8 月，研究最终成果初稿完成，并请学界专家与业界人士进行了修正，形成了现在的结题文稿，呈送各位专家与读者批评指正。

第 2 章 连片特困区扶贫资源配置与贫困区域竞争优势获取

一 片区扶贫、要素配置机制与贫困区域发展的理论逻辑研究

随着扶贫工作理念创新，鉴于"开发式扶贫边际效益递减与扶贫资源越来越难以惠及扶贫对象"的扶贫背景，《中国农村扶贫开发纲要（2011－2020 年）》明确提出将"扶贫人口减少与区域经济、社会发展统筹，集中力量攻坚突破连片特困地区，把集中连片特殊困难地区作为主战场"①，以应对扶贫工作中出现的贫困区域连片、贫困人口可行能力水平不高、要素市场发展滞后、贫困人口扶持意愿多样等现实挑战。对于连片特困地区的选择主要考虑"扶贫开发重点县相对集中的一部分区域"，主要包括六盘山区、秦巴山区、滇桂黔石漠化片区、吕梁山区、罗霄山区和已明确实施特殊政策的西藏、新疆南疆三地州等区域②。

"连片特困地区"早在 1986 年扶贫工作开始时，就以"片区"的形式出现，但当时仅作为一个区域分析单位。在近几年扶贫开发过程

---

① 范小建：《集中连片特殊困难地区作为新一轮扶贫主战场》，《中国老区建设》2011 年第 2 期，第 4 页。

② 李秉龙、李金亚：《中国农村扶贫开发的成就、经验与未来》，《人民论坛》2011 年第 11 期，第 44～45 页。

中，基于多种相同致贫因素引发的贫困人口相对集中连片迹象的出现，以及随着国家部分省区逐渐探索出的"贫困地方连片综合整治"模式效果的凸显，连片特困地区扶贫逐渐成为一种新的扶贫规划和资源分配的组织方式。

（一）连片开发扶贫的理论推演

对接农村贫困地区区域差距拉大、致贫因素多元化等社会现实和贫困特征，扶贫战略应在"救济式和开发式扶贫协同推进"的基础上，将扶贫思路从原来单纯通过生产性资源投入或资源配置格局调整进行县域（或区域）开发解决贫困转变为在更广的区域范围内、在更高的统筹层次上全面改革具有共同致贫原因和脱贫障碍的连片贫困地区的社会经济发展环境上来，因地制宜，对于连片特困地区采取全方位且更有针对性的政策措施予以扶持，确保连片特困地区与全国发展同步。

1. 区域发展理论

区域发展理论是扶贫开发的基础理论。随着经济发展资源的区域互融，区域逐渐成为真正意义上的经济利益体，其概念在发展经济学中日益受到重视，并且成为社会科学研究人文、社会、经济现象的基本单元[①]。从区域的角度考察，考虑我国相继实施的区域开发扶贫政策（1986～1993）和新世纪整村推进扶贫政策（2001年至今）的显著成果，农村贫困的空间范围逐步向中西部生态环境脆弱、基础设施薄弱和社会发展落后的区域收缩，绝对贫困人口分布也由全国农村普遍性状况转化为具有共同地理环境条件特征的局部贫困片区，贫困的发生、发展与区域地理位置、自然状况的相关性不断增强，其分布已呈现极强的地域指向性和地缘性特征。故贫困问题首先是区域问题。为此，要从根本上寻找农村贫困致贫原因，解决贫困问题，应该从区域的角度分析问题，为扶贫开发工作提供理论指导。

---

① 张鹏顺：《区域理论视野下的旅游扶贫》，《理论探讨》2011年第2期，第100～104页。

区域发展理论作为一个理论体系主要包括三个方面：第一，区域系统理论。该理论认为区域系统是一个开放式系统，只有其与外界进行物质、信息、能力和资金等领域的顺畅交流，使得系统负熵持续增加的情况下，区域系统才有可能在组成要素优化组合的基础上稳定发展。系统发展一般经由低水平发展期、突破期、扩张期、成熟和稳定期等不同状态，且各种状态受系统组成要素之间等级结构和组成比例的变化影响而出现调整。贫困其实就是一个区域系统的发展状态，进行扶贫开发，应该朝着发展突破和成熟稳定的目标迈进，从整体上改变区域形态。第二，区域增长理论，主要包括增长极理论、涓流理论和大推动理论。由于资源禀赋、区位优势和外部环境的差异，增长极并非在所有地方出现，加之连片特困地区基础设施条件差、人力资源质量不高等原因，涓流效应受到制约。扶贫开发工作即是对于这些地区进行大规模扶持性投资，改变连片特困地区"区域塌陷"状态，内强外接，促进国民经济与社会快速发展，使农村贫困人口快速脱贫致富。第三，区域产业结构理论，主要指区域专门化产业、协作配合部门和基础设施建设管理部门三者之间的协调整合，主次分明，形成主导产业带动、经济社会协调发展的形势。

具体到扶贫开发工作内容，传统扶贫开发工作中的局限性应被关注并尽量避免：诸如在各时期采用的科教、项目、移民扶贫等扶贫开发手段，只是抓住了区域系统中的某个或某几个要素，无法从根本上改变区域社会经济发展的整体状态；多忽视区域中的活性资源脱贫致富的主观能动性的激发，致使扶贫开发对象在被动接受扶助后，在更广阔的空间范围内参与市场经济活动并取得利益回报的能力欠缺，致贫原因未能从根本上消除；重视分散的项目扶持和优势产业的选择，常忽略区域优势产业发展环境的培育和产业结构的优化，最终导致优势产业竞争力下降，扶贫作用弱化。因此，区域发展理论指导下的连片开发扶贫目标指向：既要扶贫，又要扶业；既要扶人，又要扶区域（环境）。从空间上注重包括基础设施建设、人文发展理念在内的区域发展环境质量的整体提升，产业结构的优化，以及贫困人口的赋能；从时间上促使区域系统朝着突破发展瓶颈、保持可持续发展状态的方向进化，形成全方位的大扶贫格局。

2. 空间贫困理论

在很多的研究中，虽然很多学者从辩证法的角度反对"地理环境决定论"的观点，但对于空间地理因素是部分区域及贫困人口致贫的重要因素的提法持赞成态度：因为穷人往往集中分布在具有一定相似特征的区域。在哈里斯和缪尔达尔提出的关于欠发达地区社会经济发展和地理位置关系分析的早期空间经济学（Spatial Economics）的基础上，雅兰和瑞福林把多种类似的区域环境差异集合在空间位置这一要素之中，提出了与物质资本、社会资本并列的地理资本（geographic capital）[①]。"区域地理资本存量较低，可能导致区域发展法律和系统内人的发展能力偏低，进而使之陷入贫困陷阱。例如经济社会发展中的教育、卫生、社会保障、政治等在城乡之间、贫富人群之间的各种差别，都可以用空间地理位置禀赋不同来确定。随着有关贫困和空间地理因素结合分析研究的丰富和深入，逐步形成了主要研究自然地理条件对贫困形成的影响力，以及贫困的空间分布情况的空间贫困理论。"[②] 该理论认为，涵盖地理特征、公共服务和协变冲击的空间特征不易改变和缓和，对于贫困的形成和维持具有重要影响，为此，应从经济、社会、环境的角度进行空间扶持，逐步改变这些区域的偏远与隔离、脆弱的经济整合、缺乏政治性优惠、恶劣的生态等阻碍发展的因素，促进贫困现象的消减。

结合我国连片开发扶贫的区域扶贫开发目标，对于自然、民族、历史、政治等原因致使一般经济增长不能带动、常规扶贫手段难以奏效的集中连片贫困地区，要充分考虑其受小农经济主导导致竞争力比较差、

①　Jyotsna Jalan J., Ravallion M., Spatial Poverty Traps? The World Bank Policy Research Working Paper, 1997: 27.

②　陈全功、程蹊：《空间贫困理论视野下的民族地区扶贫问题》，《中南民族大学学报》（人文社会科学版）2011 年第 1 期，第 58~63 页。

公共产品与公共服务供给不足、金融系统不发达以及发展资源配置效率低下等问题，应关注自然生态、农业、自然灾害、社会历史对贫困区域分布的影响，采取连片开发、综合治理的思路，强化区域教育、道路等基础设施建设，顺畅区域资源要素与外界市场的联通（市场与市场的硬件设施上的自然联通，及包括降低区域内部发展资源与其他市场资源要素融通机会成本的人为联通），进一步加大政策扶持力度，改善区域社会经济发展条件，根本性解决农村地区性贫困。

（二）连片开发扶贫的作用机制

作为新时期扶贫开发的主要手段，连片开发扶贫政策主要通过市场接入、资源整合、产业优化及社会参与等机制共同作用，致力于扶贫开发目标的实现。

1. 市场接入

基于贫困地区在发展过程中与周围发达地区形成的空间塌陷而引发的"经济孤岛"特征，在连片开发扶贫工作开展过程中，要着力推动区域整体发展的社会经济环境的改善与优化，适时改进基础设施条件特别是道路交通状况，创造良好的投资环境，改善外部市场接入条件，以贫困地区自有的土地、人力等发展资源成本低的优势，承接经济发展较快地区的产业转移，突破孤岛效应，改变与外部市场的隔离状态，使得贫困区域与外部市场资源互通，成为区域社会经济大发展的价值链条中的不可或缺的环节。同时，市场接入也可以将外界的发展动态、市场经济发展对于经济主体行为知识和技能的诉求等信息传递给贫困区域群众，使他们能够在脱贫致富的过程中有的放矢地提升致富能力，科学选择发展路径。

2. 资源整合

与以往存有"被质疑资源难以整合问题"的到村到户扶贫模式不同，连片开发扶贫以区域为瞄准对象，且资源统筹层次视所涉及区域广度而定，形成较此前强有力的资源整合力度：一方面，在区域选择时，不仅考虑扩大扶贫范围和加大力度，而且充分考虑区域的资源禀赋，合理确定扶贫开发的片区，因为依据区域产业发展理论，资源禀赋具有相似性或互补性的地区实施连片开发更具有现实意义，有助于在更高的层次上寻求发展空间。比如发展特色加工业，如果供应链中的上下游企业能够相对集中，则可以产生集聚优势和带动效应，促进区域发展系统整体优化。另一方面，资源整合机制的作用反映在盘活、整合以及有效利用专项扶贫资金、各行业部门资金、社会融资、社会帮扶、群众自筹资金等资源上，可以形成合力，集中资金投向，利用资源聚合效应增进整体效益。同时，资源整合作用还反映在优惠政策获取、实现与新农保制度衔接、引起广泛社会关注与营造良好发展环境等方面。

3. 产业优化

许多贫困区域，拥有丰富的资源，但是缺乏将这些资源转化为优势资源并且在市场经济环境中获取财富的能力，常表现为特色优势产业不明显，区域产业结构不合理，处于大生产下游链条的产业较多等。产业发展水平的落后，成为区域脱贫和发展的瓶颈。因此，产业发展和产业能力建设成为连片开发扶贫的主要抓手[①]。贫困区域的发展也须以产业化为基本方向，依托当地自然资源和市场环境，加强宣传，加大资金和政策扶持力度，推进龙头企业发展，完善户企利益联结机制，强化企业技术创新和品牌建设，引导和帮助农户建设能稳定致富的产业，并在一定空间层次上建设区域特色产业体系，利用产业集聚效应，提升规模效益和抗御市场风险的能力，形成并增强自己的核心市场竞争力[②]。

另外，在连片开发扶贫工作中，还要不断创新贫困人口谋求发展过

---

① 宋彦峰、夏英：《资源整合产业扩张与扶贫新方式探索》，《农村经济》2011 年第 2 期，第 43～46 页。

② 池泽新、汪固华：《基于农户视角的农业龙头企业绩效评价研究——以江西为例》，《江西农业大学学报》（社会科学版）2011 年第 3 期，第 26～33 页。

程中的组织形式，大力扶持各类专业合作社等农民互助组织发展，持续开展科技扶贫、文化扶贫等各种社会扶贫活动，提高贫困人口综合素质，防止诸多风险因素引发贫困和返贫现象的发生，使其真正成为连片开发扶贫政策的受益者①，为扶贫开发事业发展做出贡献。

二　连片特困区扶贫资源配置政策与实践

（一）我国扶贫工作重心演变与减贫挑战

1. 扶贫工作重心演变

减贫是国家与区域经济社会发展的重要任务，政府一直重视农村扶贫工作，经过 30 多年的扶贫治理，贫困人口数量由 2000 年的 9422 万人下降为 2010 年的 2688 万人，农村贫困发生率下降到 2.8%。参照农民 2011 年人均纯收入 2300 元的新扶贫标准，2011～2015 年我国减贫人口 6431 万人，尚待脱贫人口约 5575 万人，扶贫工作任重道远。

1978 年以来，国家通过"政府推动，群众参与，社会协同"方式有计划开展扶贫工作，不断加大投入力度，贫困人口收入有了不同程度的提高，适合我国国情的财政扶贫模式也随之建立：1949～1978 年的救济式扶贫，1978～1985 年的通过改革经济体制减贫，1986～1993 年的开发式扶贫，1994～2000 年的攻坚式扶贫，2000～2010 年的基本贫困消除扶贫，2011 年至今的同步小康发展扶贫，扶贫手段主要有整村推进、产业扶贫、教育扶贫、基础设施改善、移民扶贫等多种方式，形成不同组合，且不同阶段关注的重点不同。扶贫工作总的发展历程呈现由"关注政策扶贫效果的国家导向"逐步朝着"注重外部环境改善的区域导向"直至"关注贫困人口可持续发展的能力导向"转变，扶贫战略由"保生存"向"促发展"转变，扶贫模式主要由救济式扶贫向

---

① 王浴青：《农村科技扶贫开发与创新路径：重庆例证》，《重庆社会科学》2011 年第 3 期，第 62～66 页。

开发式扶贫转变，扶贫主体亦开始跳出行政区划间隔走向具有区际合作效应的连片扶贫开发，扶贫方式由原来的"撒胡椒面"的普惠性扶贫逐步转变为精准扶贫、竞争性扶贫，强调"整村推进、产业推进、科技推进与生态推进"四个推进。如当前作为贫困地区同步小康抓手的"整村推进"工作，多是通过竞争择优，选择一些发展条件和产业基础相对较好的贫困村开展帮扶，被当作一个竞争性发展政策（或激励手段）来对待。

2. 扶贫工作面临的挑战

一是贫困人口脆弱性特征明显，扶贫资源边际效益递减。基于国家新扶贫标准，扶贫对象数量由 2688 万人陡增至 1.28 亿人，相对贫困问题在温饱问题趋缓的基础上成为扶贫工作重点解决的问题，经济增长与减贫的正相关性减弱，涓滴效应式微；同时边远山区、革命老区、大中型水库工程库区、民族地区等特殊困难地区由于发展资源与环境的脆弱性使得其发展边缘性特征明显，脱贫工作难度大。

二是区域发展不平衡加剧，贫困群体社会剥夺感增强。多年的扶贫使得贫困人口收入普遍增加，但同时我国（东部、中部、西部、东北部）区域之间（2014 年中西部地区贫困人口约占全国贫困人口的75%；14 个贫困片区贫困人口约占全国贫困人口的 75%，中西部贫困片区的贫困人口约占 14 个贫困片区贫困人口的 90%；2013 年民族八省区农村贫困人口贫困发生率为 17.1%，高于全国 8.6 个百分点，贫困人口数量占全国农村贫困人口的 31.1%[①]）、城乡之间（2014 年中国城乡收入比为 2.59∶1）、农村内部不同家庭之间的收入差距不断加大（2014 年农村家庭最高收入与最低收入的比为 5∶1），加之部分区域发展的高增长与少数村镇的繁荣掩盖了农村地区的低增长与多数农村地区的落后现象，致使发展不平衡带来贫困群体相对剥夺感增强，诱

---

① 国家民委：《2013 年民族八省区农村贫困人口比上年减少 559 万人》，http：//www.gov.cn/xinwen/2014 - 04/21/content_ 2663679. htm。

致诸多社会矛盾发生。

三是特殊群体贫困问题日渐突出，扶贫政策效果受限。解析多维状态贫困成因，正是由要素短缺和要素组合功能疲软的长期延续所造成①。先期普惠式扶贫政策主要指向资源、组织化等一般致贫因素，对于水利水电工程影响、城镇或园区建设征地、生态保护区发展限制、极端自然灾害、产业发育迟缓、生活不测（疾病、子女上学费用高昂、意外损失等）等带来的贫困群体关注不够，致贫原因的不同导致其发展条件与诉求差别较大。受到不同部门（领域）工作机制协调不力、区域要素市场发育不成熟、资源整合困难、群体参与能力与组织化水平不高等因素影响，普惠式扶贫政策效果受限。

四是贫困人口生计可持续发展水平不高，返贫现象不可忽视。可持续生计是能够自主应对压力和冲击，从中恢复并维持或增加自身能力和资产的生计，亦即摆脱生存的脆弱、根除贫困以及生活自我持续改善的能力②。扶贫政策下的帮扶行为具有一定的时效性、救济与扶持性，脱贫人口在帮扶期间如果不能及时增强自身的可行能力，提升自己的生计资本，提高"造血"能力，依据环境做出生计策略调整，有效规避生计风险，则可能在帮扶资源退出后再次陷入贫困。

五是资源配置机制变革，政府扶贫行为亟须调整。党的十八届三中全会做出《中共中央关于全面深化改革若干重大问题的决定》，首次赋予市场经济决定性作用。扶贫涉及资源配置效率与民众发展权保障，兼顾政策绩效。考虑扶贫对象的碎片化、个性化需求，市场第三方服务主体在提供咨询、技术、信息、组织等发展扶持服务的"精准性、专业性、低成本、重服务"等特征，有效消减财政扶贫工作中的"政府失灵"现象，"政府更好发挥扶贫作用的基本路径是政府作用机制要同市

---

① 何雄浪、胡运禄、杨林：《市场规模、要素禀赋与中国区域经济非均衡发展》，《财贸研究》2013 年第 1 期，第 40 ~ 48 页。

② 王三秀：《国外可持续生计观念的演进、理论逻辑及其启示》，《毛泽东邓小平理论研究》2010 年第 9 期，第 79 ~ 84 页。

场机制衔接，政府配置公共资源同市场配置市场资源结合进行"①，由原来的包办模式变为协作模式，充分发挥政府与市场各自的作用与优势。

（二） 连片特困区发展方略与资源配置实践

2011 年，《中国农村扶贫开发纲要 （2011 – 2020 年)》正式颁布实施，标志着我国扶贫开发进入了新的历史阶段，这是根据区域和城乡关系，以及市场和政府两种力量发挥作用的程度等标准进行的综合判断：我国扶贫开发从以解决问题为主要任务的阶段转入巩固温饱成果，加快脱贫致富，改善生态环境，提高发展能力，缩小发展差距的新阶段。扶贫开发开始成为以人为本、执政为民的重要体现，成为统筹城乡区域发展、保障和改善民生、缩小发展差距、促进全体人民共享改革发展成果的重大举措，成为巩固中国共产党执政基础、确保国家长治久安、全面建设小康社会、构建社会主义和谐社会的基础工程。另一方面，由于国际国内经济发展形势出现重大新变化，加大扶贫开发力度还成为扩大内需、加快转变经济发展方式、促进经济长期稳定可持续发展的必然要求。沿海先富地区企业为应对国际市场萎缩和出口困难的局面，越来越意识到把眼光转向国内市场的重要性，对开发落后地区市场、资源和参与落后地区产业转移的潜在趋势，市场经济显露出包容性发展的可能空间。因此，这是一个政府力量和市场力量相向而行，共同聚焦贫困地区，共同创造出扶贫开发工作战略机遇期的新阶段。

20 世纪 80 年代，我国贫困人口集中连片分布的特征就已经很明显了，形成了 18 个集中连片贫困地区。1988 年，根据国务院"国家在'七五'期间每年另外拨出 5000 万元扶贫专项贴息贷款，集中用于牧区的贫困地区"的决定，国开发〔1988〕2 号文件在确定牧区专项贴息

---

① 洪银兴：《关于市场决定资源配置和更好发挥政府作用的理论说明》，《经济理论与经济管理》2014 年第 10 期，第 5 ~ 13 页。

贷款扶持县的同时，在原来 14 个贫困片区的基础上增划和调整，把全国贫困地区划分为 18 片。各省也划分了自己的集中连片地区，比如四川划分的川东武陵山区、川南乌蒙山区、川西北高原地区、川北秦巴山区、攀西大小凉山地区等。

表 2-1　20 世纪 80~90 年代中国农村 18 片集中连片贫困地区信息

经济地带	连片贫困地区数	贫困地区名称	涉及的省、区、市	贫困县数
东部	2	沂蒙山区	鲁	9
		闽西南、闽东北地区	闽、浙、粤	23
中部	7	努鲁儿虎山地区	辽、蒙、冀	18
		太行山区	晋、冀	23
		吕梁山区	晋	21
		秦岭大巴山区	川、陕、鄂、豫	68
		武陵山区	渝、陕、鄂、豫	40
		大别山区	鄂、豫、皖	27
		井冈山和赣南地区	湘、赣	34
西部	9	定西干旱地区	甘	27
		西海固地区	宁	8
		陕北地区	陕、甘	27
		西藏地区	藏	77
		滇东南地区	滇	19
		横断山区	滇	13
		九万大山区	桂、黔	17
		乌蒙山区	川、滇、黔	32
		桂西北地区	桂	29
全国	18	—	—	512

资料来源：国务院扶贫开发领导小组办公室、农业部农业经济研究中心《贫困地区经济开发十粹》，中国科学技术出版社，1993。

到了当前市场力量和政府力量呈现合力推进落后地区大规模深层次扶贫开发的阶段后，中央政府审时度势，提出了把连片特困地区作为新阶段扶贫攻坚主战场的战略主张，在全国划分确定了 14 个片区，主要为六盘山区、秦巴山区、武陵山区、乌蒙山区、滇桂黔石漠化区、滇西边境山区、大兴安岭南麓山区、燕山—太行山区、吕梁山区、大别山区、罗霄山区等区域的连片特困地区和已明确实施特殊政策的西藏、四省藏区、新疆南疆三地州，涉及 680 个县，连片特困区贫困发生率为 28.4%，比全国高出 15.7 个百分点，覆盖了全国 70% 以上的贫困人口。集中连片地区的扶贫攻坚意味着中央和地方财政都将加大投入和支持力度，加强对跨省片区的协同和统筹工作[①]。

在片区划分标准选择上主要考虑以下因素，一是基本依据："2007～2009 年县域农民人均纯收入、县域人均财政一般预算收入和县域人均国内生产总值三项指标的三年平均值。二是基本方法：以西部三项指标的平均值作为基本标准，三项指标均低于西部地区平均值的县进入片区初选县名单，再排除不集中连片的县，最终确定进入片区县的名单。"三是基本情况。进入以上 14 个片区的县共有 680 个，其中国家扶贫开发工作重点县有 440 个，民族自治县 371 个，革命老区县 252 个，陆地边境县 57 个。除西藏、四省藏区和新疆南疆三地州外，新划分出的 11 个片区包括 19 个省（区、市）505 个县，其中原国家扶贫开发工作重点县 382 个、革命老区县 170 个、少数民族县 196 个、边境县 28 个，国土面积 139 万平方公里，总人口 2.20 亿（其中乡村人口约 1.90 亿）。按 2007～2009 年三年平均计算，县域人均国内生产总值 6650 元、县域人均财政一般预算收入 262 元、县域农民人均纯收入 2667 元，分别相当于西部平均水平的 49.1%、43.7% 和 73.2%。

2014 年连片特困区农村贫困人口有 3518 万人，贫困发生率为 17.1%。其中农村贫困人口规模在 300 万人以上的连片特困地区有 6 个，分别是滇桂黔石漠化区 488 万人，贫困发生率 18.5%；武陵山区 475 万人，贫困发生率 16.9%；秦巴山区 444 万人，贫困发生率 14.4%；乌蒙山区 442 万人，贫困发生率 21.5%；大别山区 392 万人，

---

① 邢成举、葛志军：《集中连片扶贫开发：宏观状况、理论基础与现实选择》，《贵州社会科学》2013 年第 5 期，第 123～128 页。

表 2 − 2　2011 ~ 2014 年连片特困区农村贫困人口信息

单位：万人

片区名称	2011	2012	2013	2014
六盘山片区	642	532	439	349
秦巴山片区	815	684	559	444
武陵山片区	793	671	543	475
乌蒙山片区	765	664	507	442
滇桂黔石漠化片区	816	685	574	488
滇西边境片区	424	335	274	240
大兴安岭南麓山片区	129	108	85	74
燕山—太行山片区	223	192	165	150
吕梁山片区	104	87	76	67
大别山片区	647	566	477	392
罗霄山片区	206	175	149	134
西藏片区	106	85	72	61
四省藏区片区	206	161	117	103
新疆南疆三地州片区	159	122	104	99

贫困发生率 12.0% ；六盘山区 349 万人，贫困发生率 19.2% 。其余片区贫困人口分别为滇西边境山区 240 万人，燕山—太行山区 150 万人，罗霄山区 134 万人，四省藏区 103 万人，新疆南疆三地州 99 万人，大兴安岭南麓山区 74 万人，吕梁山区 67 万人，西藏区 61 万人。

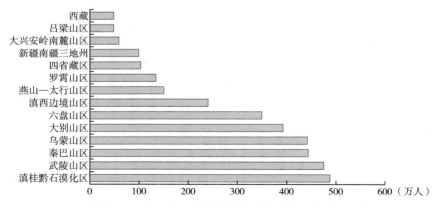

图 2 − 1　2014 年连片特困区农村贫困人口规模

1. 连片扶贫开发的内在要求

将片区作为新阶段扶贫攻坚的主战场，有助于抓住扶贫开发领域的主要矛盾，有助于推进扶贫开发体制机制的完善，有助于深化大扶贫工作格局，标志着我国扶贫开发战略的重大创新。一是我国扶贫对象集中连片分布的特征依然突出。经过改革开放30多年的发展和扶贫开发工作多年努力，我国扶贫开发事业取得了巨大成就，面上的贫困问题得到了有效解决。2011年，中央政府将贫困标准进一步大幅提高为年人均纯收入2300元，该标准下扶贫对象总数为12238万人，其中45.5%生活在所确定的11个片区，另有3.8%生活在西藏、四省藏区、新疆南疆三地州等3个片区（该数据仅包括片区县的扶贫对象，不含天窗县、深度嵌入县等区域的扶贫对象）。若从多维贫困的视角来看，将交通、饮水、医疗卫生、教育等诸方面条件考虑进来，片区（基本由山区、偏远地区、高寒地区等构成）的困难就更为突出，属于扶贫攻坚的硬骨头。二是片区是谋划实施大扶贫的战略支点。20世纪80年代以来，我国扶贫开发对象主要包括重点县、贫困村、贫困户三个层次。实践表明，仅有这三个层次是不够的，一些更大范围的整体性特殊困难，如贫困区域市场体系不健全等问题，难以得到有效回应。换言之，仅在重点县、贫困村、贫困户这三个层次开展扶贫开发工作，打不了大战役，解决不了大问题，扶贫效果出不来。只有提升到片区这个战略层面，扶贫开发工作才能够一方面与区域发展相结合，有规划、布局及大动作；另一方面涵盖重点县、贫困村、贫困户等具体工作层次，可持续推进到县进村入户，从而形成宏观、微观有机结合和专项扶贫、行业扶贫、社会扶贫各显其能的大扶贫格局。三是以片区为单元有助于打破行政分割，形成发展合力。除滇西边境片区外，武陵山区等10个片区都地处跨省（自治区、直辖市）交界地带，远离中心城市，处于区域发展格局的边缘位置。不同省份的贫困发生虽然具有相同或相近的经济、社会、文化特征，但因行政分割，相互之间缺乏联系与合作，难以协同解决跨行政区的经济、社会和生态环境问题，难以面向大市场形成凝聚合力、整合资源、抱团发展的大格局，难以形成这些片区的整体发展效益。四是国家具备了解决集中连片特殊困难问题的实力。经过改革开放 30 多年的发展，我国经济实力、综合国力不断增强，国家财力特别是中央政府财力不断壮大，有实力以片区为单元谋划和开展大规模、高强度扶贫攻坚战。

2. 连片特困区扶贫开发资源支持

连片特困区社会经济协同发展的一个重要特征就是实现区域社会经济资源共轭。这些资源包括政府资源、市场资源、社会资源等，可分为中央资源、地方资源等不同层面；而每一种资源又内在地包含多种资源，如政府资源包括政策、财政资金、制度建设等。区域社会经济资源共轭是区域系统通过资源的共轭效应，把优势资源转化为优势产业，推进区域经济系统实现初级协同，并向高级协同转化。即是充分利用区域内现有的各种资源条件，使得各种资金之间保持相互依赖的状态，并将区域内的资源优势转化为产业优势；进而在开放的条件下，以区域经济发展目标为核心，以区域优势产业为主导，引导其他经济要素围绕优势产业进行协作发展，产生协同效应，使区域社会经济发展获得比所有资源综合叠加还要大得多的倍增的协同力量，共同推进整个区域经济的发展。

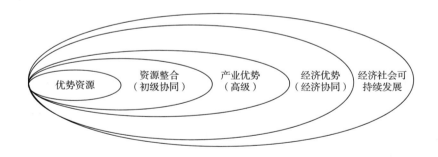

图 2 - 2　连片特困区发展资源共轭示意图

近年来，为了促进区域发展和扶贫攻坚，我国陆续出台了一系列支持政策，与片区相关的政策包括促进西部大开发，中部崛起，扶持少数民族地区、贫困地区和革命老区发展等相关政策。此外，为实现经济转型和产业结构调整、推动区域发展、改善民生，政府还陆续出台了一系列相关扶持政策，如促进节能减排，发展高新技术产业、战略性新兴产业和发展现代服务业等产业方面的政策。归纳起来，政府支持扶贫开发的主要政策措施主要包括财税政策、金融政策、投资和产业政策、土地政策、生态补偿政策、帮扶和人才政策以及扶持重点群体政策等，而政策的提出涉及社会经济体制改革和组织保障等领域。鉴于课题研究对象为扶贫资源，重点是财政扶贫资金，故此处重点论述财税政策。其他如机制保障、组织保障将会在后续章节中逐步提及。

为落实《中国农村扶贫开发纲要（2011－2020年）》（以下简称《纲要》），财政部、国家发改委和国务院扶贫办专门修订了《财政扶贫资金管理办法（试行）》，于2011年11月印发《财政专项扶贫资金管理办法》。新规定明确提出，中央财政专项扶贫资金主要投向国家确定的连片特困地区和扶贫开发工作重点县、贫困村，其中新增部分主要用于连片特困地区。中央财政专项扶贫资金分配坚持向西部地区（包括比照适用西部大开发政策的贫困地区）、贫困少数民族地区、贫困边境地区和贫困革命老区倾斜。

除专项扶贫资金外，中央扶贫开发工作会议还要求：中央和省级财政大幅度增加对这些地区的一般性转移支付。在2011年12月6日关于新十年《纲要》的新闻发布会上，财政部部长助理表示，财政部将按中央部署保持财政专项扶贫资金快速增长，进一步健全财政专项扶贫资金稳定增长机制。"十二五"、"十三五"时期中央财政用于农村扶贫开发方面的综合扶贫投入将继续保持大幅度增长，其中，财政专项扶贫资金的增幅将达到20%以上，并且按照政策要求，把新增的部分主要用于"11＋3"片区的发展。如2011～2014年，我国中央财政专项扶贫资金从272亿元增长到433亿元，年均增幅达18.1%。2015年中央财政预算安排扶贫资金增长至467.45亿元，其中，发展资金370.1亿元，同比增长9.39%；少数民族发展资金40亿元，同比增长4.68%；以工代赈资金41亿元，与上年持平；"三西"资金3亿元，未有变化；国有贫困林场扶贫资金4.2亿元，同比增长16.67%；国有贫困农场扶贫资金 2.6 亿元，同比增长 8.33%。这意味着仅在 2015 年，中央和各省区市就至少投入了近 600 亿元的财政专项资金用于扶贫开发。除财政专项扶贫资金外，各行业部门也有数量庞大的扶贫资金。粗略计算，每年我国投入扶贫开发的专项资金和行业部门资金高达数千亿元（约 7000 亿元，也符合万元脱贫 1 人的粗略标准）[①]。2016 年，中央财政贯彻落实《中共中央国务院关于打赢脱贫攻坚战的决定》精神，按照精准扶贫、精准脱贫的有关要求，大幅度扩大财政扶贫资金投入规模，预算安排中央财政扶贫资金补助地方部分 660.95 亿元，比上年增长 43.4%[②]。资金分配过程中，大幅扩大绩效评价和扶贫成效奖励资金规模，安排易地扶贫搬迁贷款财政贴息，积极支持贫困少数民族扶贫、以工代赈、国有贫困农场扶贫、国有贫困林场扶贫、"三西"建设等工作。

表 2 - 3　中央转移支付支持贫困地区发展信息

序号	项目	对象	期间投入	2015 年投入
1	革命老区转移支付	补助对象是对中国革命作出重大贡献、财政较为困难的连片老区县（市、区）。资金主要用于革命遗址保护、烈士陵园维护和改造等老区专门事务，以及教育、文化、卫生、乡村道路、饮水安全等老区民生事务。	2001～2015 年，中央财政已累计安排革命老区转移支付 412 亿元	78 亿元
2	民族地区转移支付	8 个民族省区（5 个民族自治区和青海、云南、贵州 3 省）以及 8 省区外其他非民族省区的 8 个民族自治州。自 2006 年起，经国务院批准，又将非民族省区及非民族自治州管辖的民族自治县也纳入转移支付范围，实现了对所有少数民族地区的全覆盖，并建立了转移支付资金稳定增长机制。	2000～2015 年，中央财政累计下达民族地区转移支付 3955 亿元	582 亿元

---

① 李亚楠、杨洪涛：《全国扶贫每年花多少钱？千亿扶贫资金到底怎么花？》，http://ny. china. com. cn/a/guandian/shengshixinwen/2015/1210/16914. html。

② 曾会生：《2016 年中央财政安排拨付财政扶贫资金 660.95 亿元》，http://finance. china. com. cn/news/20160719/3818293. shtml。

续表

序号	项目	对　　象	期间投入	2015 年投入
3	边境地区转移支付	补助对象覆盖内蒙古、辽宁、吉林、黑龙江、广西、云南、西藏、甘肃和新疆等 9 个陆地边境省区以及福建、厦门、山东、广东、海南、大连、浙江、宁波等 8 个沿海省市，共 250 个县市。	2001～2015 年，中央财政已累计下达边境地区转移支付 723 亿元	136 亿元
4	连片特困地区转移支付	中央财政扶贫资金主要投向国家确定的连片特困地区和扶贫开发工作重点县、贫困村，其中新增部分主要用于连片特困地区，资金分配坚持向西部地区（包括比照适用西部大开发政策的贫困地区）、贫困少数民族地区、贫困边境地区和贫困革命老区倾斜。	2011～2015 年，中央财政不断加大投入力度，累计安排财政专项扶贫资金 1898 亿元	467 亿元

　　中央扶贫开发工作会议和《纲要》提出的政策保障还包括：加大贫困地区基础设施建设、生态环境和民生工程等投入力度，国家大型项目、重点工程和新兴产业优先向符合条件的特困地区安排，尽快实现贫困地区金融机构空白乡镇的金融服务全覆盖，国家新增社会保障投入向农村尤其是贫困地区倾斜，农村义务教育学生营养改善计划率先在连片特困地区的 680 个县（市）试点等。

　　除上述政策外，片区规划中还提出了一些更具体的、更有针对性的财务政策措施，一是提出了在贫困地区完善县级财力保障机制，增强基层政府提供基本公共服务的财政保障能力。二是从土地出让收益中提取 10% 用于农田水利建设，同时切实保障被征地农民的合法权益。三是加大各级财政对新型农村合作医疗、新型农村社会养老保险、农村最低生活保障等农村社会保障制度的支持力度。四是按照国家有关规定逐步提高基层干部、教师、医务人员、技术人员工资收入水平。五是进一步加大对扶贫龙头企业的支持力度。六是在企业所得税税率、减免措施和资源税等方面实施更为具体的税收优惠政策。

对于扶贫资源尤其是财政资金的配置，主要依据全国连片特困地区区域发展与扶贫攻坚规划执行。片区规划是宏观性、前瞻性、指导性和约束性较强的跨区域综合性规划，是指导片区区域发展和扶贫攻坚的重要文件，是片区其他专项规划的基础和重大项目安排的依据，是实施连片特困地区扶贫攻坚工程的行动指南。涉及"基本情况、总体要求、空间布局、基础设施建设、产业发展、农村基本生产生活条件、就业和农村人力资源开发、社会事业发展与公共服务、生态建设和环境保护、改革创新、政策支持、组织实施等内容"，旨在对片区总形势进行分析判断，并在此基础上确定区域发展和扶贫攻坚总体方略，明确具体建设任务，确定保障措施。课题在进行扶贫资金效应评价时也是将相关区域扶贫攻坚规划作为依据。

表 2 - 4　各片区规划国务院批复时间

序　号	片区名称	批复时间
1	武陵山片区（试点）	2011 年 10 月 31 日
2	乌蒙山片区	2012 年 2 月 19 日
3	秦巴山片区	2012 年 4 月 19 日
4	滇桂黔石漠化片区	2012 年 6 月 21 日
5	六盘山片区	2012 年 7 月 27 日
6	滇西边境片区	2012 年 9 月 1 日
7	大兴安岭南麓片区	2012 年 10 月 31 日
8	燕山—太行山片区	2012 年 10 月 31 日
9	吕梁山片区	2012 年 12 月 23 日
10	大别山片区	2012 年 12 月 23 日
11	罗霄山片区	2012 年 12 月 23 日

此后，各片区进入规划实施阶段。在片区组织实施中，国务院扶贫开发领导小组发挥领导作用；国务院扶贫办、国家发展和改革委员会负责片区规划实施的指导、协调和监督。省级层面，省级扶贫开发领导小组负责领导本省（市、区）的农村扶贫开发全面工作，省级扶贫办（局）具体贯彻执行国家扶贫开发工作的方针、政策，指导省、

市扶贫工作，拟定实施全省扶贫开发政策、制度、规划等。市、县级层面，市、县两级扶贫开发领导小组负责全面领导本区域内农村扶贫开发工作，市、县级扶贫办（局）贯彻执行国家和本省（市、区）的各项扶贫开发方针、政策，落实扶贫开发领导小组的工作部署，负责本区域扶贫开发规划的制定与组织实施等相关工作，县级政府是本级规划编制和实施的主体。为更好地保障片区规划的落实，每个片区都确定了相应部门作为联系单位。联系单位负责相应片区的联系工作，开展调查研究，督促指导规划实施，密切与省（市、区）和中央相关部委的联系沟通。国务院其他相关部门，特别是国务院扶贫开发领导小组成员单位，按照各自职能分工和具体任务，合力推进规划的实施。

自 2011 年各片区联系单位确定至 2012 年底，13 个部委基本都建立了由部委牵头的内部扶贫工作领导小组或机构，并对联系片区开展了相应的调查与研究，从政策制定、规划编制、资金支持、解决问题等方面开展了大量工作。如国土资源部针对乌蒙山片区实施土地倾斜政策，在编制全国土地利用年度计划时，逐年加大相关省份计划指标支持力度，并对结构比例进行相应调整；加大地质矿产勘查开发力度；加强地质灾害防治和地质环境保护。又如农业部对于大兴安岭南麓片区加大投入力度，夯实发展基础。多渠道筹集资金，不断加大对大兴安岭南麓片区农牧业发展项目和资金投入，努力把片区建设成我国重要商品粮和畜产品生产加工基地、生态旅游目的地和民族团结进步模范区。已累计安排各类资金近 30 亿元，主要用于新增千亿斤粮食生产能力规划田间工程、良种补贴等项目和资金。再如民政部针对罗霄山片区进行综合减灾示范社区试点以及救灾准备配备等项目建设，全面提升其综合减灾救灾能力；加大帮扶力度，推进农村困难群众危房改造；指导片区民政部门科学制定最低生活保障标准；完善社会养老服务体系等。

表 2-5　有关部门针对 14 个连片特困地区支持政策汇总

序号	部门名称	出台时间	文件名称及文号	主要内容
1	教育部等 15 部门	2012 年 5 月	教育部等 15 部门关于印发《农村义务教育学生营养改善计划实施细则》等五个配套文件的通知（教财〔2012〕2 号）	贯彻落实《国务院办公厅关于实施农村义务教育学生营养改善计划的意见》（国办发〔2011〕54 号），指导各地有效实施农村义务教育学生营养改善计划，出台了实施细则等五个配套文件。
2	教育部、国家发展改革委、财政部、人力资源和社会保障部、国务院扶贫办	2012 年 3 月	教育部　国家发展改革委　财政部　人力资源和社会保障部国务院扶贫办关于实施面向贫困地区定向招生专项计划的通知（教学〔2012〕2 号）	从 2012 年起，在普通高校招生计划中专门安排适量招生计划，面向片区生源，定向招生，并引导鼓励学生毕业后返回贫困地区就业和创业。
3	教育部、财政部	2012 年 5 月	教育部办公厅　财政部办公厅关于做好 2012 年农村义务教育阶段学校教师特设岗位计划有关实施工作的通知（教师厅〔2012〕2 号）	深入实施农村义务教育阶段学校教师特设岗位计划，建立农村教师补充新机制，吸引更多优秀人才到农村学校从教，提高农村义务教育质量。
4	教育部	2012 年 7 月	教育部关于印发《教育部定点联系滇西边境山区工作方案》的通知（教发函〔2012〕108 号）	贯彻中央扶贫开发工作会议精神，做好教育部定点联系滇西边境山区工作。
5	教育部	2013 年 1 月	教育部关于做好直属高校定点扶贫工作的意见（教发〔2013〕3 号）	为做好教育部直属高校定点扶贫工作，提出了指导意见。
6	科技部、铁道部	2012 年 7 月	科技部办公厅　铁道部办公厅关于成立秦巴山片区区域发展与扶贫攻坚工作领导小组和办公室的通知（国科办农〔2012〕55 号）	科技部、铁道部联合成立秦巴山片区区域发展与扶贫攻坚工作领导小组，下设办公室，组成了领导小组和办公室成员。
7	科技部、铁道部	2012 年 7 月	科技部办公厅　铁道部办公厅关于成立秦巴山片区区域发展与扶贫攻坚部际协调小组的函（国科办农〔2012〕56 号）	科技部、铁道部决定成立部际协调小组，公布了小组成员和联络员。

续表

序号	部门名称	出台时间	文件名称及文号	主要内容
8	科技部、铁道部	2012年12月	科技部办公厅 铁道部关于成立秦巴山片区区域发展与扶贫攻坚部际联系工作规则的函（国科办农〔2012〕461号）	确定了秦巴山片区部际联系会议的参会单位、职责分工、议事规则等。
9	工业和信息化部	2013年3月	工业和信息化部关于全国工业和信息化系统支持集中连片特困地区发展的意见（工信部规〔2013〕125号）	提出重点推进信息服务应用工程、通信服务提升工程、基础能力培育工程、产业项目扶持工程。
10	国家民委	2012年4月	国家民委关于推进武陵山片区创建民族团结进步示范区的实施意见（民委发〔2012〕15号）	就推进武陵山片区创建民族团结进步示范区的重大意义、指导思想、总体目标、重点任务等提出了实施意见。
11	民政部	2012年12月	民政部关于进一步支持和促进赣南等原中央苏区民政事业振兴发展的意见（民发〔2012〕237号）	进一步支持和促进赣南等原中央苏区民政事业发展，从总体要求、支持重点等方面提出了意见。
12	民政部	2012年12月	民政部办公厅关于印发《民政部罗霄山片区扶贫攻坚工作实施方案》的通知（民办函〔2012〕406号）	为承担好罗霄山片区扶贫攻坚联系单位职责，制定了实施方案，包括机构、内容、任务、分解落实任务等。
13	财政部、国家发展改革委、教育部、人力资源和社会保障部	2012年10月	财政部 国家发展改革委 教育部 人力资源和社会保障部关于扩大中等职业教育免学费政策范围 进一步完善国家助学金制度的意见（财教〔2012〕376号）	加快发展中等职业教育，促进教育公平和劳动者素质提高，提出了扩大中职教育免学费政策范围，进一步完善中职教育国家助学金制度，配套改革实施意见等。

续表

序号	部门名称	出台时间	文件名称及文号	主要内容
14	财政部、水利部	2011 年 11 月	财政部　水利部关于印发《中央财政补助中西部地区、贫困地区公益性水利工程维修养护经费使用管理暂行办法》的通知（财农〔2011〕463 号）	加强和规范中央财政对中西部地区、贫困地区公益性水利工程维修养护资金的管理，提高资金使用效益。
15	国土资源部	2012 年 8 月	国土资源部关于印发支持集中连片特殊困难地区区域发展与扶贫攻坚的通知（国土资发〔2012〕122 号）	发挥国土资源行业优势，推动片区区域发展与扶贫攻坚规划的实施，促进当地经济社会更好更快发展，提出了指导思想、基本原则、政策措施、保障措施等意见。
16	住房城乡建设部	2012 年 11 月	住房城乡建设部关于支持大别山片区住房城乡建设事业发展的意见（建村〔2012〕159 号）	对支持大别山片区住房城乡建设事业提出了到"十二五"期末完成片区 70% 农村存量危房改造等和支持措施。
17	水利部、国家林业局	2012 年 6 月	水利部办公厅、国家林业局办公室关于印发《滇桂黔石漠化片区联系工作方案》的函（办移民〔2012〕260 号）	建立滇桂黔石漠化片区联系协调机制，明确职责分工、重点工作，片区联系工作方式等。
18	农业部	2012 年 10 月	农业部关于印发《农业行业扶贫工作的指导意见》的通知（农计发〔2012〕42 号）	深刻认识做好新时期农业行业扶贫工作的重要意义，进一步增强责任感、使命感，突出工作重点，进一步明确农业行业扶贫的各项工作任务；采取有效措施，确保各项工作落到实处。
19	卫生部	2012 年 7 月	卫生部关于印发"十二五"期间卫生扶贫工作指导意见的通知（卫规财〔2012〕49 号）	贯彻纲要精神，对各地卫生部门在"十二五"期间开展卫生扶贫工作提出了意见。

续表

序号	部门名称	出台时间	文件名称及文号	主要内容
20	卫生部	2012年5月	卫生部办公厅关于印发卫生部牵头联系吕梁山片区区域发展与扶贫攻坚工作方案的通知（卫规财办函〔2012〕469号）	为做好联系吕梁山片区工作，全面推进片区经济社会又好又快发展，制定了工作方案。
21	卫生部	2013年1月	卫生部印发关于支持赣南等原中央苏区卫生事业振兴发展的实施意见的通知（卫规财函〔2013〕8号）	支持赣南等原中央苏区卫生事业振兴发展，为确保与全国同步建立覆盖城乡居民的基本医疗卫生制度，同步实现人人享有基本医疗卫生服务的目标，提出了实施意见。
22	卫生部	2012年9月	卫生部关于印发贫困地区儿童营养改善试点项目管理方案的通知（卫妇社函〔2012〕276号）	卫生部与全国妇联合作实施贫困地区儿童营养改善试点项目，利用中央财政专项补助经费，为6～24月龄婴幼儿免费提供营养包，预防婴幼儿营养不良和贫血，提高贫困地区儿童健康水平。
23	卫生部	2013年3月	卫生部疾控局关于启动落实对口支援西藏疾控系统能力建设项目的通知（卫疾控综合便函〔2013〕23号）	要求各地抓紧抓实对口支援项目，保质保量完成对口支援工作，协助推进对口支援单位规范化建设，提高服务能力和工作水平。
24	国家人口计生委	2012年4月	国家人口计生委关于认真学习贯彻落实做好人口计生与扶贫开发相结合若干意见的通知（人口政法〔2012〕28号）	要求各省区市认真学习有关文件精神，抓紧协调，积极参与做好片区规划编制实施工作，切实加强对贫困地区人口计生工作的支持和指导。

续表

序号	部门名称	出台时间	文件名称及文号	主要内容
25	国家广电总局	2013 年 2 月	广电总局办公厅关于印发 2013 年扶贫工作方案的通知（广办财字〔2013〕24 号）	制定了广播电视村村通工程、西新工程、农村电影放映工程、直播卫星户户通工程、广播影视行业对口支援等具体工作实施方案。
26	国家统计局、国家发展改革委、民政部、财政部、国务院扶贫办	2012 年 3 月	国家统计局 国家发展改革委 民政部 财政部 国务院扶贫办关于进一步加强农村贫困监测工作的通知（国统字〔2012〕21 号）	决定进一步加强农村贫困监测工作，将 2011～2020 年国家专项贫困监测调查范围从 592 个重点县扩大至包括 14 个片区。
27	国家林业局	2012 年 2 月	国家林业局关于贯彻落实中央扶贫开发工作会议精神深入开展林业扶贫攻坚有关问题的通知（林规发〔2012〕38 号）	认真学习中央扶贫开发工作会议精神，深刻认识林业在扶贫攻坚中的重要作用，深入落实中央各项扶贫任务，举行业之力全面开展林业改革攻坚，继续深化林业改革、完善政策，动员社会力量投入林业扶贫攻坚。
28	国家林业局	2012 年 5 月	国家林业局关于支持《国家林业局关于支持贵州省林业发展的意见》的通知（林规发〔2012〕128 号）	充分发挥林业对维护贵州生态安全，抵御自然灾害，保护生物多样性的作用，并就此提出了总体思路和工作重点。
29	国家林业局	2012 年 6 月	国家林业局关于支持《国家林业局关于支持青海省进一步加强生态保护和建设的意见》的通知（林规发〔2012〕152 号）	要求深刻认识进一步加强青海省生态保护和建设的重大意义，支持青海省进一步加强生态保护和建设的总体思路和工作重点，强化林业支援工作的组织保障。
30	国家林业局	2012 年 12 月	国家林业局关于支持《国家林业局关于支持赣南等中央苏区加快林业发展的意见》的通知（林规发〔2012〕312 号）	深刻认识赣南等原中央苏区加快林业发展的重大意义，并就此提出了总体思路和目标，把大力推进林业扶贫开发作为工作重点之一。

续表

序号	部门名称	出台时间	文件名称及文号	主要内容
31	国家林业局	2012年7月	国家林业局办公室关于提供对连片特困地区出台支持政策情况的函（办函规字〔2012〕175号）	支持片区有关政策情况：实行林业重点工程全覆盖，林业投资倾斜政策，宏观指导政策，支持农户增加经营本政策，智力扶持政策等。
32	国务院扶贫办、国家旅游局	2012年7月	国务院扶贫 国家旅游局关于推进旅游扶贫工作合作框架协议	双方签订协议，把促进旅游扶贫作为两部门合作任务，建立领导机构和定期磋商机制，出台促进旅游扶贫的指导性意见和全国性规划，推动旅游扶贫示范区建设等。
33	国家旅游局	2012年12月	国家旅游局办公室关于印发《关于支持赣南等原中央苏区旅游产业发展的实施意见》的通知（旅办发〔2013〕1号）	发挥旅游业在带动赣南等原中央苏区经济社会发展方面的作用，利用有利条件，促进旅游产业又好又快发展。
34	国家旅游局、国务院扶贫办	2013年2月	国家旅游局 国务院扶贫办关于同意在江西省赣州市、吉安市设立"国家旅游扶贫试验区"的批复（旅发〔2013〕37号）	同意该区设立"国家旅游扶贫试验区"。
35	国家旅游局、国务院扶贫办	2013年3月	国家旅游局 国务院扶贫办关于同意在河北省阜平县设立"国家旅游扶贫试验区"的批复（旅发〔2013〕60号）	同意该区设立"国家旅游扶贫试验区"。
36	中国农业银行	2012年8月	中国农业银行关于做好集中连片特困地区金融服务工作的通知（农银发〔2012〕250号）	充分认识做好片区金融服务工作的重要意义，加大片区金融服务力度，因地制宜制定金融服务方案，强化风险管理，加强与政府部门的沟通联系。

续表

序号	部门名称	出台时间	文件名称及文号	主要内容
37	国务院扶贫办、共青团中央	2012 年 5 月	国务院扶贫办 共青团中央关于动员和支持各级团组织及广大青年积极参与扶贫开发的意见（国开办发〔2012〕35 号）	提高贫困地区农村青年就业创业能力，加大贫困地区农村青年创业扶持力度，深化西部青年志愿者行动计划，推进青年志愿者参与扶贫开发工作，深入推进共青团参与扶贫开发工作。
38	国务院扶贫办、共青团中央	2012 年 5 月	国务院扶贫办 共青团中央关于开展 2012 年"雨露计划·扬帆工程—中西部地区万名应用人才助学行动"的通知（国开办发〔2012〕39 号）	面向中西部各省区市，以雨露计划实施方式改革试点地区和片区县为重点，动员组织贫困家庭"两后生"到西部办学校接受 2～3 年职业教育，学生毕业后颁发中职毕业证书和职业技能证书。2012 年计划招收 10000 名。
39	共青团中央、教育部、财政部、人力资源和社会保障部	2012 年 5 月	共青团中央 教育部 财政部 人力资源和社会保障部关于印发《2012 年大学生志愿服务西部计划实施方案》的通知（中青联发〔2012〕10 号）	2012 年，面向普通高校应届毕业生和在读研究生，由中央财政支持派选 17000 名左右西部计划项目计划志愿者。
40	全国妇联	2011 年 12 月	全国妇联关于贯彻落实中央扶贫开发工作会议精神的意见（妇字〔2011〕36 号）	把握形势、深化认识，切实增强做好扶贫开发工作的责任感和紧迫感；突出重点、多措并举，发挥优势、扎实推进新阶段妇女扶贫开发方式；协调资源、不断创新妇联组织参与扶贫开发方式，加大宣传、进一步营造全社会关心支持妇女扶贫开发的良好氛围。
41	全国工商联	2012 年 5 月	全国工商联关于印发《关于鼓励和引导非公有制经济参与农村扶贫开发的意见（2011～2020 年）》的通知	深刻认识鼓励和引导非公经济参与农村扶贫开发的重大意义，提出了总体要求和基本任务，探索非公经济参与农村扶贫开发的途径和领域。

三 区域发展优势获取与连片特困区减贫行为选择

（一）区域发展要素替代规律与优势获取

社会发展是人有目的的行为的结果，从社会经济的角度看，所谓"时代"的改变本质上就是在物资生产和流通的过程中起主要作用的"要素"的演替。影响区域或国家经济发展的要素众多，根据其特性大体可分为两类：第一类要素主要包括劳动力、资本、知识、制度、自然环境五个方面，具有衍生性、流动性的特点，是社会经济发展的内在因素[①]；第二类要素主要包括文化、意识形态、习俗、政治体制乃至经济发展的历史基础等，它的特征是功能相对稳定，延续性强，流动性差，是经济发展的外部条件[②]。在社会经济发展的不同阶段，居主导地位的发展要素不同，要素结合形式也不同，以中国近50多年的经济增长实践分析，其大致表现为"劳动力为主导、资本（自然资源、人造资本、资金）为主导、知识（科技、信息、管理）为主导、环境质量为主导"各个发展阶段的逐步演替。

在连片特困地区扶贫开发过程中，如果对区域经济发展要素的变化没有一个正确的预期，发展就会出现全局性的失误、失衡、失效，造成发展要素资源的严重浪费。因此，进行贫困区域开发应从整体的高度认识和把握社会经济发展主导要素的演替规律，从而合理地安排要素结合方式即选择正确的发展模式是必要的[③]。要素配置是指经济中的各种生产要素在各地区、各部门（产业）之间以及在各生产单位内部诸多生产环节之间的分配、组合和利用，即做到人尽其才、物尽其用、地尽其

① 迈克尔·波特：《国家竞争优势》，华夏出版社，2001，第 19 页。
② 保罗·A. 萨缪尔森，威廉·D. 诺德豪斯：《经济学》（第十四版），北京经济学院出版社，1996，第 55 页。
③ 叶文虎、宁淼：《论社会经济发展主导要素的演替》，《中国人口、资源与环境》2006 年第 6 期，第 18～22 页。

利。亦即在社会发展过程中，关键的问题是管理者要清楚在不同的发展阶段，哪一类要素处于主导地位，以及如何对这些发展要素进行有效整合和配置。依据有关贫困区域发展的"区域塌陷"特征和国家发展格局的"梯度推进"理念，当前贫困区域与周边区域在发展的过程中主导要素有可能呈现阶段特征，如极贫区域可能以自然要素为主导、次贫地区可能以劳动力要素为主导、一般区域可能以资本要素为主导、发展区域可能是知识要素或环境要素为主导，加之区域性发展要素流动的现实，故当前贫困区域主导要素的总体特征应该是考虑边缘发达地区特征，以"低水平主导要素为核心，高水平主导要素为诱导、高低交互"的复合型特征。

与要素发展替代规律关联，依据区域发展的资源理论（Resource - based Theory，简称 RBT），资源能力是一个地区经济竞争优势获取的关键，核心观点是组织与组织之间存在着资源和能力的差异，从而造成组织间的竞争优势差异，资源的异质性和不可流动性是组织创造租金的基础，成为组织获取竞争优势和成长的关键所在[1]。资源观主要关注的对象是要素市场，分析集中于资源的特异性和不可流动性，比如价值性、稀缺性、不完备模仿性、不完备替代性的资源等，最终实现经济竞争优势的持续性[2]。如果将资源理论扩展到一个地区经济竞争优势的获取上，一个地区经济竞争优势获取的关键在于该地区的资源状况，贫困区域的发展优势的获取应该寻求和积累这样的资源能力，才能从根本上解决贫困县域的经济问题[3]。

区域发展要素替代规律与优势获取为连片特困地区发展明确了方

---

① Foss N. J. Capabilities and the Theory of Firm. Revue d'EconomieIndustrielle, 1996, (6): 7 - 28.

② Peteraf M. The Cornerstones of Competitive Advantage: A ResourceBased View. *Strategic Management Journal*, 1993, (14): 179 - 191.

③ 单纬东：《基于资源理论的贫困县域经济竞争优势的获取》，《中国人口、资源与环境》2007 年第 4 期，第 25 ~ 29 页。

向：基于区域资源比较优势，准确发现区域发展短板，重视要素流动与优化配置，提升区域发展整体实力，惠及贫困人口脱贫致富。

（二）连片特困区致贫因素分析与政府减贫行为选择

连片特困区一般具有贫困人口集中、区域发展条件受限、贫困程度较深、扶贫开发周期较长且难度较大的特点，基于因果逻辑的政府减贫行为一般对应区域致贫因素而提出，表现为以下三个方面。

1. 自然资源性贫困与减贫

一是区域赖以发展的自然资源存量较少，不能匹配区域发展所需，区域生产要素缺乏，导致自然资源约束性贫困，如青藏高原、乌蒙山区、滇桂黔石漠化片区等。二是自然资源丰富，但是没有得到有效且可持续的利用，有的涸泽而渔导致生态环境脆弱，丰富的自然资源受到掠夺性开发后逐步消失，恢复乏力或者区域发展模式转型阵痛期较长，如东北大兴安岭南麓山区、吕梁山区等；有的地区有着丰富的自然资源，由于基础设施不完善、产业发展水平低等因素，资源得不到高效利用，不能带来较高产值，出现"资源富足性贫困"现象，如武陵山区、滇西边境地区等。

政府针对自然资源性贫困的减贫行为一般表现为：对于资源约束性贫困地区，实施生态与扶贫移民，统筹考虑生态保护、扶贫开发与区域协调。对于资源富足性贫困地区，大力发展基础设施，为区域自然资源开发与利用铺平道路；科学规划布局，提升产业加工水平，延长产业链条，增加附加值，提高区域人均收入水平。

2. 社会资源性贫困与减贫

一是区域发展主体（尤其是劳动主体）综合素质不高引发贫困。连片特困区发展主体受教育水平不高，思想趋于保守，缺乏市场竞争意识与风险意识，导致其在社会生产中获益能力不高，出现发展主体能力性贫困。尤其是随着我国城镇化进程加快，农村大量的青壮年劳动力持续流入城市，加剧了贫困地区"空心化"现象①，同时也加大了政策瞄准与扶贫政策落实的困难，如燕山—太行山片区。二是区域发展主体组织化水平较低，村级集体经济基础薄弱，难以实现产业发展的规模化、集约化、产业化，科技含量不高，产业生产效率与市场竞争力较弱，如罗霄山片区。

为应对社会资源性贫困，政府的减贫行为一般聚焦于区域发展主体的技能培训与提高，鼓励返乡创业和人才回流；强化农村专业经济合作组织建设与完善，加大扶强扶优力度，注重龙头企业引领；调整区域产业结构，优化产业链条，结合区域生态、自然资源等实际，实施"一村一品"、"一区一特"工程，大力发展现代农业，促进区域居民增收致富。

3. 政策性贫困与减贫

积极有效的政府行为能够有力地帮助贫困人口脱贫致富②，政策性扶持在政府主导扶贫工作背景下对于区域发展作用显著。政府为支持区域发展制定相应的扶持政策，随之而来的发展资源使得贫困区域在相应外力支持下由贫困失序走向有序发展③。政策性贫困涵盖历史性政策内容缺失（比如导致城乡二元分治的户籍制度）、政策重心偏移（如划定为城市饮用水保护区的库区，但生态补偿制度不够健全）与政策实施误差（如扶持对象难以瞄准，出现不能"扶真贫"现象）等方面，加剧了基础与环境原本薄弱的连片特困区的发展脆弱性，拉大了与其他地区的发展差距，进入"排斥性政策—能力剥夺—脆弱性—进一步排斥性政策—进一步能力剥夺—进一步脆弱性（包括代际间的传递）的恶性循环，这种循环机制与其他致贫因素综合，最终使长期贫困形成"④。

---

① 郭宇廷：《城镇化让扶贫面临新挑战》，《中国县域经济报》2013 年 3 月 14 日，第 1 版。

② 李梦竹、王志章：《市场规模、连片特困地区政府扶贫行为的现状与对策研究》，《湖北民族学院学报》（哲学社会科学版）2014 年第 2 期，第 74~78 页。

③ 鲍曙光：《农村基本公共服务制度研究》，财政部财政所博士学位论文，2014，第 35~42 页。

④ 张立群：《连片特困地区贫困的类型及对策》，《红旗文稿》2012 年第 11 期，第 18~20 页。

针对政策性贫困这一"政府失灵"表现，一般通过调整扶贫政策与工作机制，加大普惠式扶贫资源供给力度，适当引入市场竞争机制，发挥市场配置资源作用，创新扶贫工作模式等途径来促进区域发展和贫困人口脱贫。

本章研究要点

（1）片区扶贫、要素配置机制与贫困区域发展的理论逻辑研究。

（2）连片特困区扶贫资源配置政策与实践。统计分析连片特困区扶贫开发典型资源数量与投向（减贫成效将在第5章中论述），比较政策目标与资源配置实践，定性分析贫困主要成因。

（3）区域发展主导要素的演替规律探讨。兼顾公平与效率，历史分析经济发展各阶段表现出的"劳动力—资本—知识—环境"等主导性发展要素的区别与演替。

（4）基于非均衡竞争和资源理论（RBT）的贫困区域竞争优势的获取方式比较。依据区域资源禀赋，比较分析不同类型贫困区域的减贫行为和竞争优势获取策略。

第3章　基于资源传递过程的连片特困区扶贫资源供需主体行为及协调性分析

一　要素流动与区域发展关联

生产要素是区域经济发展中有形与无形的投入，主要包括自然资源、人员、技术、资本、制度等，从配第的"劳动、土地"的二要素观、萨伊的"劳动、土地和资本"三要素观直至舒尔茨的"劳动、土地、资本、组织管理和人力资本、技术"的六要素观，影响区域发展的资源要素在不同时期有着不同的内涵。生产要素在同一空间上依托于一定区域比较优势的组合，即通过合理配置相关要素的投入实现最优化产出，满足人类的各种消费需求，同时也构成一定区域内的产业和产业结构，促进区域发展[①]。要素尤其是人员、资本的空间流动是促进区域协调发展的一种内涵式空间优化增长方式[②]，区域发展实质上是一个生产要素优化配置的问题，各种要素在经济中的相对份额构成了不同的要素禀赋，决定着区域的产业结构与产业的发展层次，亦即区域发展层次受制于经济中的要素禀赋。

[①]　孙军、王先柱：《要素流动的层次演进与区域协调发展》，《云南财经大学学报》2010 年第 2 期，第 128～133 页。

[②]　李新安：《生产要素区际流动与我国区域经济协调发展》，《区域经济评论》2013 年第 1 期，第 129～134 页。

基于区域发展系统视角，区域发展潜力取决于其影响因素组合形成的潜能①。由于现实生活中很少有区域能够同时具备满足区域发展与民众需求的各种生产要素，加之社会分工精细化程度越来越高、市场竞争中的比较优势规律发挥作用越来越突出，生产要素由"要素回报率低"的区域向"要素回报率高"的区域流动成为必然。要素流动的根本目的是寻找一定的空间并在其中能与其他生产要素有效结合并得到最大化的产出，这种符合经济规律的要素流动将会影响整个社会经济系统的增长，导致要素流入区、流出区出现发展不平衡，亦即通过要素流动与要素间的自组合，实现要素间数量、结构与质量的优化匹配，将促进区域经济发展，反之，要素匹配出现障碍意味着其他"短缺要素"的存在，区域经济发展迟滞。

生产要素流动有助于资源配置效率的提升已成为共识，但其对区域发展不平衡的影响却有不同的争论：新古典经济理论认为，人力资源、资本、技术等生产要素的自由流动将会使要素边际报酬趋于均等，区域之间的发展差距最终将会消失；而更多的学者则从非均衡的理论视角对于生产要素流动可能的"极化效应"、"规模效益递增效应"进行了解读，认为前者的结论忽视了区域间增长率、民众收入水平存在的固有差距，生产要素的自由流动将会带来区域非均衡增长的发散，尤其体现在人力资源、资本要素方面②。此后的新经济地理理论将影响经济活动空间集聚的因素分为"第一自然"和"第二自然"两类③，并从运输成本的视角分别对企业和消费者两个主体的行为选择进行分析，进而揭示要素空间集聚机理。虽然要素流动和聚集从根本上说有利于要素的优化配置，有利于经济效率的提高，但是它同时也是造成区域经济发展差距的

① 马仁锋、王筱春：《省域发展潜力影响要素及其作用机理分析》，《云南地理环境研究》2009 年第 6 期，第 87～92 页。

② 张培刚：《发展经济学》，北京大学出版社，2009，第 387～392 页。

③ Krugman P. First Nature，Second Nature，and Metropolitan Location. *Journal of Regional Science*，1993（2）：129－144.

主要原因之一①。然而这并不意味着欠发达地区就一定会成为"黑洞区位"，要素的创新替代、政策规制等条件的改变仍有可能引起要素回流。

争论的焦点在本质上反映了市场经济体制运行与政府行政干预在要素流动这一焦点问题上的碰撞，生产要素流动有助于但并不必然带来区域发展的竞争优势，集中反映了人力资源、资本、制度等要素配置机制及效率是贫困区域发展的关键。"市场主导发展资源配置"的经济环境下实现贫困区域发展在治理层面需要解决的首要问题即是明确区域生产要素流动及相互作用机理，通过合理的政策设计促进要素流动、通过产业转移来推进贫困区域发展，发挥生产要素流动的正向效应，借船出海，依托生产要素流动逐渐融入高端产业链条并分享收益②，从根本上改观并建立贫困区域发展增长机制。实现贫困区域发展资源的优化配置，重点在于发挥支持政策设计的"撬动效应"。

上述理论框架也可从贫困地区在推进市场化和政府转型过程中"劳动力、土地、资本、组织"四要素基本情况和区域发展面对的特殊困难的表现中得到论证，以大兴安岭南麓片区的发展困境为例。一是人力资本方面，农户科技文化水平不高，市场意识淡薄。外出务工人员少，工资性收入占农民收入比重仅为 21.5%，低于全国平均水平 19.6 个百分点。农户以传统农牧业生产为主，经营性收入增长乏力。2010 年农村居民人均纯收入相当于全国平均水平的 66%；1274 元扶贫标准以下的农村人口有 67.6 万人，贫困发生率为 12%。有 18.4% 的农户存在饮水困难。38.5% 的农村人口尚未解决饮水安全问题。医疗卫生条件差，社会保障水平低。农户收入来源单一，增收困难。二是土地经营方面，人均耕地面积较多，但积温不足，无霜期短，降雨量偏少，土地生

---

① 周加来、李刚：《区域经济发展差距：新经济地理、要素流动与经济政策》，《经济理论与经济管理》2008 年第 9 期，第 87～92 页。

② 陈建军、杨飞：《产业集群价值链升级与县域经济转型升级》，《产业经济评论》2014 年第 7 期，第 93～99 页。

产力不高。土地沙化面积达 20383.7 平方公里，占区域总面积的 14.1%。耕地盐碱化面积达 86.1 万公顷，占耕地总面积的 19.1%。平原地区黑土层变薄，面源污染加重，耕地质量下降。低山丘陵地区水土流失比较严重，土壤沙化退化。自然灾害严重，旱灾、风灾突出，雪灾、冰雹、霜冻、洪涝和沙尘暴等多发。三是基础设施与组织方面，水利建设滞后，工程性缺水问题突出。骨干水利工程不足，灌排设施老化失修、工程不配套。基本农田中有效灌溉面积占比仅为 31.3%，农业灌溉水利用系数低。农田低压电网普遍缺乏，电力设施支撑农田水利化的能力不足。农机具与规模化生产要求不配套。农业科技创新和推广应用体系不健全，农业科技进步贡献率低。农村金融服务不足，农业保险滞后。农田水利等设施薄弱，农业支撑体系乏力。四是发展格局方面，国有经济比重高，产业结构不合理，市场化程度低，民间投资乏力。产业链条短，产品附加值低，企业自主创新能力不足。城镇化水平低于全国平均水平 15.6 个百分点，城市吸引投资能力弱，辐射带动能力不足，现代服务业发展滞后，新增就业机会少。制约区域发展的体制性、机制性矛盾尚未得到有效解决。结构性矛盾突出，区域发展活力不足。诸多致贫因素合力，促成了片区当前的贫困状态。

二 扶贫资源传递过程剖析

为方便厘清扶贫资源供需主体行为特征，下面将简要介绍涵盖财政扶贫资源、信贷扶贫资源和社会扶贫资源等扶贫资源在内的资源传递过程，以进一步解析资源供需主体行为协调的可能选择。

（一）财政扶贫资源传递过程

财政扶贫资金的传递过程有固定的程序，从中央到省一级的传递全国基本一致。中央财政每年在预算中安排一定规模的资金用于对贫困地区和贫困人口的扶持。我国财政扶贫资金投入和管理机制的典型特点是分项投入、多头管理。虽然说我国政府有组织的大规模的专项扶贫行动开始于 1986 年，但实际上早在 1980 年政府就设立了"支援经济不发达地区发展资金"，专门支持老革命根据地、少数民族地区、边缘地区和贫困地区发展，当年的资金规模为 5 亿元；1982 年设立了"三西农业建设专项补助资金"，每年投入资金 2 亿元；并且也开始以实物形式来进行以工代赈扶贫活动。随着市场化经济改革的逐渐展开，农村经济增长对减缓贫困的影响日趋减弱，继续采用以往增长为主、辅以适当救济的反贫困战略已经很难有效地对减缓贫困发生积极的作用。基于这种形势，国家成立了国务院扶贫开发领导小组，并下设办公室，开始了专项扶贫活动，所采取的扶贫模式为开发式扶贫。在财税政策方面，继续执行前述的各项资金扶持政策，并扩大了资金的规模。在"八七"扶贫攻坚阶段，国家又增设了"新增财政扶贫资金"，同时将以工代赈资金原由财政部和中国人民银行按比例承担改由中央财政专项拨款，并扩大了资金规模。当前我国财政扶贫资金主要包括支援经济不发达地区发展资金、新增财政扶贫资金、"三西"农业建设专项补助资金、少数民族发展资金、以工代赈资金。通常将支援经济不发达地区发展资金和新增财政扶贫资金统称财政发展资金。

中央财政扶贫资金是国家为解决少数贫困人口温饱问题，进一步改善贫困地区生产生活条件，巩固温饱成果，提高贫困人口生活质量和综合素质，加强贫困乡村基础设施建设，改善生态环境，逐步改变贫困地区经济社会文化的落后状况，为达到小康水平创造条件而设立的专项扶贫资金，但具体来看，每项资金的用途都有自己的侧重点。资金的多部门管理虽然可以鼓励政府各部门都能积极地参与到扶贫工作中，却带来资金管理成本的增加和效果的降低，同时由于缺乏有效的协调机制和沟通机制，各部门在资金管理和使用方面都从本部门利益出发制定了相应的管理规定和程序，从而造成了实际中财政扶贫资金管理上的混乱，同时也给资金的监管工作带来了很多的不便。

国家财政扶贫资金主要是通过财政部和发改委分别传递，其中以工代赈资金由各级发改委逐级传递；其他财政扶贫资金在从国家向省一级的传递中主要由财政部完成，在省向下的传递中主要依据项目的不同，由财政部门和具体的资金管理部门共同完成。从省往下的财政扶贫资金分配方式并不统一，多数省份是在参照上年基数的基础上，通过审批项目来审批资金，部分省份也采用"因素法"（"因素法"考虑的因素主要有贫困人口数量占70%权重、国家扶贫开发工作重点县数量占20%权重、地方人均财力占10%权重，此外有的地方还加入了自然地理、少数民族等调整因素，但用于调整的扶贫资金比例一般在10%左右；按照《财政扶贫资金管理办法（2000年）》规定，财政扶贫资金分配的依据主要有国家扶贫方针政策、贫困人口数、贫困县数量、自然条件、基础设施状况、地方财力、贫困地区农民人均纯收入、资金使用效益、其他等9项）将资金切块分配到县。一般具体分配方式为：第一，将中央下达的财政扶贫资金和省财政安排的不低于中央扶贫资金的30%的配套资金整合起来，确定当年扶贫资金的总盘子，一部分留省统筹，另一部分向各地市或县分配；第二，在向下分配的资金中，采取的重要方式是先通过具体的扶贫开发项目，由项目带着资金走，即省财政厅和扶贫办直接将资金确定到具体的项目上，通过文件形式将项目任务、补助标准、实施计划和相应的资金下发到市，再由市下发到县。第三，根据实际情况需要，有时也会对部分资金采取转移支付的办法直接安排到市级层面。

财政扶贫资金在县级向下的传递程序大体一致，主要是将扶贫资金传递到明确的扶贫项目上。县级政府、财政部门和相关管理部门在整个传递过程中发挥着重要的作用。扶贫资源能否或者能在多大程度上准确地传递到扶贫项目，关键取决于县这一级。

中国农村扶贫的最大特点就在于资源的传递是以项目为依托。在财政扶贫中，"资金跟着项目走"是一条基本的规律。因为财政扶贫资金主要用于农村贫困地区公共工程建设和社会事业发展，扶贫效益是通过这些公共项目的实施来扩散的。按照《财政专项扶贫资金管理办法

（2011 年）》的规定，财政扶贫资金安排的建设项目实行省级管理制度，省以下不能层层切块分配，要实施项目管理，做到资金到项目、管理到项目、核算到项目，按项目进度核拨资金，因为，财政扶贫一般是以项目为传递的终点。

（二）信贷扶贫资源传递过程

信贷扶贫资金和财政扶贫资金最大的不同在于财政扶贫中资金来源于各种税收，其发送基本上是无偿的，而信贷扶贫中的资金来源于个人储蓄和企事业单位的存款，通过信用方式借出，是以归还为前提的。

扶贫贴息贷款的资源传递。扶贫贴息贷款是由农业银行传递的。国家按照因素法将扶贫贴息贷款分配到省，2000 年以前只能将贷款投向国家确定的扶贫开发重点县，2001 年后，国家把传递范围调整为"以国定贫困县为主要对象，也可以用于省区确定的扶贫开发重点县"。一般情况下，各省将国定贫困县和非国定贫困县资金的使用比例规定为70% 和 30%。省按此比例向下分配，并将贫困人口数量和资金使用效益作为资金计划分配的主要依据，由省扶贫办计财处、项目处、异地开发处、小额信贷处商议后提出分配原则，报请主任办公会研究，按办公会研究确定的原则，结合上年使用扶贫贷款的情况，商农业银行提出各省扶贫贴息贷款切块分配计划，将资金按比例留省统筹和分配到地、县。分配计划经主任办公会研究审核后报省扶贫开发领导小组，批准后行文下发各地扶贫部门执行。地市则按照省级确定的数额将贷款拨付至县一级的农业银行。扶贫贴息贷款是按照贷款项目发放的，这一做法改变了过去资金切块、平均分配的做法，能够避免贷款的盲目性。

小额信贷资源传递。小额信贷是专门的小额信贷机构向贫困农户提供小额有偿有息的信贷资金，实行"有偿使用、小额短期、整贷零还、小组联保、滚动发展"的原则，同时指导帮助支持贫困农户实现可持续发展的一种全新的扶贫方式。与农村信用社传递的农户小额信贷不同，农业银行传递的扶贫小额贷款主要对象为贫困农户，来源于扶贫贴息贷款中的切块资金，在发放对象和获得方式上均有区别。

（三）社会扶贫资源传递过程

动员和组织社会各界参与扶贫，是我国扶贫开发工作的一条基本经验。按照扶贫资源提供的主体和传递的渠道，社会扶贫主要分为政府非专职机构扶贫、外国政府及具有政府背景的国际机构扶贫和国内外非政府组织扶贫三种模式，其中政府非专职机构扶贫又包括机关定点挂钩扶贫和对口帮扶两种形式。从资源传递方式上看，社会扶贫更加灵活便捷、自主性更大、中间环节更少。

机关定点挂钩扶贫资源的主要来源：一是帮扶单位从自己主管的专项资金中拿出一部分来投向其挂钩联系点；二是动员本单位职工捐款捐物；三是直接来自企业、个人、社会团体等的捐赠。其投入领域主要以能直接帮助贫困农户解决生产生活问题的项目为主。

对口帮扶不仅仅是自发的活动，而且是中央政府自上而下的安排，是双方都必须认真完成的政治任务。并且对口帮扶的最大特点除了扶贫之外，双方还存在经济等方面的合作关系，资源的传递并不是一方向另一方单向地输出，而是一种双向的互动，追求双赢的结果。

国际机构扶贫一般具有贷款金额大、资金供给稳定、贷款期限较长、利率较低、资源使用效益较高等特点，并且从内容上看，国际机构扶贫项目不仅提供了强大的贷款援助，带来了发展所需的资金，而且带来了知识的传播，提供了强大的专家援助和技术援助，引进了科学的项目管理方法和管理模式，带来了其他国家制度建设和经济建设的成功经验，给中国扶贫工作注入了新的活力。从目的上看，国际机构扶贫中资源传递的核心目的除了改变项目实施地的贫困状况外，更为重要的是要推广在国际范围内被证实有效的扶贫模式、经验和理念，培养一支具备与国际接轨能力的高素质项目管理队伍，重视扶贫过程中贫困人口受益和贫困人口参与，并探索形成一种更适合中国扶贫开发实际情况的运作机制。

非政府组织最重要的特点是非营利性、独立性和自愿性。在扶贫资源传递过程中具有目标明确、传递渠道畅通、确保贫困人口的真正参与以及在一定程度上可以弥补政府扶贫领域中的缺陷等优势，能够更好地瞄准贫困人口，减少扶贫资源的漏出，提高资源的使用效益。但同时也存在扶贫资源筹措能力有限、独立性不够等一些不足尚待弥补[①]。

三　扶贫资源供需主体行为解析

（一）连片开发扶贫行为的关键利益相关者角色定位

连片开发扶贫是指以区域空间扶持发展理论为指导，依托政府推动和协调，系统分析贫困区域致贫因素，耦合行政区划与经济区域发展资源差异，采取总体规划、综合开发和项目带动等方式，促进贫困人口脱贫致富，推动贫困地区接入市场，进而形成区域发展的核心竞争力实现持续发展的一种扶贫开发机制。连片开发扶贫是对传统分散扶贫开发方式的发展，初步形成了"政府主导，规划集中，社会参与，群众建设"的大扶贫格局，成为加快连片特困地区发展、促进贫困人口脱贫致富的有效途径。综合分析当前连片开发扶贫实践过程中涌现的"晴隆模式"、"河池模式"、"安徽探索"、"曲靖模式"等典型，连片开发扶贫行为的关键利益相关者主要包括政府、贫困人口（扶贫对象）和第三方，三者的关系可简单表述为政府引导、贫困人口为主体、第三方协助与服务，形成综合治理合力，共同推进连片开发扶贫工作实施。

连片开发扶贫工作存在诸多困难，需要政府高度重视，科学规划，

---

① 童宁：《农村扶贫资源传递过程研究》，人民出版社，2009，第 80 ~ 85、99 ~ 109、116 ~ 133 页。

正确引导，建立健全相关法规政策，完善工作机制，综合使用市场的、行政的、法律的手段和运作方式，整合扶贫开发资源并依据相关规定严格管理，充分调动政府、社会和市场的多重力量，实施连片开发扶贫行动，合力推动连片特困地区经济社会迅速发展。

作为连片扶贫开发的对象和活动主体，贫困人口要解放思想，开动脑筋，充分发挥主观能动性，提高自我管理和社会参与能力[①]，有效对接并合理利用党和政府给予的各种优惠政策、扶持资金、社会服务等帮扶资源，强化贫困人口与其他利益相关群体的协作和互动，增强在激烈的市场经济竞争环境中的生存、适应与可持续发展的能力，迅速脱贫致富。

连片开发扶贫工作中的第三方涵盖范围较广，主要包括专业合作社、社区、技术力量、龙头企业、非政府组织等，是积极参与并有效促进连片开发扶贫目标达成的社会团体与个人。其活动内容主要涉及：为连片开发筹集发展资源，比如资金、设备等；为项目运行提供专业服务，如能力建设、指导、监督、监测等；营造全社会支持连片开发扶贫的社会氛围等。

（二）扶贫开发系统要素解构

依据系统理论，扶贫开发运行系统一般由五大子系统组成：经济子系统、社会适应子系统、贫困人口自身内驱子系统、政策子系统以及外部子环境系统，各子系统相互作用，只有互为协调并有序发展，才能共同促使扶贫系统整体趋于良性发展。由于扶贫是我国社会治理政策的重要组成，旨在推进贫困人口减贫脱贫，并实现区域社会可持续发展，因此政策子系统与经济子系统的有序化运行程度一般决定着扶贫系统的有序化程度。

---

① 王俊文：《当代中国农村贫困与反贫困问题研究》，湖南师范大学出版社，2010，第278～280页。

表 3 - 1　扶贫系统结构分析

子系统	组成指标	指标分解	关键利益相关者	利益诉求探寻
政策	补贴补偿政策	生活补贴、生态补偿、移民扶贫建房及搬迁费用，原有财产补偿，迁建过程中的财政补助等	政府，贫困户，非贫困人口	政府通过资源配置寻求区域发展平衡与贫困人口脱贫致富；贫困户希望在扶贫过程中获得尽可能多的补偿并进行生计逐步提高的良性循环；非贫困人口希望获得较好的公共服务水平提升
	税收优惠政策	经营性税收优惠，安置性手续等税费减免，福利性政策的持续享受等		
	土地分配政策	迁出区的土地归属，迁入地的土地规划及分配，土地的开发与治理等		
	经济发展政策	产业政策，信贷政策，培训政策等		
	其他政策	户籍安排，社会帮扶，政策指导等		
经济	要素配置市场	市场交易机制，交易平台，信用建设水平等	企业等经济组织，扶贫农户经济体，专业合作组织，社会服务组织，政府	政府面临协调行政区划阻隔与要素流动要求之间矛盾的问题；贫困户个体及经济组织希望通过政府与社会扶持快速发展；非贫困户希望获得同等待遇
	发展资源存量	基础设施建设，土地、水等生产资料充裕程度，产业基础与结构等		
	技术水平	可用技术，技术研发水平，技术服务机制等		
	组织水平	企业规模与数量，专业合作组织规模与数量，社会化服务水平等		
社会适应	社会经济发展规划	规划合理，调整合规，实施到位，监督考核及时等	贫困户，政府，志愿者	贫困户需要尽快通过调试达到社会适应；政府提供各种社会适应物质与环境支持，提供较好的发展环境
	社会网络重建	精神扶贫，心理疏导，社会资本维持，社会氛围营造等		
自身内驱	可行能力	综合素质，学习能力，环境适应与发展能力等	贫困户	内修外联，提高自身可行能力，形成科学的风险意识，有效承担责任
	风险意识	风险偏好，风险发现，风险规避等		
	责任担当	家庭责任，社会责任，环境责任等		
外部环境	自然环境	生态环境保护，自然资源持续利用	政府，贫困户、非贫困户	环境友好，社会友好
	发展环境	社会稳定，秩序重构，典型示范等		

从扶贫主体角度分析，精准扶贫需要政府牵头，做好各项扶贫调控和衔接工作。然而，反贫困系统目标的实现以反贫困治理结构主体的多中心化为前提，这就决定了精准扶贫的实现不能够仅仅依靠政府力量。市场组织在资源配置效率、社会组织在提高扶贫精准度、社区（贫困村）在优化资源衔接和缩短扶贫距离等方面拥有不可替代的优势，它们的参与能够较好地弥补政府扶贫缺陷，助推更加精准地实施贫困治理。可见，精准扶贫主体至少应包括政府、市场、社会组织、贫困社区。从扶贫对象角度分析，贫困农户主动参与精准扶贫具有客观必要性。只有贫困农户主动参与扶贫过程，变被动扶贫为主动脱贫，才能有效解决贫困治理"最后一公里"问题，精准扶贫方能取得好的成效。基于以上分析，可把扶贫系统的主体结构分为五个部分，即政府、市场、社会、社区、农户。

　　比利时科学家普利高津（Prigogine）1969 年创立的耗散结构理论认为：一个不断与外界交换物质、能量和信息的复杂性开放系统，并且系统中存在非线性动力过程和正负反馈机制，在系统中某个参量的变化达到一定的阈值时，通过负熵增加及涨落，系统可能发生突变（非平衡相变），由原来的混沌无序结构进化为一种新的有序结构，即耗散结构（dissipative structure）。扶贫系统也是一个耗散结构系统，并且是一个具有由无序走向有序特征的耗散结构系统：一是系统的开放性。扶贫系统属于区域社会系统，系统自形成之日便通过其五大子系统与外界环境进行着物质、信息与能量的交换，并不断校正系统发展的途径与方向，通过与外部交流产生的熵流抵制系统自身运行不可逆过程中产生的熵，最终使得扶贫系统走向有序化良性发展。二是扶贫系统具备由僵死的均衡转变为有序均衡的能力。扶贫资源作用前的扶贫系统属于相对封闭的僵死均衡，经过要素流动，打破了原来孤立与封闭的发展系统，由传统均衡经过阵痛调整，吐故纳新，逐步达到区域人口、资源与环境的协调，实现区域发展协调共赢。三是系统发展的非线性机制。扶贫系统有序化受限于系统内部经济、社会、自然等多个要素。内部各子系统只有通过非线性相互耦合作用推动系统演化，才能有效聚汇、利用能量促进系统内部的非线性竞争和协同整合。

依据耗散结构的熵平衡公式及原理，可以围绕扶贫系统的五个子系统构造熵流模型。S_d 为系统总熵变，S_i 为熵产生，S_e 为熵流。

$$\frac{S_d}{dt} = \frac{S_i}{dt} + \frac{S_e}{dt}$$

根据熵增原理，S_e 如果能够有效抵制系统运行过程中的 S_i，系统将呈良性运行状态，亦即 $S_i > 0$，$S_e < 0$，$|S_e| > S_i$，$S_d < 0$，说明扶贫开发系统的有序化运行必须是由外部施加干扰并使系统运行正常化的一个过程，由政府主导、社会协同、以贫困户为主体的扶贫系统运行保障机制建构也佐证了这一结论。基于前述扶贫系统解构，考虑扶贫系统的耗散结构特征，构建有序化熵变模型如下：

$$S_d = K_1 \int_{t-1}^{t} f(m)\,dm + K_2 \int_{t-1}^{t} f(o)\,do + K_3 \int_{t-1}^{t} f(p)\,dp + K_4 \int_{t-1}^{t} f(z)\,dz + K_5 \int_{t-1}^{t} f(e)\,de$$

式中，$\int_{t-1}^{t} f(m)\,dm$、$\int_{t-1}^{t} f(o)\,do$、$\int_{t-1}^{t} f(p)\,dp$、$\int_{t-1}^{t} f(z)\,dz$、$\int_{t-1}^{t} f(e)\,de$ 分别指经济（m）、社会适应（o）、政策（p）、自身内驱（z）和环境（e）序变量在第 t 时段引起的子系统熵变；$K_1 - K_5$ 为各子系统转化速率常数；经济系统对系统有序化影响最大，为核心序变量，对其他子系统起支配作用；若 $S_d < 0$，则认为系统正朝着有序化方向发展。可以发现扶贫系统发展过程中一般表现为系统封闭僵化寻求发展（自我调节）、扶贫资源作用过程（秩序混乱）、发展适应（缓慢恢复）、生计可持续发展（飞跃进化）等转变阶段，而在扶贫开发和发展适应两个关键阶段也是扶贫系统与外界子系统进行物质与能力交流频繁、风险冲突较为集中的阶段，此时关注扶持政策、损失补偿、心理疏导、适应期生计策略调整等系统负熵信息的输入，加之系统内部对于贫困户抵触情绪、利益分配不均、非贫困户攀比等熵增值的有效疏导，利益调处机制作用的有效发挥，扶贫系统运行也逐步由政府外力主导转变为扶贫开发

后的自适应与自组织（表现为"贫困户身份意识"的"增加—消减"变化趋势），系统运行成本在秩序稳定后下降，交易费用降低、发展要素配置效率的提高有助于系统目标的顺利达成，政策功效凸显。从系统动力学的观点来看，一方面扶贫是人类对于影响其发展的不良环境等因素所做出的反应，另一方面也说明了扶贫行为本身就是自然与社会系统自我调节与适应的表现。

（三）贫困区域扶贫资源需求主体行为诉求及特征分析

1. 政府的行为动机与特征

我国政府始终把人民利益放在最高位置，政府参与扶贫工作，主要是基于对国家稳定和人民福利的通盘考虑：一是我国政府始终坚持以"为人民服务"为唯一宗旨，把实现共同富裕作为党和国家的奋斗目标。二是全面建成小康社会，实现"中国梦"和中华民族伟大复兴，需要提供扶贫资源解决我国的贫困问题。三是贫困问题不仅是一个社会问题，更是一个政治问题，事关国家声誉和长治久安，只有解决好我国的贫困问题，我们才能在国际上赢得良好声誉，才能有一个安定的社会环境。

作为需求方，地方政府的主要任务体现在发展本地经济与维护社会稳定上，地方政府的收益也可以从这两个方面来衡量，即发展本地经济带来的收益与维护社会稳定所带来的收益；由于短期收益最大化所产生的投资冲动行为使得各级地方政府官员在各自的任期内进行各种所谓的政绩工程建设，使得各种资源投入不能有效对应科学发展规划，即使得政府产生扶贫开发工作的短视行为和近视效应。

建立地方政府开展扶贫开发资源投入的收益函数，如下所示。

$$R_t = F\left[J_t(I)、S_t(I)、Q_t(I)\right]$$

其中，R_t 为地方政府进行扶贫资金投入 I 后第 t 年的收益，$J_t(I)$ 为进行扶贫资金投入 I 后的经济效益，$S_t(I)$ 为进行扶贫资金投入 I 后的社会效益，$Q_t(I)$ 为进行扶贫资金投入 I 后的其他效益。设贴现率为 δ（短期贴现率为 δ_1，长期贴现率为 δ_2）并将短期收益与长期收益分开计算，则地方政府参与融资 I 后的净收益函数 R 可表示为：

$$R = \sum_{t=1}^{n} \frac{F[J_t(I)、S_t(I)、Q_t(I)]}{(1+\delta_1)^t} + \sum_{t=n}^{\infty} \frac{F[J_t(I)、S_t(I)、Q_t(I)]}{(1+\delta_2)^t}$$

当 δ_2 较大时，长期收益对当前收益的贡献较小，加之我国地方尤其是乡县政府公务员的任期一般为 3～5 年，最短的只有 0.5 年，现有的地方政府官员考核大都以地方 GDP、地方财政收入等为指标，不少县乡官员在这种考核体制下只注重任期内的政绩，所以上式中 n 大约为 3 年，贴现率 δ_2 对大多数官员来说会很高，这就使得他们只注重上式中的短期收益部分。考核的不科学致使他们产生政绩速成的心理，并产生相应的扶贫资金投资冲动行为，导致偏差扶贫资源配置行为出现。不过这种偏差在当前精准扶贫工作中已在制度层面得到重视：为了 2020 年全面建成小康目标实现，很多地方将扶贫攻坚作为公务员尤其是领导干部政绩考核的重要指标，并且在职务调整方面有所限制，以尽可能保障扶贫开发工作的连贯性。

作为供给方，在扶贫资金供给上又具有强烈的政策性特征，促进贫困人口脱贫致富，创造良好的外部环境条件，以实现农村经济的快速发展与农村居民生活水平的提高，最终实现国民经济的整体发展和社会的和谐稳定；一定的间接性特征，采用自上而下、层层落实到省、市、县、镇（乡）、村、户的方式，进行具体实施，难免导致资金管理的多环节与资金流向的多去向，扶贫资金投资效果弱化；同时政府在扶贫资金供给上还具有严重的导向性特征，即政府扶贫资金的投向、金额的变化，会对其他农村资金供给主体的供给行为产生同方向的影响。

2. 市场与市场主体的行为动机与特征

市场尤其是企业主体参与扶贫开发，并提供相应的扶贫资源，主要基于以下三点考虑：一是市场所肩负的社会责任和义务驱使它这样做；二是企业通过承担社会责任可以提升社会形象，间接性提高经营业绩；

三是扶贫开发作为一项市场活动，企业通过参与扶贫项目扩大了市场和经营范围，直接提升了市场组织利益。

3. 社会的行为动机与特征

社会组织存在的最主要目的是服务社会，解决社会发展过程中存在的问题，促进社会有序、健康发展。贫困作为一个重要的社会问题，需要社会组织广泛参与。社会组织参与扶贫开发主要基于以下两个方面的考虑：其一这是社会组织本身的重要职能之一，能够较好地促进社会和谐与稳定，并在这一过程中实现组织的功利性目标。其二个人、政府、企业或其他主体，借助社会组织的中介功能，能弥补自身在扶贫开发中的不足，更好地履行职能，树立良好形象，促进长远发展。

以社会组织的典型代表——金融机构、民间资本为例，作为供给方，小额信贷机构的最优选择是具有还款能力的维持型农户，通过设定合理的利率水平，小额信贷机构可以有效地区分富裕型农户和维持型农户，无论短期还是长期，当两类借款对象（维持型和贫困型农户）中，维持型农户占有较大比重，如果辨别两类农户的成本过大时，小额信贷组织将同时向两类农户提供贷款；反之，仅向维持型农户提供贷款。在贫困人口比例较高的地区，如果辨别成本过高，小额信贷机构的理性选择是停止向这两类农户放贷。

4. 社区的行为动机与特征

社区存在的价值在于为本社区居民提供优良服务。社区参与扶贫开发，能够充分利用自身在机构协调和资源对接方面的优势，为社区居民带来更多扶贫资源，提供更好的基本服务，促进社区贫困群众脱贫致富，实现社区治理目标。

5. 农户的行为动机与特征

农户集扶贫开发主体和客体于一身，是脱贫致富的关键切入点。农户参与扶贫开发，其一，融入扶贫工作，提高脱贫致富的动力，变"要我脱贫"为"我要脱贫"；其二，发挥农户的监督和反馈作用，促进脱贫攻坚政策调整，最终使农户获益；其三，农村社会是"熟人社会"，通过社区网络形成较好的扶贫示范，既获得自我认可，又营造积极向上的社区风气。在资金需求上，出于自身利益的考虑，发展过程中倾向于无偿接受财政扶贫资金和向非正式金融部门借款①。

6. 政府俘获现象

政府为了实现脱贫攻坚目标、企业为了寻求发展资源以及农户为了将其所拥有的资源资本化的现实为"三方合作"提供了可能，而企业的社会责任履行则成为重要的连接纽带。就扶贫行为而言，政府可以依靠相关的政策法规、税收优惠等来约束并保障企业履行社会责任；而企业参与扶贫开发可能是"政治俘获"的一种有效途径，或者说是为了寻求土地供给、环境约束方框、信贷资源等用于持续经营的异质性资源。当企业履行社会责任将带来关键性资源时，企业积极地战略地履行社会责任，成为其经营发展的一种路径和方向；而政府关于企业社会责任的各项规制则是政府与精英企业相互博弈的结果。

7. 扶贫资源配置的锁定效应

"锁定效应"是指，一种发展起来的新技术由于自我的积累、强化和规模经济促进了成本的降低，形成了学习效应和协调效应，以及对其进一步发展的预期，使得这种技术具有了先发优势，并形成良性循环实现规模经济；相反，一种更为有效和先进的技术，由于较晚进入市场，而并未获得较多的拥护者，从而进入了恶性循环的锁定状态。经济学上的"锁定效应"是指当期的决策受到上期的影响，对一个国家、地区而言，就是其在经济发展过程中产生了"路径依赖"，被锁定在了原有的发展方式上难以改变。

区域扶贫开发资源配置锁定效应的构成因素包括：规模报酬递增，规模报酬递增使行为主体能够从当前被锁定的决策中继续获得收益，能

---

① 庄天慧：《精准扶贫主体行为逻辑与作用机制研究》，《广西民族研究》2015 年第 6 期，第 138～146 页。

够产生更多的经济价值，如资源配置主体或客体在扶贫资源投向上倾向于风险较低、群众意见较小的公共基础设施建设领域。资产专用性，资产的专用性不仅对当前决策行为投入成本的高低产生影响，还通过前期决策行为的沉没成本来影响当期投资的非锁定决策行为的成本，如行为主体倾向于追加扶贫资源论证此前决策的正确。兼容性，兼容性的存在使得前期投资能转换为本期的收益，降低了决策行为的成本。不确定性和风险厌恶，由于不确定性和风险厌恶的存在，人们认为当期的决策是最优的，不愿放弃现有的决策行为、规模报酬递增、专用性和兼容性，不确定性是锁定效应的根本原因。有限理性和群体博弈，在有限理性的条件下，每个经济主体都会以自身利益最大化为目标，群体博弈产生的结构是囚徒困境，每个单独打破锁定状态的经济个体都会使得自己处于均衡状态之下，不可能有群体行为，导致整体陷入锁定状态[①]，亦即缺少创新。扶贫资源配置主体与客体在考虑到上述因素的基础上均有可能陷入扶贫资源配置行为路径依赖，如政府过度主导的路径依赖、以县为单位的路径依赖、调整周期过长的路径依赖等。这主要由两方面的原因造成，一是现有制度下的相关既得利益集团，他们为了维护自身现有利益，总是维持现有的制度；二是非正式制度如意识形态的影响，诺思强调："非正式约束在制度渐进的演进方式中起着重要作用，是路径依赖性的来源。"[②] 此外，改革成本的限制也是产生路径依赖的现实原因。扶贫资源配置的低效率决定了需要扶贫资源配置行为主体开展资源配置的"反锁定"行为，在制度、政策、行为等各领域突破路径依赖。

（四）供需主体行为不协调原因探讨

造成当前扶贫资金配置效果不佳的原因是多方面的，一个主要原因是扶贫资金投入总量不够，从而产生各部门和各地区的利益争夺。从资

---

① 郝佳伟：《资源禀赋、锁定效应与内蒙古资源型产业升级路径研究》，内蒙古大学硕士学位论文，2015，第16~20页。

② 道格拉斯·C. 诺思：《制度、制度变迁与经济绩效》，上海三联书店，1994，第132页。

金配置角度出发，我们更应看到扶贫资金管理多环节中的体制和管理者的人为因素。

1. 供需主体效用函数不一致

扶贫开发资金供需主体行为不协调主要是政府效用函数与农村经济主体的效用函数不一致导致的政府官员会追求"政绩至上"与"自身福利最大化"，一方面存在挪用扶贫资金满足自身物质享受的可能性；另一方面又存在将扶贫资金配置到能够产生更多产出的非农领域的现实性。这样一来，贫困户要么得不到政府的扶贫资金支持，要么得到的也仅仅是出于应付考虑的所有其他支出后的"剩余"，造成扶贫资金使用的监管不力。对于贫困户而言，积极脱贫和消极脱贫与脱贫成本和扶贫资源的利用效率也有很大关联。如果贫困者积极脱贫的成本太高，贫困者会发现消极脱贫时获得的收益比采取积极脱贫策略时的收益大，经过多次重复博弈后，贫困者都会采用消极脱贫策略；如果贫困者采用积极脱贫策略的成本是低成本，理性的贫困者会发现，采取积极脱贫策略是有利的，则此时贫困者采用消极脱贫策略的比例会得到很好的遏制。此时，积极脱贫策略是贫困者的上策。

基于上述分析，"政府监管、脱贫成本、过程收益"三者是解释扶贫资金使用过程效率的重要抓手，可以运用进化博弈论建立贫困者群体之间以及贫困者群体与政府部门之间的博弈模型及其复制动态方程，得出博弈模型中各博弈方的进化稳定策略，分析影响扶贫资金使用效率的因素。

进化博弈论是以有限理性的博弈方为博弈分析的基础，研究的是博弈群体成员的策略调整过程、趋势和稳定性。其中，最重要的概念是"进化稳定策略"（Evolutionary Stable Strategy，ESS）和"复制动态方程"。进化稳定策略（ESS）是这样的一种策略，如果群体中所有成员都采取这种策略，而这种策略的好处为其他策略所不及，那么在自然的影响下，将没有突变策略能侵犯这个群体。

"复制动态方程"是描述某一个特定策略在一个群体中被采纳的比例的动态微分方程。策略的收益比群体的平均收益高时，那么这种策略就会在群体中被模仿、学习和发展，即适者生存。

为了研究方便，只建立贫困者群体与政府部门之间的博弈模型和复制动态方程。依据实践调研，可知贫困者选择的策略不同，其收益有差异，同时政府部门的监管力度也是影响贫困者是否采取积极脱贫策略的重要因素。假设贫困者群体与政府部门之间博弈的收益矩阵为表3－2所示。

表 3－2　贫困群体与政府部门博弈矩阵

贫困户＼政府	监　　管	不监管
积极脱贫	$(m-c, r-b)$	$(m-c, r)$
消极脱贫	$(m-r, r+i-a-b)$	$(m, r-a)$

其中参数的定义如下：假设 m 表示贫困者从政府那里得到的扶贫资金；c 表示贫困者积极脱贫时需要付出的成本；i 表示政府部门发现贫困者采用消极脱贫策略对其的惩罚；r 表示政府部门对贫困者进行扶贫资金资助时获得的收益；a 表示贫困者消极脱贫时对社会造成的不良影响，这部分损失算在政府部门的收益中；b 表示政府部门的监管成本，这里各个参数我们假设都为正数，且有 $i>c$，$i>b$，i，b，c 满足其他关系的情形我们将在后面分析。这是一个非对称博弈，因此不能套用对称博弈的分析框架。现在有两个不同的博弈群体，一个是监管贫困者脱贫行为的政府部门，另一个是贫困者群体，每一次博弈实际都是这两个群体中的成员随机配对进行博弈，博弈方的学习和策略模仿局限在各自所在的群体内部，策略调整的机制仍然是与两人对称博弈中相似的复制动态。假设贫困者中采取积极脱贫策略的比例为 $1-x$，政府部门采取监管策略的比例是 x，那么采取不监管策略的比例为 y。这样，贫困者采取积极脱贫、消极脱贫策略时的期望收益和群体平均收益分别为：

$$u_{1c} = y(m-c) + (1-y)(m-c) = m-c$$

$$u_{1n} = y(m-i) + (1-y)m = m-iy$$

$$\overline{u}_1 = xu_{1c} + (1-x)u_{1n} = m-iy$$

此时的复制动态方程为：

$$F\ (x)\ =\frac{dx}{dt}=x\ (u_{1c}-\overline{u}_1)\ =x\ (1-x)\ (iy-c)$$

政府部门采取监管、不监管策略时的期望收益和群体平均收益分别为：

$$u_{2x}=x\ (r-b)\ +\ (1-x)\ (r+i-a-b)\ =r+i-a-b+\ (a-i)\ x$$

$$u_{2n}=xr+\ (1-x)\ +\ (r-a)\ =r-a+ax$$

$$\overline{u}_2=xu_{2c}+\ (1-y)\ u_{2n}$$

此时的复制动态方程为：

$$F\ (y)\ =\frac{dy}{dt}=y\ (u_{2c}-\overline{u}_2)\ =y\ (1-y)\ (i-b-ix)$$

由此可以看出：一是政府不能单纯地给予贫困者扶贫资金资助，而不对贫困者在接受扶贫资金后的行为进行监督。如果不进行有效监督的话，会出现和政府部门初衷相反的行为。二是贫困者群体选择积极脱贫策略的概率与对消极脱贫行为的惩罚力度正相关。三是降低贫困者积极脱贫的成本、增大对消极脱贫的惩罚力度，都将有助于减少消极脱贫行为[①]。

2. 决策过程存在效率损失与资源流失

由于扶贫工作涉及中央与地方各级政府及政府多部门业务领域，如在中央一级就存在国务院扶贫开发领导小组、扶贫开发办公室、财政部、国家发展改革委员会、中国农业银行、农业部等部门，而地方政府的扶贫机构设置往往要求与中央相一致。其中必然涉及这些部门的相关利益，因此在扶贫开发决策过程中就存在谈判和博弈，在这场博弈过程中相关各方都有着各自的利益诉求。虽然我国扶贫资金的来源很多，如专项资金、定点帮扶、东西对口和省级财政投入等等，但除了国际组织的扶贫投入以外，其他资金实际上都来自国家财政收入。这种收入的分

---

① 唐华容：《主体行为视角下扶贫资金使用效率的进化博弈分析》，《学理论》2011 年第 5 期，第 131 ~ 134 页。

配在纵向和横向两个方位上将会造成相当大的治理困惑。从纵向上来看，表现在以下两点，一方面不同部门均以贫困地区发展和扶贫工作为借口，向中央财政争取资金，另一方面下级均向上级争取资金，从而形成相当集中的财政资源的权力控制。

3. 资金分配中存在利益分割

财政扶贫资金分配中的平均化、分散化、福利化，使扶贫资金分配存在一定的随意性。在扶贫资金的分配中常常出现的问题是将资金平均分配或让贫困户轮流享受，致使分摊到每户的资金数额很少，难以形成规模效益。

4. 信贷扶贫资金的倾向性选择

金融扶贫成为当前一种重要的扶贫方式创新，但信贷扶贫资金项目的申报与审批是一个相当复杂的过程，缺乏贫困人口的直接参与（不管是考虑到贫困人口的综合素质，还是参与机制的设计），因而即使很少一部分流向贫困群体的信贷扶贫资金也缺乏资金瞄准贫困人口的制度保证。信贷扶贫资金的配置目标偏离，从根本上说是一种财政信贷贴息带来的利益诱因与银行信贷执行政策引起的政策与制度偏离。在制度体系尚不健全、不完善、监管措施不力的社会经济体系中，权势群体则会利用制度漏洞与缺陷进行合法的寻租，从而导致信贷扶贫资金的贫困群体瞄准偏离[①]。

四 资源配置运行机理与扶贫资源配置模式嬗变

（一）连片特困区开发对于扶贫资源配置模式的要求

1. 连片特困区共享发展成果的关键在于培育自我发展能力

《中国农村扶贫开发纲要（2011 - 2020 年)》明确提出，未来十年

---

① 周节：《扶贫资金配置中存在的问题及对策研究》，重庆大学硕士学位论文，2007，第57～59 页。

农村扶贫开发工作目标是"到 2020 年，稳定实现扶贫对象不愁吃、不愁穿、保障其义务教育、基本医疗和住房"。"两不愁、三保障"的发展目标强调了未来中国经济发展将更加注重转变经济发展方式和统筹发展，强调使经济发展惠及包括低收入人群在内的所有人。让发展成果惠及所有人的途径大体有两类：一是通过创造让所有人平等参与经济社会活动的机会，使人们在初次分配中共享发展成果；二是通过再分配，以税收、转移支付、补偿支付等方式由政府相关部门进行干预和调节。如果说对于特定的群体而言，让该群体和区域参与经济社会活动、融入经济大循环，在初次分配中实现共享发展成果更可持续。

　　长期以来，连片特困区深陷"贫困陷阱"和"梅佐乔诺陷阱"，在国家发展格局中遭遇"被遗忘、被边缘、被救济"的尴尬处境。虽然在国家扶贫攻坚战略和西部大开发战略的支持和推动下，生存和温饱问题基本解决，但发展问题仍是连片特困区持续减贫和共享发展成果的瓶颈。微观层面，贫困个体的教育、住房、交通、信息、发展机会、生计资本等问题相当严重；中观层面，片区内产业规模小、产业体系不健全、产业竞争力较弱、市场容量有限、市场化程度低、空间格局不经济；宏观层面，片区经济未能融入区域经济、全国乃至全球大循环，既没有形成独立的经济体系，也没有在区域、全国和全球分工体系中占据一席之地。缺乏自生能力是连片特困区区域性贫困的根源。

　　连片特困区跳出"贫困陷阱"必然需要外部的援助，而且应该是非常规的援助措施，如加大对连片特困区的投入和支持力度，中央财政专项扶贫资金新增部分主要用于连片特困区，集中实施一批民生工程，加快区域性重要基础设施建设步伐，加强生态建设和环境保护，促进基本公共服务均等化等。但又必须汲取以往"输血式"扶贫的教训，跨越严重依赖外部"输血"的"梅佐乔诺陷阱"，在输血的同时形成造血功能，着眼于长期的自我发展能力培育。如果说通过外部援助缓解连片特困区当前的贫困局面是治标，将外部援助有效转化为区域发展的支撑条件、动力源泉、要素积累则是针对连片特困区持久减贫的治本。

2. 区域发展和脱贫攻坚需要社会各界共同努力

连片特困区贫困成因的复杂性、贫困维度的多重性、贫困程度的纵深性、减贫效应的脆弱性等共同决定了连片特困区区域发展与扶贫攻坚任务的艰巨性。有力、有效、有序推进片区扶贫开发，既需要加强相关的理论研究，深化对片区扶贫规律的认识，为片区扶贫实践提供针对性强、实用有效的对策建议，又需要动员、组织和整合社会各方资源积极投身片区扶贫开发实践，使连片特困区区域发展与扶贫攻坚有充足的人、财、物等资源保障，而这需要社会多元主体共同努力。首先，各级政府、各相关部门是片区扶贫攻坚的推动者、规划者、组织者、协调者和监督者，应发挥主导作用；其次，片区内的贫困主体既是扶贫救济的对象，更是扶贫攻坚的主体，充分发挥贫困主体的积极性、能动性，让其参与扶贫攻坚实践是片区扶贫开发的必然要求；再次，非政府组织和企业在片区扶贫开发中也需扮演更重要的角色，发挥组织的专业化优势和效能。特别的，企业不应将扶贫实践仅看做承担社会责任，而应以多方共赢为目标推进面向连片特困区、面向低收入群体的创新，为贫困群体参与经济社会活动、分享发展成果创造机会，提供平台。

（二）秩序重构：资源配置中的市场机制与行政机制协调

资源配置是经济社会中的人力、信息、物质、环境等各种资源在不同社会经济领域不同使用方向之间的分配，在发展资源稀缺的经济学假设下，研究资源配置的关键在于如何使社会中稀缺的资源得到最有价值的运用，实现以较少资源投入获取较多产出与收益的目标。增长速度换挡期、结构调整阵痛期和前期刺激政策消化期的"三期叠加"是新常态下我国经济发展的阶段性特征，各种矛盾交织，发展效率和发展质量成为全社会发展的关注焦点。为优化资源配置，促进要素流动，《中共中央关于全面深化改革若干重大问题的决定》（2013年）明确了"经济体制改革是全面深化改革的重点，核心问题是处理好政府和市场的关系，使市场在资源配置中起决定性作用和更好发挥政府作用。市场决定资源配置是市场经济的一般规律，健全社会主义市场经济体制必须遵循这条规律，着力解决市场体系不完善、政府干预过多和监管不到位问题"①，确立了市场资源配置中的决定性地位，反映了国家对于经济规律认识的再次深化，体现了马克思主义经济学成果中国化的又一次飞跃。

1. 资源配置机制演进与现实选择

基于区域发展系统视角，区域发展潜力取决于自然资源、人员、技术、资本、制度等影响资源要素组合形成的潜能②，区域发展实质上是一个资源优化配置问题。资源优化配置有两个重要衡量指标：配置结构上应与系统产出一致，防止出现滞存和浪费；资源价格实惠，在保证产出品质基础上力求资源耗费最少。通过资源要素的配置与再配置，区域发展资源得到合理利用，产业结构趋于合理，促进区域可持续发展和生产效率提高。合理调节资源使用数量、规模、结构，有效实现资源配置目标的过程就是资源配置机制。依据萨缪尔森的分类，资源配置机制主要分为传统、行政机制和市场三种③，鉴于社会经济系统运行机制的理性建构，以下主要围绕政府行政机制和市场两种机制探讨。

1949 年新中国成立伊始，国民经济百废待兴，物资匮乏，为保障民众生产生活、快速恢复社会经济和维护社会稳定，国家选择了严格的计划经济体制，计划生产，统购统销，集中有限资源解决主要矛盾，在一段时期内大大促进了国家经济发展，提高了民众生活水平。计划经济体制有助于在宏观层面控制经济总量、结构布局、收入分配，但也存在三种典型缺陷：知识不足和信息不完全、计划执行过程中有偏差，以及缺乏利益激励机制，尤其是受到 20 世纪 70 年代全球发展过程中 "变化

---

① 新华社：《中共中央关于全面深化改革若干重大问题的决定》，《求是》2013 年第 22 期，第 3 ~ 18 页。

② 马仁锋、王筱春：《省域发展潜力影响要素及其作用机理分析》，《云南地理环境研究》2009 年第 6 期，第 87 ~ 92 页。

③ 〔美〕萨缪尔森：《经济学》（上册），商务印书馆，1980，第 45 页。

（change）、竞争（competition）、消费者（consumer）"3C 特征①的影响，计划经济体制难以有效应对微观经济活动和复杂多变的社会需求，经济主体发展动力不足，社会生产效率低下，资源浪费现象严重。1978年党的十一届三中全会做出了将党的工作重心调整到经济建设上来的决定，重视政府管控的同时开始重新认识并利用经济规律指导实践。为了进一步解放和发展生产力，党的十四大（1992年）提出要建立社会主义市场经济体制，并要使市场在资源配置过程中发挥基础性作用。此后在 20 多年的社会经济建设实践中又围绕"政府与市场在资源配置中的关系"这一核心问题进行不断的探索和深化，党的十五大（1997年）、十六大（2002年）和十七大（2007年）分别提出了"在更大程度上发挥市场在资源配置中的基础性作用"、"在更大程度上发挥市场在资源配置中的基础性作用"、"从制度上更好发挥市场在资源配置中的基础性作用"，将市场配置资源理念进一步拓展和升华②。

经过 20 多年的实践探索与发展，我国社会主义市场经济体制初步建立，但也存在不少问题，"市场秩序不规范，以不正当手段谋取经济利益的现象广泛存在；生产要素市场发展滞后，要素闲置和大量有效需求得不到满足并存；市场规则不统一，部门保护主义和地方保护主义大量存在；市场竞争不充分，阻碍优胜劣汰和结构调整等"③，为进一步明确和理顺政府与市场的关系，转变经济发展方式，党的十八大（2012年）提出"更大程度更广范围发挥市场在资源配置中的基础性作用"，继而在党的十八届三中全会（2013年）确定了市场在资源配置中的决定性地位，明确了"市场决定资源配置"这一社会主义市场经济规律，消除了政府与民众的认知误区，这也是生产力发展

① 汪涛、杨立华、刘刚等：《市场网络化、外部性与传统关系营销理论的扩展》，《学术研究》2010 年第 10 期，第 49～54 页。

② 高尚全：《使市场在资源配置中起决定性作用》，《前线》2013 年第 12 期，第 34～37 页。

③ 《习近平关于〈中共中央关于全面深化改革若干重大问题的决定〉的说明》，《求是》2013 年第 22 期，第 19～27 页。

的现实选择。

2. 资源配置机制的作用机理

（1）市场机制的自由与张力

"市场具有传导信息、刺激供需及促进技术进步和创新等方面的作用，并且这些作用之间存在着密切的关联。"[①] 市场机制则是通过资源在市场上自由竞争和自由交换来实现配置的机制，反映了市场供求、价格、竞争、风险等要素之间的关联与作用机理，是市场经济规律的实现形式。市场配置资源主要是通过市场机制发挥作用，尤其是竞争机制和价格机制。"竞争，同供求比例的变动相适应的市场价格的波动，总是力图把耗费在每一种商品上的劳动总量归结到这个标准上来"[②]，新古典经济学认为，完全市场竞争条件下，交易主体在市场上自由选择与交换，可以通过供求调整影响价格，最终使资源得到有效配置，有效解决经济学中"生产什么、生产多少，如何生产，为谁生产"的中心问题，实现"帕累托最优"的生产发展状态。

完全竞争市场的标准只是社会发展现实的抽象和理性假设，即经典"阿罗—德布鲁模型"假设。假设条件的约束导致市场机制发挥作用受限：市场主体自由选择权受限，同时由于信息不对称的环境影响，机会主义产生；加之科斯"交易费用"的提出，价格不能有效反映供求状态、竞争不充分等原因使得市场选择功能与激励功能效用下降，市场资源配置效率降低，市场秩序失衡，市场失灵现象出现。对于市场秩序失衡问题的矫正，亚当·斯密等认为市场秩序可以自我调整，前提是有效竞争，而非均衡市场理论则认为有效的市场秩序需要产权、契约、信息等制度安排作为支撑，才能更好地发挥市场机制作用，藉此，措施的提出主要集中于培育守法诚信的市场主体、建立健全完善的市场体系和有效的市场契约规范。

---

① 孙文华、孙南萌：《市场决定资源配置：现实诉求与改革取向》，《前线》2013 年第 12 期，第 34 ~ 37 页。

② 马克思：《资本论》（第 3 卷），人民出版社，2004，第 214 页。

（2）行政机制的约束与调控

我国社会主义市场经济既体现了人类社会活动的共性，又反映了中国特色：一方面坚定市场在资源配置中的决定性地位，另一方面仍要坚持发挥社会主义制度的优越性，做好政府服务。经济不完全契约理论以契约的不完全性为研究起点，以所有权或剩余控制权的最佳配置为研究目的①，指出"应该通过资产所有权或者剩余控制权的配置，确保在次优条件下实现最大化剩余的最佳所有权结构，这就要求把所有权安排给投资重要的一方或者不可或缺的一方"②，亦即解决"市场失灵"、克服市场运行"外部性"的运行条件提供和满足问题则需要政府行政机制发挥资源配置的相关作用。

政府和市场的关系，可以看作是分工和合作的关系③。市场机制强调自由、效率的同时可能带来市场主体发展视野狭窄、"试错"成本提高、贫富差距拉大等风险，政府则通过自身行政权威和信息网络，坚持公平、公正，主要通过政策手段配置公共资源，为市场主体提供咨询和指导，尽量减少市场主体参与竞争与决策的盲目性，提供完善的法律环境和制度规约，强化宏观经济发展指导和公共产品与服务的提供，减少资源浪费，提高资源配置效率。政府规范体系与制度设计是为了更好地降低市场经济运行过程中的不确定性引起的诸多风险，但制度体系本身在设计与发挥作用时又因政府理性、政策制定者个人主观认知、环境、管制对象等因素的不确定性造成制度自身的不确定性，出现"政府失效"现象，如因为政府公共权力异化尤其是因私人化、货币化导向而出现的政府管制寻租，可能降低市场的可竞争性、毁损市场竞争规则体系、增

① 杜春林、张新文：《项目制背景下乡村公共品的供给嵌入与需求内生》，《广西民族大学学报》（哲学社会科学版）2015 年第 1 期，第 157～162 页。

② 杨瑞龙、聂辉华：《不完全契约理论：一个综述》，《经济研究》2006 年第 2 期，第 104～114 页。

③ 冒佩华、王朝科：《"使市场在资源配置中起决定性作用和更好发挥政府作用"的内在逻辑》，《毛泽东邓小平理论研究》2014 年第 2 期，第 17～23 页。

加行政成本，降低政府调控绩效等，政治秩序也因此而陷入失序状态。

（3）政府与市场的协作：边界与秩序

资源配置过程中市场机制与政府行政机制特征各异，各成系统而又相互交叉，完善社会主义市场经济体制，重要的是处理好"政府与市场"二者的协作问题。政府要在社会主义市场经济条件下有效发挥作用必须遵守市场秩序，市场在资源配置过程中发挥决定性作用时也应该遵守政治秩序，市场与政府有效协作达成的关键是系统成员的认知统一，它的前提是政府行为与市场调节边界明晰。现代经济中的政府与市场不是相互替代的关系，"更为有益的是把政府当作构成经济体制的必要要素，它的作用在于有时可以替代其他制度因素，有时则是其他制度的补充。在政策制定的过程中，国家和市场的互补关系必须予以重视"①，政府与市场边界划分总的要求是"市场对资源配置起决定性作用，政府要更好配置公共资源，对于市场决定不了的、市场失灵的、市场解决不了的、市场调节下企业不愿意进入的领域一般要求政府有所作为"②。由于市场机制和政府行政计划机制发挥作用都离不开"人"这一社会主体，人区别于其他动物的本质在于理性和秩序，因此市场机制与行政计划机制高效协作表现为社会运行秩序形成，"正义的社会必须是有秩序的社会，或者说，正义必须保证的底线价值就是秩序，所有人都能在这个秩序中找到他们生活的幸福"③，也就是逐步实现社会经济系统运行过程中各个资源要素"人适其位，物适其用"的良性循环状态：发展主体行为协同，系统运行成本下降，资源配置效率较高，发展方向明确，发展成果共享。

3. 资源配置机制的秩序重构与运行保障

"秩序"一词在我国最早出自《文赋》："谬玄黄之秩序，古澳认而

---

① 杰拉尔德·迈耶、约瑟夫·斯蒂格利茨：《发展经济学前沿：未来展望》，中国财政经济出版社，2003，第25页。

② 洪银兴：《关于市场决定资源配置和更好发挥政府作用的理论说明》，《经济理论与经济管理》2014年第10期，第5～13页。

③ 赵艳琴、王文东：《作为秩序的正义》，《甘肃理论学刊》2015年第2期，第38～42页。

不鲜"①，做"次序"之意，显见于伦理语境。"秩序"在西方首先被理解为自然秩序，"上帝创造了自然世界，并以'度、数、衡'安排着自然的秩序"②。至近现代，东西方对于"秩序"的理解合流，逐步泛化为"规范"和"状态"，一方面指向客观规律性，另一方面指向良知、责任感、诚信体系规约下的社会状态，秩序也就是自然界、人以及组织和社会在发展中的一种平衡和理性状态，是人们优先追求的有价值的东西，是其他价值实现的基础和条件。按照秩序的反映及约束对象，可将其分为自然秩序、社会秩序和精神秩序，分别反映了人与自然、人与人、人与自我的确定性、有序性关系③。人类社会秩序的建构方式，按照哈耶克的说法，可以有"组织"与"扩展"两途，并分别形成"组织秩序"与"扩展秩序"这样两种类型的社会秩序④，组织秩序属于人们有意为之，服务于组织目标实现；扩展秩序则是自发形成，适用于人们生活世界调适。

经济新常态下资源配置机制向"市场决定资源配置"的市场机制转型，符合社会现实和经济规律要求，有助于新常态下"稳增长、调结构、转方式、促发展"工作推进，有助于激发全社会发展活力和大众创业、万众创新的积极性，推动经济社会企稳向好发展。经济体制转型使得原来处于相对稳态的发展秩序受到冲撞，社会秩序面临包括制度的自发性、亚政治与泛政治凸显、社会个体化倾向、信任系统消解和政治合法性基础遭质疑等困境⑤，隐藏于制度和技术背后的贪婪的资本逻辑使得社会风险程度加大，人的传统道德解构、组织运行中封闭特征带来的排斥等导致社会秩序失稳，系统运行紊乱，"无道德无秩序"、"有

---

① 张双棣、陈涛：《古代汉语字典》，北京大学出版社，1998，第2页。
② 赵敦华：《基督教哲学 1500 年》，人民出版社，1994，第 153 页。
③ 欧阳彬、戴钢书：《论重大自然灾害灾后重建的秩序维度》，《科学·经济·社会》2011年第 3 期，第 15 ~ 18 页。
④ 哈耶克：《法律、立法与自由（第一卷）》，中国大百科全书出版社，2000，第 67 ~ 68 页。
⑤ 陶建钟：《风险社会的秩序困境及其制度逻辑》，《江海学刊》2014 年第 2 期，第 95 ~ 100页。

规制无秩序"现象出现，社会主义市场经济体制运行的秩序保障有待重新建构，以增强社会经济运行系统的自适应能力，降低社会失序带来的交易成本上升与资源配置效率下降的风险。由于资源配置问题的核心是政府和市场关系的处理，而社会秩序运行的"铁三角"是社会个体、组织（尤其是企业）、政府三类主体的互动互联关系处理，依据利益相关者理论，社会秩序重构的立基点在于：个体层面的道德理性约束、组织层面的规制体系建设、社会层面的治理模式完善。

（1）个体层面的道德理性约束：良心为本

在社会发展进程中，强调效率的工具理性与强调活动意义的价值理性之间相互作用形成社会秩序，不同发展阶段的主要矛盾区别将导致阶段性社会秩序运行特征各异，稍显主次之分，但绝对不可偏废一方，因为人的本质是"追求美好但又是社会关系的产物"。亚当·斯密以及后来的新自由主义皆强调自由之重要，反对政府不必要的市场干预，主张私有化，提倡多要素创造价值的分配观，并且认为"个人效率的提高将会带来社会整体效率的提高"，贫富差距是提高资源配置效率和促进社会发展的必然且可以接受的结果；但在其著作《道德情操论》里面却也强调构建完整的道德情操逻辑体系，导人以善，关注交易中的协作发展。在斯密看来，真正拥有善良的内心，对罪恶的痛恨，维护和谐秩序的人才适合生存于社会[①]，应对市场经济中的个体实施良心教育，增强其社会责任感，建构正确的秩序观，增进社会整体幸福感。

"良心是理性、道义、心中的那个居民、内心的那个人、判断我们行为伟大的法官和仲裁人"[②]，如果社会中的每个人都有良心，重视心中的善，向往幸福生活，每个人在实现自身目标的过程中都会换位思考，对于他人的目标和利益实现予以考虑和照顾，不为一己之私损害他人，社会各方面将会有序运行，该论点直接触及社会个体层面的道德底

---

① 刘向、温凤仙：《良心·责任·秩序·幸福》，《学术论坛》2014 年第 12 期，第 11 ~ 15页。

② 亚当·斯密：《道德情操论》，蒋自强、钦北愚等译，商务印书馆，1997，第 165 页。

线，正如黑格尔所说：人之为人之根本，在于被人尊敬为人且尊敬别人为人。人与社会的发展总是向善向好，希望生活富足、社会繁荣，利用资源、优化资源配置并获得最大产出的经济社会活动在所难免。资源的有限性约束使得市场中的人们需要交易，为了降低交易成本，行为规制体系应运而生。个体立足于组织与社会，应该遵循社会准则，坚持社会主义核心价值观，只有每个个体在规范体系下行为得体、适当，才能享受协作带来的利益，承担相应责任，履行相关义务，促进社会和谐。社会发展实践表明，信息不对称、个体获取生计资源能力的差异以及对于财富向往、贫穷恐惧的意识会影响人的道德判断，引发道德情操败坏和失落，为了自己的利益，违背良心，违反规则，社会失序。这种状态如不能有效遏制，社会将进入恶性循环，民众的社会幸福感将整体下滑、丧失，直至新的道德伦理体系建立。

（2）组织层面的规制体系建设：契约至上

市场经济的核心特征是竞争和契约。马克思说："社会分工则使独立的商品生产者互相独立，他们不承认任何别的权威，只承认竞争的权威，只承认他们互相利益的压力加在他们身上的强制。"[1] 市场主体在不完全竞争市场环境中竞争时，欺诈、违约等不规范的恶性竞争行为也会出现，契约便被应用于市场秩序规范体系中。不管是卢梭、洛克基于"人的基本权利"订立的旧契约，还是罗尔斯基于"正义"的新契约[2]，都是为了让社会民众更好地接受管理，享受有秩序的生活，"在知识和实践的关系上，遵循着相同的逻辑，即知识建构基于对负面现实的反思，但又指导着未来的社会发展，是未来'正面'现实的观念基础"[3]。在社会主义市场经济发展条件下，订立契约已经成为稳定市场预期、降低交易成本、优化资源配置和维护交易秩序的重要方式。

---

① 卫兴华：《法治是市场经济的内在要求》，《红旗文稿》2015 年第 2 期，第 40~41 页。

② 约翰·罗尔斯：《正义论》，何怀宏等译，中国社会科学出版社，2001，第 2~5 页。

③ 赵孟营：《从新契约到新秩序：社会治理的现代逻辑》，《北京大学学报》（哲学社会科学版）2015 年第 2 期，第 106~114 页。

　　市场经济是法治经济，而契约又是法治的核心，良好的契约精神、诚信体系建设是重要基础和前提，同时政府在资源配置时也要克服血缘、业缘等关系影响，遵守公共契约，维护和保障良好社会秩序的形成与运转。首先应开展契约理念的宣传和普及，将契约精神内化为市场经济主体的行为准则，每个个体、企业、政府等主体都应该依据个体之间、个体与组织之间、个体与社会之间、组织与社会之间的契约做出行为选择并获得收益。其次注重大数据背景下的征信系统构建。正如《大数据时代》书中的观点：大数据时代来临的重要意义更多的在于"引发了人们思维的转变，让人们不再像过去将关注点放在解读'为什么'，而是转移到关心'未来应该是什么'"①。信息技术发展和大数据时代的来临，有助于空前透明、涵盖范围较广、约束有力的征信系统的建立和完善，资源配置过程中的信息不对称、时空隐藏、权力灰箱等影响配置效率和发展质量的约束因素将会被破解，"通过征信系统配合信息的使用形成惩罚制度，提高违约成本，降低市场参与者的违约可能性，形成市场的健康竞争循环，实现契约经济"②。再者政府作为公共权力的代表和公共资源配置主体，也应进一步提高"权力为公，强化服务"的契约意识，消减官僚制"部门利益最大化的追逐动力"，推进国家治理体系和治理能力的现代化，构建完善的权力监督机制，精简审批程序，健全社会主义市场经济法治体系，严于问责，依法依规规范政府和市场界限（虽然围绕该问题存有多种争论，但从善意、公道和效率原则出发，评判实践似乎并无分歧），较少直接干预和配置，重在为高效配置资源的市场机制运行提供良好的环境。

　　（3）社会层面的治理模式完善：协同参与

　　哲学家艾森斯塔德以提倡"多元现代性"（multiple modernities）而

---

① 〔英〕维克托·迈尔·舍恩伯格、肯尼思·库克耶：《大数据时代：生活、工作与思维的大变革》，浙江人民出版社，2013，第 3 页。

② 王丽：《公共服务外购：契约经济须先行》，《改革与战略》2015 年第 3 期，第 33～36页。

著称，他认为理解现代性历史的最佳途径是抛弃西方中心主义和普遍主义立场，把它看作一个多元文化背景下不断重构的故事①。鉴于复杂社会形态下的市场经济发展的多元特征，威廉姆森在科斯论契约降低交易成本的基础上进行扩展分析，提出多样性契约关系治理选择理论，以有效协调经济运用中的私人秩序、政府秩序与社会秩序，实现市场经济发展的双赢。

治理模式强调的是在资源配置机制的选择上对于市场机制、行政计划机制进行整合，将市场秩序、政府管理秩序与社会秩序三个层面的秩序进行有效衔接，将市场个体、管理部门与社会群体的资源配置与利用行为进行有效引导和协同，通过彼此协同消减"市场失灵"、"政府失灵"以及"社会失序"等可能的资源配置风险与损失。应以秩序重构为起点，健全民主保障，个人行为、组织行为与社会行为应在不同层面的资源配置过程中明确各自的行为要求、责任与风险，在多方互动中实现"多中心、协作式"的市场、政府与社会有序参与的资源配置复合治理，以优化资源配置，促进社会发展公平和效率水平的双重提高，增进民众福利，加快小康社会建设进程。

（三）资源配置重心转换视角下的扶贫开发模式嬗变

系统梳理 1978 年以来的扶贫开发工作，可以发现我国消除贫困的工作历程特征明显：扶贫开发工作开展由宏观的计划与组织向扶助对象、措施准确瞄准转变，扶贫开发目标由农村贫困人口单纯温饱问题的解决向解决和巩固温饱问题并举转变，扶贫开发手段由救济式向开发式转变，扶贫开发方式由"通过体制改革引发经济增长消除贫困"向"有针对性地采取行动发展经济以消除贫困"转变。

在扶贫开发工作开展之初，救济式扶贫一直是农村扶贫开发的重要

---

① 汪行福：《复杂现代性与现代社会秩序重构》，《探索与争鸣》2014 年第 6 期，第 4～10 页。

手段，并且在促进农村扶贫的工作过程中贡献突出。主要表现为由政府或其他扶贫职能部门出台一系列能给予贫困者帮助的优惠政策、向贫困者直接提供其日常所需的物质生产生活资料以及小额信贷扶贫。随着市场经济体制改革深入，改革开放引发社会剧变，救济式扶贫这种外源性扶贫模式遇到挑战：类似于社会救助的救济式扶贫关注扶贫物资的发放，使得扶贫开发对象长期处于被动的接受援助状态，"等、靠、要"等阻碍发展的惰性心理滋生，其生活热情、生产积极性等内生性脱贫能力的培养与提高被忽视。贫困问题不仅未能从根源上解决，而且脱贫人口的返贫率一直居高不下。

基于时空转换和社会经济发展，旨在提高贫困人口自我发展能力的开发式扶贫模式受到重视。开发式扶贫是通过采取项目开发、技能培训、信息服务等一系列的扶贫措施，改善贫困人口生产生活环境，在贫困区域营造追求发展进步的良好氛围，充分激发和调动贫困人口的主观能动性，提高其自身获取资源、利用资源的能力，使其逐步走上脱贫致富道路的扶贫方式。区别于传统的救济式扶贫，该模式强调的是外力与内力的共同作用，关注的是贫困人口外部发展条件的完善，落脚点为贫困人口致富潜力的挖掘、利用和保持，目标指向为贫困人口脱贫基础上的区域协调发展。截至目前，开发式扶贫仍然为我国农村扶贫开发的主要模式，并取得了举世瞩目的成果：自 20 世纪 80 年代以来，我国农村绝对贫困人口减少了 2 亿多；中国的脱贫人口在发展中国家脱贫人口中占比为 75%[①]。由于农村贫困的复杂性、动态性和长期性等诸多特点被加以论证，开发式扶贫模式的一些不足之处也逐渐得到论证：把农村贫困看作地区发展条件差异所引起，以政府为主体，通过编制规划和计划的方式在一定区域内有计划地开展项目建设，铺就区域发展所需"软"、"硬"基础，更新贫困人口发展观念，提升其自我发展能力，转

---

① 苏明、刘军民：《我国减贫形势及未来国家扶贫战略调整的政策取向》，《地方财政研究》2011 年第 11 期，第 31~37 页。

变落后的生产生活方式，实现扶贫开发目标。但这种行为带有明显的计划经济色彩，容易带来区域资源开发过度、扶贫对象的意愿不能有效表达甚至被忽略，影响其真正、合理、公平地受益，各种扶持资源难以整合等，最后只能通过市场机制和价格机制"抽血"不止，造成新的贫困，难以形成区域核心竞争力和可持续的发展能力。

"事实上，贫困作为人类社会普遍存在的一种客观现象，'内嵌在社会的运行及其结构之中，是社会转型及其变迁的产物'①。一方面，政府要承担起治理农村绝对贫困的主要责任；另一方面，基于素质的提高和社会进步来增强贫困人口的自身造血机能是农村脱贫的根本途径。"② 然而基于耗散结构理论关于系统稳定性的阐释，持续的负熵缺失会导致系统走向消亡。上述两种扶贫开发模式均将扶贫开发行为局限于一定的空间范围内，且主要依靠行政手段配置资源，忽略了扶贫对象及其所在系统自身与外界的能量交换，以及可能产生的社会经济影响。若扶贫对象的思想、能力和行为不能与外界的市场经济环境形成良好对接，系统间资源耦合不能有效实现，扶贫开发效果则难以持久，甚至可能出现返贫现象。

虽然三十多年的农村扶贫工作成果显著，但是由于历史原因、经济结构、社会政策等约束因素的影响，我国还存在革命老区、深山库区、少数民族地区等诸多连片集中特困地区，这些区域社会经济发展乏力，与周边区域发展水平差距明显，群众生活困难。尤其是在当前社会主义市场经济竞争日趋激烈的态势下，贫困人口参与竞争的能力较弱，加之区域产业多处于社会经济大生产链条中的低端、薄弱环节，导致连片特困地区矛盾更加突出。

在国际反贫困日益深入的大趋势下，适应现代市场经济发展环境的

---

① 谭贤楚、朱力：《基于社会转型的贫困问题及其治理》，《前沿》2010 年第 3 期，第 141 页。

② 谭贤楚：《"输血"与"造血"的协同——中国农村扶贫模式的演进趋势》，《甘肃社会科学》2011 年第 3 期，第 226~228 页。

要求，真正意义上的脱贫最终必然表现为扶贫对象形成了能够有效开发利用自身所处环境资源，自主从市场中获取财富的能力。藉此，连片开发无疑是减少贫困，提升新时期扶贫开发水平，促进社会和谐发展的有效途径。

同时，贫困问题尤其是部分深度贫困地区的问题，呈现跨域治理的特征：一是贫困问题在多个行政区域间高度渗透且不可分割，如乌蒙山片区覆盖了云贵川 38 个县市；二是贫困问题牵涉多个行政区域利益主体，在跨区域的扶贫中，只有跨域治理的扶贫政策才能解决目前行政架构下不同行政主体对资源聚集中心争夺和产业布局衔接的问题。基于片区进行跨域治理的扶贫策略已经成为扶贫开发的手段，迫切需要从制度层面进行整体安排。片区扶贫跨域治理将是我国扶贫制度变迁过程中新的战略安排，虽然当前国家扶贫开发工作重点县的支持政策仍被保留，规模也维持为 592 个，但不难发现，连片特困地区有 340 个县，占到一半以上，覆盖了我国绝大部分贫困地区和深度贫困群体。这充分体现了国家一方面总结了以往以区域开发带动项目扶贫进而促进人口脱贫的成功经验，另一方面把相邻地理区域贫困县连接起来，统筹进行片区层面扶贫规划。既使自然、人文、社会等致贫因素相似的贫困地区采用基本相同的扶贫措施，实现扶贫资源跨域共享，节约扶贫开发成本，又使其在扶贫举措上相互协同配合，解决制约片区扶贫开发的共性问题，实现扶贫的整体推进，加快国家实现共同富裕的步伐。

连片特困地区扶贫跨域治理的政策体系将有效保障我国扶贫制度演进过程中制度变迁的价值与效率。第一，从公共事务的跨域性、完整性出发进行制度安排，以公共事务为价值导向，最终增强了主体间的合作效果。每个特困连片区域兼顾实际困难类型和贫困成因，选择一个业务针对性强的中央部委负责具体联系，进行跨省统筹协调。第二，打破行政分割，发挥区位比较优势，扩大治理范围，提高了区域扶贫与社会协同发展的综合效益，促进了扶贫资源的科学配置，发挥产业发展和城镇化建设带动贫困地区发展的联动作用。第三，参与主体多元化，鼓励在原有行政体制的基础上引入市场机制、合作机制等，整合非政府组织、经济组织、社会公众的扶贫资源，共同参与片区扶贫跨域治理，达到了专项扶贫、行业扶贫、社会扶贫三位一体的扶贫成效①。

本章研究要点

（1）贫困地区要素联动机制阐释。解析贫困地区在推进市场化和政府转型过程中"劳动力、土地、资本、组织"四要素市场发育情况、作用机理与联动机制。

（2）扶贫资源供需主体行为解析。基于扶贫资源传递过程剖析和行为经济学分析视角，针对扶贫资源供给主体（政府财政、金融机构，社会资本）的行为及特征，与资源需求主体（地方政府、贫困农户、企业和农业产业化组织）的行为及特征进行分析，找寻（政府惠农政策、财政支农资金、农村信贷资金、农户自有资金）供需主体各自目标函数之间的差异与矛盾。

（3）扶贫资源配置模式及运行机理探讨。分析扶贫资源配置模式及其作用机制，探讨政府主导下的扶贫开发多主体参与协调的治理机制。

---

① 刘筱红、张琳：《连片特困地区扶贫中的跨域治理路径研究》，《中州学刊》2013 年第 4 期，第 82~87 页。

第4章　区际发展要素流动与贫困区域扶贫资源配置

一　资源要素的流动机制与作用机理

基于前述区域发展要素依赖三阶段的划分，区域生产要素流动理论的研究主要集中于劳动力要素、投资要素、技术要素和管理要素四个方面。劳动力要素流动主要体现在户籍迁移、外出务工两个方面，区域间的劳动力成本、空间距离、产业层次往往是引起劳动力要素流动的主要原因；资本要素分为流动性较强的金融资本和较弱的固定资本两类，资本投资收益率的差别是资本要素流动的重要动力；技术要素流动取决于支撑技术实现条件的产权主体意愿及转移环境；管理环境则是劳动力、投资、技术三要素在区域间流动的重要推拉力量，尤其是在市场经济条件下，市场规律调节下的生产要素流动与区域管理环境紧密相关。

（一）要素流动联动机制

区域发展的质量与可持续性，取决于区域可利用的生产要素以及基于要素约束的产业发展方向选择。区域经济社会发展质量的提高，必然伴随着所依赖的要素结构的变动①，变动的趋势是区域发展逐步由依赖自然资源向资本、技术资源转变，由依托自身资源向注重内外资源整合

---

① 齐中英、苏树林：《区域发展要素资源流动与可持续发展机制》，《数量经济技术经济研究》2001 年第 10 期，第 16～19 页。

转变，生产要素流动也由此不断得到加强。依据区域发展所利用的要素，可将区域发展划分为三个阶段：一是基础要素依赖阶段，区域及产业发展主要依托当地自然资源、固有劳动力资源等要素，并与些许外部技术、投资要素结合进行粗放式、低效率发展，强调规模扩大与产出增多。二是投资外联拉动阶段。随着区域发展水平提高与发展环境的改善，区域及产业发展具备了一定的规模积累，区域发展对于诸多生产要素的需求超出区域内部要素供给与支撑能力时，通过投资方式外联、利用区域外部生产要素便成为可能。三是技术整合阶段。区域发展竞争力的提升要求区域产业增长方式由粗放型向集约型转变，技术在区域发展中的关键地位凸显，技术成为引领和推动生产要素流动的重要力量。

由于生产要素之间的固有"黏性"，单一要素流动时也会关联其他要素，如劳动力要素流动时，附着于其上的技术要素也会随之流动。对应的要素流动之间的联动机制或者要素组合模式也表现为三种：一是高端要素聚合型，拥有技术要素，聚合自然资源、劳动力资源和资本资源促进区域发展；二是要素比较优势发挥型，依托区域内部拥有比较优势的低端资源，吸引外部高端资源要素流入，或者先通过拥有比较优势的要素输出获取技术、资本等前期发展积累，进而提高区域内生发展能力；三是综合发展模式，注重区域内部生产要素的内外互动、交流融合，交织依存，共同发展。

（二）要素流动动力机制

要素流动动力来自流入区为要素提供的最大经济收益，解析贫困地区多维状态贫困成因，正是要素短缺和要素组合功能疲软的长期延续所造成[1]。一方面要关注生产要素流动的"靶心效应"。增强贫困区域基础设施、固定资产、管理政策、流动性较弱的发展要素存量，将会提升

---

① 何雄浪、胡运禄、杨林：《市场规模、要素禀赋与中国区域经济非均衡发展》，《财贸研究》2013 年第 1 期，第 40～48 页。

区域对于资本、技术、劳动力等流动性较强要素的吸引力；当贫困区域发展水平逐步提高、发展环境趋于完善时，健全经济系统运行机制，进行必要的产业结构转型升级将是吸引有效生产要素流入的重要方式。贫困区域在发展时只有坚持"靶心建设理念"，才能"吸引更多的人才、资金、技术和其他资源流入的同时，促使国家和区域在权利分配、政策导向等方面做出有利于本地区的决策选择"①。另一方面"资源诅咒"的区域发展制约影响不容忽视。即自然资源开发成本低，对技术、知识软要素产生了挤出效应，加之空间布局的刚性制约，限制了区域内高层次要素的积累，给区域经济增长带来负面效应②，致使区域技术创新困难、产业集群困难、产业附加值较低，长期在低水平徘徊。

（三）要素禀赋与区域发展

要素流动影响区域发展的关键中间环节是产业发展。区域产业水平在一定程度上决定了区域发展水平，依据要素价格决定理论，要素禀赋影响产业发展升级主要基于各种要素存量、技术创新驱动、消费等多因素的综合力量。借鉴雷布津斯基定理③，要素禀赋影响产业发展层次主要通过三个方面发挥作用：一是要素的供给结构。如果一个区域的资本存量与劳动力存量两种要素既定，不同产品的生产均衡点表示两种要素被充分利用，假定此时要素结构组成发生变化，相对丰裕的要素因其成本降低将被广泛使用，促进相关产业发展，相对贫乏的要素因其成本上升将可能抑制相关产业发展。鉴于"社会经济发展中的资源有限与人的欲望无限"这一经济学基本假设，土地等自然资源的使用成本将逐

---

① 李鹏：《要素流动对区域经济发展的推动效应》，《中国集体经济》2011 年第 33 期，第 29 ~ 30 页。

② 江建英、郭立群：《区域经济发展与软要素作用探析》，《当代经济》2006 年第 12 期，第 12 ~ 13 页。

③ Rybczynski T. M. Factor Endowments and Relative Commodity Prices. *Economica*, 1955, (22), 336 – 341.

步提高，学习效应、经验效益的作用使得劳动力价格稳步提高，但是由于资本的迅速积累，资本的使用成本将相对下降，加之实践探索基础上的技术突飞猛进的发展，导致产业在发展的过程中将更多用资本、技术替代人力资本、物质资本，从而推动产业发展由低层次、粗放型向高层次、集约型方向迈进。值得注意的是，在这个过程中并不排除各要素的报酬递减现象出现①。二是创新与管理能力提升。"创新是对生产要素的重新组合"②，涵盖技术创新、市场创新与组织创新（影响企业发展的交易成本和生产成本），对应产业发展过程中的技术创新、市场调节与产业规制。不同层次的创新可以改变劳动力、资本、土地等要素在产业发展中的不同比例关系，以及各要素在产品生产过程中的相对边际生产率和相对成本，从而影响产业的竞争优势获取。三是需求拉动。主要考察国内外市场变化对于产业发展的驱动，体现为消费需求、出口需求和投资需求三个方面，关键的反映指标是要素价格，只有要素价格能够反映其稀缺程度，避免资源浪费，引导资源要素得到合理、优化配置，提高全要素生产率、从投入驱动向全要素生产率提高驱动转变③。而促进产业发展升级三个条件的满足，生产要素流动不可或缺，正如韦伯（Weber）的区位选择理论所说，企业只有在转移后获得的收益大于转移成本的情况下，才会迁移④，产业转移随之发生，区域差距逐步显现。贫困区域寻求发展脱贫，在摸清自身发展要素的基础上，明确产业主攻方向，系统梳理区域生产要素流向，在尊重市场规律的基础上开展有效的行政干预，促进产业发展升级与提升区域发展水平，提高民众生活水平，脱贫致富便成了题中应有之义。

---

① 林重庚、迈克尔·斯宾塞：《中国经济中长期发展和转型——国际视角的思考与建议》，余江等译，中信出版社，2011，第 572~587 页。

② 约瑟夫·熊彼特：《经济发展理论》，北京出版社，2008，第 2 页。

③ 蔡昉：《从投入驱动转向全要素生产率驱动》，《经济参考报》2015 年 3 月 10 日，第 1 版。

④ 陈建军、葛宝琴：《区域协调发展内生机制的理论研究》，《中国矿业大学学报》（社会科学版）2008 年第 4 期，第 59~66 页。

二　基于要素流动视角的贫困区域发展影响因素与要素流动特征分析

为进一步明确要素流动对于贫困区域发展的影响，探寻制约贫困区域发展的关键影响因素，研究选择国家 14 个连片特困区中的罗霄山片区作为分析区域，罗霄山片区地处罗霄山脉中南段及其与南岭、武夷山连接地区，属于原井冈山革命根据地和中央苏区范围，是国家新一轮扶贫攻坚主战场之一。2012 年片区总人口有 1115.32 万，其中城镇人口为 238.7 万，乡村人口 876.62 万。当前片区生产总值达 1728.22 亿元，一、二、三产业结构比例为 18.36∶44.10∶37.54，人口城镇化率仅为 21.40%；片区农户收入水平低，经济社会发展相对落后，人均 GDP 达 15395.25 元，相当于当年全国平均水平的 40.29%。区域范围包括江西、湖南两省 24 个县（市、区），有 16 个国家扶贫开发工作重点县，有 23 个革命老区县（市），其中涉及赣州市 18 个县（市、区）中的 12 个，占片区规划县（市）数量的 50%。鉴于该区域与经济比较发达的广东、浙江毗邻的位置特征，以及区域内已有的产业特色和发展基础以及数据的完整性、可得性，拟以片区中的江西省赣州市为分析样本。

（一）样本区域发展现状与数据选择

片区内区域组成——江西赣州市位于湘、赣、闽、粤 4 省交界的红三角经济区，是珠江三角洲、闽东南三角区的腹地，是内地通向东南沿海的重要通道，也是连接长江经济区与华南经济区的纽带，具有承接产业转移的明显区位优势。2014 年末，全市总户数 277.82 万户，总人口 954.21 万，其中农业人口 760.97 万，占总人口数的 79.75%；区域自然资源丰富，钨、稀土等矿产资源富集，矿产资源采掘与深加工、机械制造等产业基础较好；森林覆盖率高，发展柑橘、油茶、毛竹等特色农林产业条件优越且具有一定的产业基础，红色文化积淀深厚，老区精神影响深远，旅游业和特色农产品生产加工业逐渐形成品牌；但是大部分农户由于家底薄、积累少，自我发展和抵御市场风险能力弱；区域基础设施薄弱，社会事业发展滞后，基本公共服务供给能力不足；受山洪地质自然灾害突出，生态环境保护任务重等历史、地理多重因素影响，经济社会发展相对落后，2014年农村居民人均可支配收入6946元，城镇居民人均可支配收入22935元，分别占全省城乡人均可支配收入的68%和94%。

1978年以来，赣州地区充分发挥地理优势，劳动力要素外流到发达区域，1992年，规模劳动力外出务工现象出现，积累了资本，学到了技术与管理经验。随着沿海地区产业结构转型升级和赣州经济社会发展环境的改善，赣州在2000年前后迎来了农民工外流与返乡创业叠加高潮，在2008年正式提出将赣州打造成中西部地区承接产业转移"第一城"的战略构想。2010年以来，国家加快转变经济发展方式，大力推进区域生产力布局调整和产业结构优化升级，为该区域发挥自身优势承接产业转移与促进特色优势产业发展提供了历史机遇，加之该地区商品意识传统深厚，县域经济活力增强，城镇集聚和辐射带动能力提升，区域经济已进入加快发展的关键时期。

（二）数据处理与要素流动特征

1. 模型选择与数据计算

分析模型采用扩展的 Cobo – Douglas 生产函数，回归方程具体表示为：

$$Ln(Y) = c + \alpha Ln(L) + \beta Ln(K) + \gamma Ln(G)$$

其中，Y 为 GDP，L 为劳动力数量，K 为资本，G 为一般公共服务支出。研究选择 2005~2014 年共 10 年为分析时段，分析数据源于历年《中国统计年鉴》、《江西省统计年鉴》以及赣州市统计信息网等相关网站数据整理汇总。研究选择区域 GDP 作为因变量，选择全社会就业人数指标反映劳动力要素、全社会固定投资总额反映资本要素、财政一般公共服务支出反映发展环境（因 2007 年统计制度改革，含政府部门属 R&D 经费）等作为解释变量，在得出各因素影响程度的基础上总结贫困区域发展的策略。用于分析的基础数据收集整理如图 4 - 1 所示。

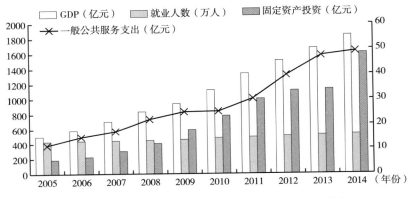

图 4 - 1　2005 ~ 2014 年赣州市社会经济发展指标信息

运用 EVIEWS 作 OLS 分析得出如下回归结果：

$$Ln (Y) = -2.837 + 1.122Ln (L) + 0.291Ln (K) + 0.306Ln (G)$$

$$Se = (2.837) (0.507) (0.052) (0.086)$$

$$t = (-1) (2.213) (5.566) (3.577)$$

$$R^2 = 0.998 \quad F = 902.754 \quad DW = 2.048 \quad N = 10$$

基于分析结果，各参数值意义明确，没有明显的错误，回归模型的拟合优度为 $R^2 = 0.998$，拟合优度较高，且 F 值大于临界值，总体显著性较强。DW 统计量检验值接近 2，可以保证最小二乘法的有效。

2. 结果分析与要素流动特征探讨

实证结果显示，赣州市经济社会的发展仍然主要依托劳动力资源、发展环境等基础要素拉动，如赣州从 20 世纪 80 年代开始，每年约有 200 万人去南方较为发达的广东、福建、浙江打工，这一时期劳动力要素的大量外流为 2000 年前后的农民工返乡创业埋下伏笔，但也在一定程度上加剧了赣州地区农村空心化、产业发展滞后的风险。虽然现在仍有 150 万左右的农民工外出务工，但每年也有 3 万左右的农民工返乡创业。拥有一定资本、经验的返乡创业人员利用本土农业资源优势逐步扛起赣州本土产业发展的大旗，比较典型的发展模式有南康家具产业发展、赣南脐橙特色种植等，助推了赣州经济的起飞。除充分利用低成本的劳动力要素外，赣州还依托丰富的矿产资源、文化资源等优势，大力吸引资本流入，形成了本土矿业开发、机械制造、风情旅游等产业体系，避免了单纯外向型发展格局，为赣州经济社会发展后期赶超打下基础。

表 4 - 1　2005 ~ 2014 年赣州市社会经济发展关键要素信息

年份 （年）	外出务工人口 （万人）	私营企业投资 （亿元）	个体经营投资 （亿元）	外商投资 （含港澳台，亿元）	批准授权专利 （项）
2005	125.9588	34.5	—	21.1	44
2006	134.5166	40.6	—	25.0	114
2007	135.029	55.4	—	24.1	157
2008	135.3167	84.0	—	36.7	174
2009	151.6834	91.9	—	48.9	218
2010	206.118	159.7	—	55.9	387
2011	159.6183	218.1	—	41.8	659
2012	162.4448	373.7	19.7	15.6	1097
2013	144.9387	473.4	38.61	46.2	1699
2014	149.2913	525.0	23.0	67.1	2164

反梯度转移不应排斥那些低梯度地区利用其某种比较优势实现跨越式发展[①]。假定其他条件不变，劳动力资源每增加 1 个百分点，GDP 将增长 1.122 个百分点，资本每增加 1 个百分点，GDP 将增长 0.291 个百分点，一般公共服务支出每增加 1 个百分点，GDP 将增长 0.306 个百分点。数据亦表明，虽然赣州产业发展处于要素利用层次的低端，但是可以通过一般公共服务支出的提高，改善区域发展环境，提高区域要素的

---

① 牛艳梅：《我国反梯度推移理论研究综述》，《时代金融》2012 年第 3 期，第 23 ~ 24 页。

吸引力，同时提高一般公共服务支出中的区域 R&D 经费支出比重（江西省 R&D 经费支出的主体是大型企业，政府 R&D 经费支出占比不到 10%），夯实区域本土产业基础，内生外联，通过实现区域发展中"要素获取与使用便利、内生资源互补、空间支持体系完善"，在做好产业承接的过程中实现产业的反梯度转移，充分发挥比较优势，在区域内实现要素优化组配和产业集聚，逐步成为区域经济发展增长极。从 2005 ~2014 年赣州市社会经济发展关键要素信息表中可以看出，赣州 10 年来正是用具有比较优势的劳动力资源吸引了大量资本进入，同时在占领关键技术制高点、抢占产业链条高端位置方面也不落后，尤其是 2012 ~2014 年三年间发展趋势较为明显：劳动力外流呈下降趋势，投资快速增长，代表区域技术水平的授权专利项目数量突飞猛进，赣州的反梯度转移发展成效显著，也为连片特困区扶贫开发提供了经验借鉴与政策启示。

（三）贫困区域发展策略与主要政策启示

提高政府治理能力、实现区域协调发展、促进贫困区域开发的基本途径是实现公共服务均等化，促进生产要素的区际合理流动，缩小区域发展差距。对于罗霄山连片特困区而言，应坚持市场调节与政府引导相结合，关注区域社会经济系统中的要素特性与流动规律，把握要素与区域发展脱贫的作用机制，充分发挥市场机制在资源要素配置中的基础性作用，有序开发特色资源，积极承接产业转移，加快区域经济发展步伐；同时更加注重发挥政府政策的要素流动引导作用，促进各种扶贫资源高效传递、有序利用，确保贫困群体优先受益，实现贫困区域"依托比较优势培育竞争优势，凭借竞争优势获取协同优势，利用协同优势推动区域发展中脱贫"的良性循环。

1. 改善发展环境，提升区域要素流入的吸引力

贫困区域的落后本身就是生产要素流动造成的非均衡发展结果，贫困区域与发达地区的发展相互耦合的经济系统，受力于经济规律作用而

不可被人为分割，是区域间发展资源优化配置的自然选择。实施贫困区域开发，首要的是在承认区域生产要素回报率低于发达地区的前提下，通过增强区域要素吸引能力，提高要素流入质量，提升区域内要素间的组合效率，扩大要素产出。对于赣州地区而言，主要是通过大力开展教育和技能培训，进一步强化区域每年约150万外出务工人员的农村劳动力资源富集优势；统筹经济社会发展与生态环境保护，建立健全生态补偿机制，保障生态优美的投资环境；加快快速通道和综合交通运输体系建设，强化区域性综合交通枢纽和物流中心的作用，降低物流成本；发挥生态环境优势，开发历史文化资源，推动红色旅游与生态休闲游、历史文化游融合发展；增强能源供应能力，推进电网建设，保障能源供应稳定；积极推进城乡信息基础设施建设，实现信息网络服务全覆盖，大力发展特色农业，依托丰富的矿产资源进一步夯实制造业产业基础，同时加强发展环境尤其是政策环境建设，注重制度创新，积极推进"智慧赣州"建设，加强基础设施建设，提高公共服务水平，相比于发达地区和周边区域，塑造区域要素吸引比较优势，逐步打造生产要素富集区。

2. 整合主导产业载体，强化产业转移承接与转型升级

区域生产要素富集的比较优势需要通过产业发展的途径转化为区域竞争优势，通过将资源优势转化为产业优势进而提高区域发展竞争力。产业发展水平高低的检验标准是区域产业在产业链条中的位置和产业发展的社会化分工程度。促进罗霄山片区赣州部分快速发展致富，首要的是基于区域要素禀赋明确区域产业主攻方向，整合主导产业载体，优化产业发展协同战略。基于前述资源要素禀赋，赣州农业发展应注重完善农业产业化服务，畅通农产品流通体系，强调粮食、蔬菜和水果产业三个主导产业发展[①]，工业方面注重产业基地（园区）建设，加快培育壮

---

① 罗琦、罗明忠：《江西省赣州市农业主导产业选择及其发展策略》，《南方农村》2015 年第 1 期，第 9～15 页。

大本地龙头企业，积极引进科技水平高、综合实力强的加工企业，推进资源整合和企业技术改造升级，提高资源要素利用率。同时注重文化、旅游及服务业的发展，合理设计旅游服务网络，推进现代物流业、商贸业、高技术服务产业的发展，使得各产业都能够逐步跨入高层次要素支撑的产业经营层次，通过技术水平提升、高附加值获取提升产业竞争力，并逐步实现区域产业集群价值链升级。

基于反梯度理论指导，应积极有序承接产业转移，基于区域要素禀赋，明确产业定位，强化产业特色，强调环境保护与本地已有产业的融合对接，将承接产业转移与结构调整相结合，深化产业分工，加强区际产业交流，尽可能消减行政区隔障碍，建设区域产业承接示范区，建立省际产业转移统筹协调机制，积极承接电子信息、生物医药、机械制造、服装加工、陶瓷等本地已有发展基础或者一定市场竞争力产业的转移。

同时随着"互联网 +"时代的来临，互联网成为创新驱动发展的先导力量，对于社会各个行业都产生了深远影响：脱胎但不脱离传统经济模式，对传统资源禀赋要求不高，跨越时空整合资源，加速促进生产要素在区域间合理流动，实现区域结构的"再平衡"，对于经济发展具有较强的"撬动效应"[①]。产业的发展也需要互联网思维和"互联网 +"时代的先进制造作为基础，重新认识各产业协同发展规律，重视关联产业尤其是高新技术产业的关联产业的发展，切实推进产业的转型升级。

3. 推进体制机制创新，实施适度竞争扶贫开发方式创新

区域协调发展政策设计的目的不是要消除地区差距，而是在尊重经济规律的前提下实现区域间错落有致、公平有效的竞争式发展[②]。要实现"区域发展带动扶贫开发、扶贫开发促进区域发展"的扶贫开发设想，促进区域经济发展与"推进发展成果全社会共享"的体制机制创

---

① 姜伟：《加快发展互联网经济》，《中国发展观察》2015 年第 7 期，第 25 ~ 26 页。

② 付金存、赵洪宝、李豫新：《新经济地理理论视域下地区差距的形成机制及政策启示》，《经济体制改革》2014 年第 5 期，第 43 ~ 47 页。

新，既要通过市场化改革促进要素流动，有效发挥其发展中的"极化效应和辐射带动效应"，也要通过行政干预有效弥补"市场失灵"带来的贫富不均、区域非均衡发展。推进行政体制改革，减少审批限制，要打破行政界限，强化区域公共服务一体化建设；深化经济体制改革，培育要素市场，建立健全与功能区划分匹配的财政预算制度，加强区际合作和对接，推进城乡统筹等。

尤其要关注扶贫机制创新，关注扶贫政策创新，重视"扶贫政策的市场机制背景下的内容与程序的适用性"，以期实现"市场化的方式消减市场机制带来的贫富差距"的扶贫政策诉求，首先应明晰产业扶贫项目产权，创新扶贫投融资机制，健全扶贫项目风险防范体系，完善社会保障体制，逐步用适度竞争性的扶贫开发方式替代"普惠式"扶贫机制，提高扶贫效率，优化扶贫资源配置。其次，优化项目设计，整合扶贫资源，对接区域产业基础与优势资源，注重龙头企业、专业合作社等组织的发展带动，继续实施区域间的"结对帮扶"，以更好实现贫困区域及民众脱贫致富。

4. 辩证思考要素流动问题，强化扶贫开发政策完善

区域要素流动不能简单地以流入和流出为优劣的判断标准，要素流动能够为要素的优化组配提供机会与选择，这也是要素流动的关键效用所在，应理性认识要素之间的循环共生机制，立足于更高、更广的层面看待要素流动问题，合理审视区域发展过程中的要素"福利依赖"和"杠杆效应"，避免过度依赖和囿于空间局限而阻碍区域发展。针对市场经济环境下诸多扶持开发政策与措施，建议以项目为中心进行梳理、明确，强化政策之间的衔接与配合。同时为保障各项政策落实到位，建议尽快开展系统性、规范性的连片特困区扶贫开发政策监测评估工作，防止"政策异化"，查处"骗补行为"，切实落实扶贫开发政策并纠正违规操作，切实发挥扶贫开发政策的产业引导与发展扶持作用。

三　扶贫资源配置与要素流动政策影响

（一）扶贫资源配置与产业化：农业产业化走向农村产业化

"把资源优势转化为产业优势" 和 "把产业优势转化为经济社会优势"，是连片特困区社会经济系统在两个不同层次上的协同发展的结果。区域社会经济发展的直接结果是使社会获得运用资源生产更多产出和拥有更高生活质量的能力。充分合理利用资源，把资源优势转化为产业优势，需要对各种资源进行共轭，资源共轭的过程就是各个经济要素由各自独立运用向要素之间关联运动转化的过程。伴随这一过程，资源得以整合，产业优势得以形成，经济优势得以显现，社会发展得以实现。由产业优势转化为经济优势，需要以优势产业为核心，其他经济要素都要为优势产业的发展服务，并形成独具特色的区域发展态势，这是一个由初级协同发展到高级协同推进的过程。这里的优势产业实际上扮演了自组织系统的序参量的角色，优势产业这个序参量决定了其他经济要素的协同发展，共同推动连片特困区社会经济发展①。

产业基础薄弱、产业类型单一、产业链条偏短、产业结构偏低是连片特困区产业化进程中面临的共同困境，也是连片特困区区域发展和扶贫攻坚的重要瓶颈。自片区扶贫攻坚战略实施以来，产业开发、产业扶贫成为各片区扶贫攻坚的重点，并在产业发展的特色化和多样化方面取得了明显进展。产业特色化方面，各片区都基于自身的产业基础、自然地理条件和比较优势，加大了特色产业的发展力度，如大兴安岭南麓片区的乳制品加工业、农业机械和石油机械装备制造业、湿地科考旅游业，罗霄山片区的脐橙、油茶、竹木产业，钨和稀土等矿产品深加工业，新型电子产业，井冈山红色文化旅游产业，乌蒙山片区的山地特色

---

① 柏振忠、李亮：《连片特困山区可持续生计问题与协同发展机制研究》，科学出版社，2015，第 1~16 页。

有机食品产业、煤炭和铝土深加工产业、民族生物制造业、旅游和民族文化产业等。

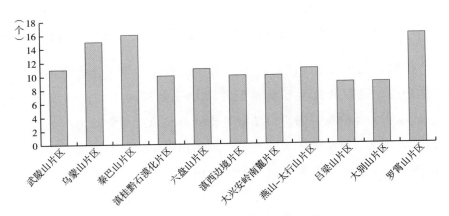

图4-2　连片特困区特色农业基地类别数对比

产业的多样化方面，农业一般只是从粮油种植、经济作物种植、中药材种植、特色畜牧养殖等方面因地制宜选择多种产品；工业则覆盖特色农产品加工、矿产资源加工、生物制药、特色轻纺、民族用品制造、汽车和装备制造业等领域；服务业总体呈现以旅游、文化产业为龙头，现代物流、商贸服务、金融、科技和信息服务、养老休闲服务等共同发展的良好局面。产业的高级化方面，各片区第二、三产业占比不断提升，产业链条不断拉伸，产业配套服务能力不断增强。在特色农产品种植、矿产资源开发方面深加工程度明显提高，产前、产中、产后服务体系逐渐完善，物流配送效率不断提升。如罗霄山片区借助军工企业的技术优势在赣州等地发展军民结合高技术产业，新能源汽车工业、新材料、节能环保、高端制造业等战略性新兴产业，进一步优化了片区的产业结构。

再以"农村产业化扶贫向农村产业化发展"为例。产业是指以"工业化"为中心的经济发展中提供同类或者相似产品的企业的总和，泛指国民经济中生产、流通与加工、服务等各行各业。着眼于人类社会经济发展历程，产业发展由低到高经历了"农业→轻工业→基础工业

→重化工业→高附加值工业→现代服务业和知识经济"等阶段①，且各产业在分工愈加细化的同时也增强了产业间的关联。以系统论为指导，围绕产业发展的研究主要表现在产业组织、产业结构、产业关联、产业布局、产业发展、产业政策等领域，既有宏观层面的产业间关联与整合分析，也有各产业内部的运行机制与发展研究，相互交融，总体目标指向各产业社会平均利润水平最大化基础上的协调发展。由于区域自然资源、科学技术、基础设施、发展政策等资源禀赋的区别，产业间发展不平衡加剧，尤其是我国1953~2004年计划经济体制下的"轻农重工"政策导向，我国2000多年的强势农业变为国民经济行业中的弱势产业，产业平均利润的下降，使得广袤的农村生产力水平低下，城乡"二元分治"使得农村成为贫困的重灾区，大批农村人口沦为贫困人口，亦即贫困地区之所以贫困，主要是由于区域产业发展层次较低或者发展速度迟缓，在市场竞争中丧失竞争优势。

我国农村在产业化发展方面始于20世纪90年代山东、河南在发展农村经济过程中提出用产业发展农业的"农业产业化"理念，农业产业化于20世纪50年代起源于美国②，后来逐步形成一定的共识，即农业产业化是以市场为导向、以规模为基础、注重经济效益的新型生产经营方式与产业组织形式。农业产业化的出现对接了1978年以来我国由计划经济向市场经济体制转变过程中解决"小生产与大市场矛盾"的农村发展需求，具有农户组织化水平低、农村社会化服务体系不健全、组织资源开发不足、区域差别较大等特征的弱势农业，要在市场竞争中获取比较优势，需要实现两个转变：一是引导并激励农户进行自我积累与资本融通，以达到规模优势和比较效益，逐步实现自我良性循环发展；二是着眼于贫困地区基础更为薄弱的农业，依托自有资源，培育市场竞争主体，健全市场化运行机制，强化社会分工，实现范围经济，最

---

① 〔爱尔兰〕安德鲁索：《产业经济学》，经济科学出版社，2009，第16页。
② 陈良：《贵州农业产业化经营现状、存在问题与对策建议》，《贵州农业科学》2014年第2期，第248~252页。

终实现产业链条中的各利益相关主体都能够从中获益，并且区域产业在竞争与调整的过程中实现统一市场下的行业平均利润，减贫目标也在区域产业化发展的过程中趋于实现。

随着我国以工促农以及城乡一体化发展战略的提出与实践，城乡融合程度逐渐提高，据国家统计局最新数据，2014 年中国城镇化率达到54.77%，乡村常住人口年度减少 1095 万人[1]，意味着当前的农村与城镇本质的区别已经逐步消除，已不能如以前一样将"以从事农业生产为主的劳动者聚居的地方"作为农业所属区域的代名词。考虑到区域行政区划边界分割与经济边界模糊、政府监管与市场要素自由流通的发展特征，应对《中国农村扶贫开发纲要（2011 – 2020 年）》的"积极推进农业产业化经营的产业化扶贫"规定做出调整，将"农业产业化"修订为"农村产业化"，即未来产业化扶贫不仅仅是围绕"农业产业化"促进贫困人口增收来进行，发展过程中依托已有资源优势但不囿于其中，如果条件具备，产业化项目涉及领域、发展方向、运作模式可以多样，否则贫困区域的"产业化扶贫"内涵就变得狭隘。比如依托互联网发展起来的江苏睢宁沙集模式，"走的是农民自发开网店→细胞裂变式复制→网销带动工业→其他产业元素跟进→激发更多农户网商创新的发展路径"[2]，是信息化与工业化在农村互动发展中促进农民增收的一种新型产业道路，发展过程中既不过分依赖原有产业基础，对稀缺资源也不过分企及，属于"大众化创业，社会普遍受益"的包容性增长与发展。

综合考虑经济新常态下资源配置效率与城乡一体化背景下产业融合的发展态势，贫困区域农村产业发展需要按照"顶层要统，资源要合，权力要放，实施要管"的资源配置原则，明确贫困区域农村产业发展方向，解决政策异化、监管缺位等关键问题，服务于产业化扶贫政策的完善，扶贫资源配置效率与减贫效果的提升。

---

[1]　孙丹：《国家统计局：2014 年中国城镇化率达到 54.77%》，http://www.ce.cn/xwzx/gnsz/gdxw/201501/20/t20150120_4386891.shtml。

[2]　汪向东：《沙集模式引发的思考》，《企业家日报》2014 年 6 月 21 日，第 3 版。

第一是明确农村产业化发展导向。"产业结构同市场需求相适应意味着产业间和产业内部实现了资源的优化配置，形成了最优的产业结构，这样的产业结构必然会推动经济总量持续增长和经济跨越式发展"①，主导产业确定是农村产业化发展的基础与前提，在选择主导产业时一般遵循三个原则：一是市场经济条件下产业产出应对接市场需求，政府主要起到调控与监管作用，但不可以行政决定替代市场选择，否则将没有生命力；二是主导产业发展应基于自身资源禀赋，可以是当地自然资源、社会资本、产业基础和信息资源等；三是关注所选主导产业关联情况，特别是贫困地区要形成基于地区要素禀赋的"内生性"合理产业结构②，充分利用本地区的劳动力、资源以及其他的比较优势与竞争优势，把潜在资源变为现实能力，促进产业的持续增长与收益，如贵州在发展乡村旅游产业化扶贫项目时，"发展典型旅游小城镇建设模式、乡村旅游产业联动建设模式"③，产业互动与减贫效果显著。

第二是完善农村产业化发展体系。农村产业化经营本质上属于农村各产业生产经营市场化，市场配置主要依靠供求机制、价格机制、风险机制、竞争机制等市场机制发挥作用，最主要的功能是优胜劣汰的选择机制与奖惩分明的激励机制，在完善的市场经济环境下，市场供需双方需求对接，在政府合理规制并保障市场有序运转的前提下提升资源配置效率。鉴于有效的农村产业化是农村各产业在市场竞争中各利益相关者能够获取行业平均利润的同时尽量规避风险的发展目标，依托社会交易成本降低、规模经济与范围经济效应实现、社会分工提升效率等理论基础，农村产业化发展要素一般包括：培育与扶持具有市场引领、资源汇聚、顺畅产业链条功能的龙头企业，围绕龙头企业发展规模型工业园区

① 沈开艳、陈建华：《中国区域经济均衡发展趋势的可持续性分析》，《学术月刊》2014 年第 8 期，第 97～105 页。

② 段会娟：《知识溢出与产业集聚研究》，科学出版社，2013，第 10～21 页。

③ 殷红梅、徐燕：《贵州省贫困地区乡村旅游产业化扶贫建设模式探讨》，《贵州农业科学》2011 年第 10 期，第 197～200 页。

与生产基地，为农村产业化发展注入动力；选择合适的发展模式，科学设计产业链条各环节利益主体的交易行为与组织形式，创新多元主体参与的利益联结机制；强化政府市场秩序监管，建立健全稳定的信用评价体系和诚信管理制度，优化市场竞争环境；转变政府职能，关注农村产业化发展过程中的社会分工与协作，深化产业化实体服务，完善社会化服务体系等。

第三是健全农村发展要素流动机制。农村产业化需要劳动力、资本、土地等生产要素在市场作用下优化配置。依据华南农业大学制度经济学教授罗必良的论点，农村要素市场是一个农村劳动力市场与农村金融市场围绕农村土地市场相互联动的交易网络体系。对于农户发展而言，其面临的是农产品市场化过度、劳动力市场扭曲、土地市场发育不足、金融市场遭排斥的困境，要素流动与配置效率较低，可以通过农村土地市场的局部制度改革（土地的财产化、资本化与商品化）驱动其他要素的制度联动，辅之以有效的土地财权赋予、劳动力可行能力提升与系统规制设计，最终促使农村要素市场体系走向健全与完善。

第四是强化农村产业化发展监管。农村产业化是一种发展模式，产业化发展水平关乎区域民众福利，应注重产业化发展水平监管。从带动能力、产业整体获益、社会化组织水平、龙头企业效益等方面科学设计农村产业化发展监管指标，实施量化比较，针对农村各产业产前、产中、产后不同阶段与整体进行比较分析，明晰产业分工程度、现代科技生产要素参与水平、产业深加工层次与附加值增长率、产业关联与区域资源产业结构偏离度与成熟度等，确保农村产业化持续、有序发展。

第五是关注农村产业化扶贫政策异化与风险。现实扶贫实践中受到扶贫服务主体单一且管控水平低限制，扶贫政策可能出现规模排斥、扶贫对象发展意愿排斥、市场排斥和发展模式排斥等异化现象①。未来农

---

① 邓维杰：《精准扶贫的难点、对策与路径选择》，《农村经济》2014 年第 3 期，第 123 ~ 125 页。

村各类产业化扶贫项目应关注农村产业化扶贫政策异化现象，防范农村产业化过程中出现的自然风险、市场风险、技术风险和合约风险等①，防止出现农村产业化尤其是产业化扶贫项目"成为抽离农村资源、生产不平等的新机制"②。

（二）扶贫资源配置与城乡一体化：城镇化将成为重要抓手

大力推进新型城镇化是实现我国现代化的理性选择和必由之路，首先，新型城镇化是突破连片特困区"PPE"怪圈的根本途径。"PPE 怪圈"是指贫困、人口和环境之间形成一种互为因果的关系，反映的是"贫困—人口增长—环境退化"之间的恶性循环。要实现连片特困区的脱贫致富，关键在于打破这一恶性循环，即改变严重依赖自然资源、破坏生态环境的生计模式，提升贫困人口的基本技能和素质，进入"人口素质提升—生计模式升级—环境恢复与改善—经济社会发展"的良性循环，而新型城镇化可以以产业城镇化为支撑、以空间格局优化的土地城镇化为载体，升级贫困人口的生计模式，恢复和改善生态环境，提高社会公共服务效率和水平；同时新型城镇化以人口城镇化为根本，改变贫困人口生活方式，全面提升贫困人口的生活水平和可行能力，实现贫困人口的持久脱贫。

其次，城镇作为人类自行营造的物质空间和空间役使系统，是在时间、空间、物质、能量、信息、资本的有效整合下人类建构生存系统的一种基本空间范式，承载着复杂的政治、经济、文化和环境功能，发挥着空间管理和治理、规范空间行为、提供持续福利等功效③，因而城镇

---

① 赵凯：《农业产业化经营风险分担优化模型》，《江苏农业科学》2013 年第 4 期，第 400 ～ 402 页。

② 黄承伟、覃志敏：《贫困地区统筹城乡发展与产业化扶贫机制创新》，《农业经济问题》2013 年第 5 期，第 51 ～ 55 页。

③ 李小云：《我国农村扶贫战略实施的治理问题》，《贵州社会科学》2013 年第 7 期，第 101 ～ 106 页。

化可以统筹空间布局优化、基础设施建设、产业发展、农村基本生产生活条件改善、就业促进和农村人力资源开发、社会事业和公共服务发展、生态建设和环境保护、机制体制改革创新等各项工作有序和协同开展，是推进片区扶贫攻坚战略和优化扶贫资源配置的重要抓手，能有效提升区域发展和扶贫攻坚效率①。

（三）扶贫资源配置与精准扶贫：多维视角下的扶贫资源精准配置

2016 年中央一号文件明确提出：实施精准扶贫、精准脱贫，因人因地施策，分类扶持贫困家庭，坚决打赢脱贫攻坚战。较之于传统扶贫政策，精准扶贫是社会大扶贫格局下的认知提升，是互联网时代背景下的技术呼唤，是全面小康目标导向下的路径选择，是协作共赢视野下的资源配置优化。

我国扶贫开发已经从以解决温饱为主要任务的阶段转入巩固温饱成果、加快脱贫致富、改善生态环境、提高发展能力、缩小发展差距的新阶段。"精准扶贫是中国扶贫进行到新阶段后的新举措，符合中国国情。"② 自 1986 年实施扶贫开发政策以来，国家为提高扶贫开发工作质量，始终紧扣扶贫工作精准这条主线，从区域开发、贫困县（村）瞄准到当前的连片特困区扶贫攻坚、整村推进，将专项扶贫、行业扶贫和社会扶贫有效结合，并着力于理念、实施过程与结果考核等全流程精准治理③，力求实现扶贫开发工作中的精准识别、精准帮扶、精准管理和精准考核，具体做到扶贫对象、项目安排、资金使用、措施到户、因村

---

① 游俊、冷志明、丁建军：《中国连片特困区发展报告》，社会科学文献出版社，2013，第 1 ~ 6 页。

② 张一鸣：《精准扶贫为新时期中国扶贫格局带来新变化——访北京师范大学经济与资源管理研究院教授张琦》，《中国经济时报》2014 年 10 月 9 日，第 1 版。

③ 黄承伟、覃志敏：《论精准扶贫与国家扶贫治理体系建构》，《中国延安干部学院学报》2015 年第 1 期，第 131 ~ 136 页。

派人、脱贫成效"六个精准"。

政策研究与实践表明，扶贫瞄准制度受到"全面发展理念质疑和政策实施受限"的双重困扰①。精准扶贫一方面有助于提升扶贫工作的针对性与扶贫工作质量，一方面也部分体现了对于扶持主体可行能力的否定②，甚至可能促成扶贫对象出现"由扶持带来的不努力改善自身生计水平的集体负向激励"③。从贫困农户识别的政策和技术困境、乡村治理现状、贫困农户思想观念的变化以及扶贫政策本身的制度缺陷四个方面看，当前精准扶贫机制面临严峻的挑战：扶贫政策呆板异化、贫困的"进入—退出"动态管理机制缺失、扶贫对象参与程度低下且自利观念严重、政策执行绩效考核与效果评估体系尚需健全，需要进一步探究精准扶贫政策内涵，明确影响精准扶贫顺利推进的关键问题，以更好地推动扶贫工作。

精准扶贫、精准脱贫方略，重在精准，旨在脱贫，贵在脱贫人口生计可持续发展，逐步实现共同富裕。所谓精准扶贫，"就是要对扶贫对象实行精细化管理，对扶贫资源实行精确化配置，对扶贫对象实行精准化扶持，确保扶贫资源真正用在扶贫对象身上、真正用在贫困地区"④。与传统扶贫理念不同，新时期精准扶贫政策改变了原来"贫困是经济问题的狭隘归类"，基于人的全面发展目标，依据阿马蒂亚·森有关"增进人们可行能力，促进社会公平正义"的分析观点，可行能力是人们在追求自身发展、做自己有理由珍视的事情的自由⑤，由此可将贫困

---

① 李小云：《我国农村扶贫战略实施的治理问题》，《贵州社会科学》2013 年第 7 期，第 101 ~ 106 页。

② Sen A. The Political Economy of Targeting. World Bank，1992，p. 36.

③ Coady D. P.，Grosh M. E.，Hoddinott J. Targeting of transfers in developing countries：Review of lessons and experience. World Bank Publications，2004，p. 36.

④ 王国勇、邢溦：《我国精准扶贫工作机制问题探析》，《农村经济》2015 年第 9 期，第 46 ~ 50 页。

⑤ 〔美〕阿马蒂亚·森：《正义的理念》，王磊等译，中国人民大学出版社，2012，第 214 页。

理解为"人的可行能力的贫困，是人们在实现发展目标的'通用性手段'缺失，比如权利、自由和机会、收入与财富，以及自尊的社会基础"。能力是完成一项目标或者任务所体现出来的素质，是直接影响活动效率，并决定活动能否顺利完成的个性心理特征。正是对于这些作为基本物品的"通用性手段"占有程度的不同，导致不同人群发展境况的差异，多维贫困分析框架逐步取代单纯的经济贫困分析思路。

"资源基础上的可行能力形成与提升"是行为主体发展水平出现差异的关键原因。影响人们获取资源以满足自身发展诉求的"通用性手段"多寡的因素表现为三个方面：一是社会支持，二是环境支持，三是自身禀赋。一方面，假设政策补贴、项目扶助体现为社会支持的资源能够得到公允分配，社会公众均等化享有，环境资源供给充足，则行为主体自身禀赋在一定程度上决定了其获取和利用社会发展资源的能力，疾病、技能水平低下、市场竞争地位弱势等行为主体的"自身禀赋脆弱性"则成为其主要致贫原因。另一方面，假设行为主体之间自身禀赋差别不大，作为其外部发展支撑的社会资源分配不均、环境资源缺失等"发展资源瓶颈约束"就成为主要致贫原因。由此，精准扶贫即可理解为明确贫困人口在获取发展资源过程中的困难，并有针对性地予以改善，亦即优化区域及区域贫困人口发展过程中的资源配置机制，"精准扶贫已经不仅仅将扶贫视作社会基于对贫困者的同情所采取的一种简单的帮扶行动，更应是将扶贫当作一种矫正社会资源分配不公平的手段"[1]。

精准扶贫政策的根本意蕴在于利用国家力量改变社会经济发展过程中的不公平和贫困群体发展的不可持续现象，并且在这个过程中切实发挥市场经济的选择和激励作用。既然涵盖发展资源供给、资源获取、资源利用及收益等环节的发展资源传递与利用效率影响到行为主体的发展

---

① 虞崇胜、余扬：《提升可行能力：精准扶贫的政治哲学基础分析》，《行政论坛》2016年第1期，第22～25页。

水平，全面理解精准扶贫工作的"谁扶持、扶持谁和怎么扶"主题内容也就有了讨论空间："谁扶持"侧重国家推动扶贫过程中多元社会主体参与，"扶持谁"强调多维致贫原因分析与相关标准衡量基础上的贫困群体精准识别；"怎么扶"则依据国家统计部门有关国家贫困成因分析采用"五个一批"工程扶持方式的精准对接，通过政府与市场两种机制的结合有效配置扶贫资源，发展生产脱贫一批、异地搬迁脱贫一批、生态补偿脱贫一批、发展教育脱贫一批和社会保障兜底一批，确保到 2020 年所有贫困地区和贫困人口一道迈入全面小康社会。

四　基于要素流动的贫困地区发展要素良性循环模式研究

（一）走向扶贫治理现代化的阶段性特征

未来的扶贫攻坚任务依然艰巨，5575 万贫困人口主要分布在集中连片特困地区，连片特困地区自然条件差，贫困程度深，增收难度大且长期贫困所占的比重大，特殊类型的贫困多，是扶贫开发最难啃的"硬骨头"。要打赢脱贫攻坚战，实现"领跑脱贫攻坚"更高要求应将"精准"与"领跑"兼顾，在扎实推进精准扶贫工作的同时，优化脱贫攻坚顶层设计，提高扶贫开发治理水平。特别是 2011 年以来，我国的扶贫开发政策立足于改善民生和重点区域、重点群体突破，扶贫开发工作呈现转型与发展的两个特征，主要表现为三个方面。

1. 适度普惠的理念初步形成

鉴于扶贫开发进程中扶贫标准下的绝对贫困人口数量大幅下降、区域贫困特征明显、极贫人口问题突出等现实状况，加之社会经济发展过程中对"财政资金占较大比例"的扶贫开发资源配置"效率"与"公平"的双重要求，扶贫开发理念逐步"由原来的普惠式扶贫逐步转变为适度普惠"。这种转变既回应了经济发展的需要，又在一定程度上扭转了贫困人口"等、靠、要"的错误思想，通过发展扶持资源的竞争式获取提高了扶贫对象的主人翁意识和脱贫致富积极性。同时，适度普惠政策也有利于消减非贫困人口的"相对剥夺感"，弱化攀比意识引致的不满情绪，有利于维护社会整体稳定和安全。

2. 多元主体的共责机制趋于完善

尤其是十八届三中全会做出"市场在资源配置过程中发挥决定性作用"的决定以来，"市场在资源配置中起决定性作用"的新定位引发了政府与市场、社会关系的联动效应[①]，扶贫开发也越来越重视在"市场型政府"建设的前提下进一步加强政府、市场、社会和扶贫对象等多方主体的行为协同与责任机制健全与完善，"利益即责任"扶贫开发工作原则逐步取得共识。值得注意的是，近年来的扶贫开发工作在社会学"看护四角"治理理念的指导下关注政府主导的同时，也越来越重视市场条件下扶贫资源配置主体（包括政府及职能部门、社会组织）资源配置行为与扶贫对象（区域、社区与家庭）的发展意愿对接，有效衔接扶贫开发工作推进方案与扶贫对象（社区与家庭）的发展决策机制，提高扶贫开发工作绩效的同时，也有助于扶贫治理主体"互助共济"治理制度的定型与可持续发展。

3. "美好生活"成为扶贫开发的共同议题

精准扶贫的理论预设改变了传统"经济贫困"的狭隘判断标准，认为贫困人口致贫原因呈现多维特征，且贫困发生立基于扶贫对象发展要素匮乏或者要素之间匹配效率低下。为了更好地减贫脱贫，需要对扶贫对象发展要素进行有针对性的满足或者提高发展资源配置效率，并由此针对"十三五"时期未脱贫人口的致贫原因提出了"通过产业发展、易地搬迁、生态补偿、教育扶贫和社会保障兜底"的"五个一批"工程，以对应人民对"拥有更好的教育、更稳定的工作、更满意的收入、

---

① 周佑勇：《法治视野下政府与市场、社会的关系定位》，《吉林大学社会科学学报》2016年第2期，第27~34页。

更可靠的社会保障、更高水平的医疗卫生服务、更舒适的居住条件、更优美的环境"等美好生活的向往，扶贫开发工作目标更加明确、发展手段更加完善、发展内容更加丰富。

（二）基于要素流动的政府购买扶贫服务机制的理论逻辑与框架设计——市场化改革带动

政府购买扶贫服务作为扶贫机制创新，可有效消解"边际效益递减与扶贫资源越来越难以惠及扶贫对象"等开发式扶贫弊端，有效提升扶贫资源配置效率，放大财政扶贫支出乘数效应。

1. 政府购买扶贫服务的发展演进

政府购买服务源于西方的福利改革，以 20 世纪 70 年代英国开始的"撒切尔革命"为标志，作为各国新公共管理运动中影响较大的一项政府职能改革，先后经历了由传统福利国家逐步向社会服务理念（20 世纪70 ~ 80 年代，认为社会服务应由社会服务部门及社会团体提供，主要针对弱势群体实施救济）、公共服务理念（20 世纪 90 年代，强调公共服务与社会效率优化之间的平衡）、社会公共服务理念（20 世纪 90 年代之后，以服务促发展，实现政府公共服务功能整体化与公共服务供应市场化）转变①，实践变迁体现出政府履行公共服务责任、社会部门资源配置效率提升、公众需求满足等"三方力量竞合"的社会经济发展本质。

中国的政府购买服务是在 20 世纪 90 年代计划经济与市场经济转轨背景下，政府探索公共服务市场化以提高效率的过程中逐步发展的。上海浦东新区在兴建罗山市民休闲中心时通过协商方式委托上海基督教青年会对休闲中心进行管理是我国内地在政府购买服务领域首次进行的实践性探索②。继而多个沿海省份在"转变政府职能和提升公共服务效率

---

① Gerry Stoker. *Transforming Local Governance*：*From Thatcherism to New Labour*. London：Palgrave. Macmillan，2003，p. 154.

② 钱海燕、沈飞：《地方政府购买服务的财政支出效率评价》，《财政研究》2014 年第 3 期，第 64 ~ 67 页。

目标"指引下，在精神卫生、社会工作、教育培训及扶贫开发等领域陆续开展了政府购买服务，取得了较大突破。在扶贫服务购买方面，较为典型的是 2005 年由国家扶贫办公室等部门与非政府组织合作在江西实施村级扶贫规划项目，尝试以"政府购买 NGO 扶贫服务"的方式消解传统扶贫管理体制之弊①。从 2011 年开始，政府购买服务进入政府推进阶段，尤其是在 2013 年国务院围绕"'十二五'时期构建完善的购买平台与机制，至 2020 年形成完善的购买服务制度"目标明确了政府购买服务改革方向以后，绝大部分公共事业行业已经有了市场化的尝试②。

2. 政府购买扶贫服务的作用机制优化

（1）政府购买扶贫服务的框架设计

扶贫服务是一个涵盖内部组织管理与外部贫困人口发展服务的系统工程，政府购买扶贫服务的重心为针对贫困人口发展的服务提供，亦即扶贫部门本质职能表现：改变原来的政府直接为扶贫对象提供扶贫服务，为由社会服务主体围绕扶贫目标开展相关服务提供活动，政府财政购买并在此过程中进行超脱性的监督与控制，使得扶贫资金直接作用于扶贫对象，同时支持社会组织发展，提升社会治理水平。

政府购买扶贫服务框架完善需要加强顶层设计，重点考虑"谁来买、买什么、怎么买、谁来卖、结果如何评价"的问题，理顺各环节的关系。系统审视，一是明确政府购买服务的合理性。政府购买扶贫服务旨在提高政府扶贫公共服务水平，提高财政资金使用效益，为贫困群众提供优质的公共服务。二是界定政府购买扶贫服务的主体。依据国办发〔2013〕96 号文件，各级政府扶贫管理职能部门是各类扶贫服务的购买主体。三是厘清扶贫服务的内容。扶贫服务依据服务发生时点可分为前期扶贫规划制定、中期实施、后期评估、全过程监测，从扶贫主体

---

① 郭佩霞：《政府购买 NGO 扶贫服务的障碍及其解决》，《贵州社会科学》2012 年第 8 期，第 94～98 页。

② 苏明：《中国政府购买公共服务研究》，《财政研究》2010 年第 1 期，第 9～17 页。

角度可分为技术咨询、专题问题调研、（技能培训、产业发展、危房改造、移民扶贫等）扶贫项目开展等诸多内容，也可围绕《中国农村扶贫开发纲要（2011～2020年）》专项扶贫设定的易地扶贫搬迁、以工代赈、整村推进、就业促进、扶贫综合改革试点等扶贫服务内容，进一步细化政府购买扶贫服务的清单。四是规范政府购买服务流程。借鉴西方政府购买服务经验，结合我国政府购买服务的前期实践，逐步规范政策采购、项目资助、合同委托、公开招标等方式，建立以项目申报、项目评审、组织采购、资质审核、合同签订、项目监管、绩效评估、经费兑付等为主要内容的规范化购买流程，有序开展工作①，保障政府购买扶贫服务的有效性。五是发展扶贫服务提供主体。鼓励、支持社会组织、个人等扶贫服务提供主体发展，提高其扶贫服务水平，拓展扶贫服务领域，创新扶贫服务模式。六是完善扶贫管理机制。建立扶贫服务购买资金保障机制，明确扶贫管理服务评估与验收标准，加强扶贫服务全过程监管，强化扶贫服务后续管理，实现扶贫服务效用的持续性发挥。

（2）政府购买扶贫服务的关键问题

注重政府购买扶贫服务系统建构与完善。政府购买扶贫服务不是"一买了之"，政府购买扶贫服务更是一个新型扶贫系统营造，涉及购买主体项目识别、服务提供主体培育扶持、良性交易环境创建、清晰的责任划分、扶贫服务购买流程与规范的设定与优化、扶贫对象信息反馈与权益保障机制健全等多个方面。

纠正政府购买扶贫服务的观念偏差。政府购买扶贫服务是职能履行方式的调整，将政府扶贫服务的分配者角色与生产者角色剥离，政府应树立正确的政绩观，研判扶贫对象服务需求，明确界定购买服务的内容，防止出现"甩包袱"现象，克服官僚制下的权力寻租意识，政府

---

① 财政部：《关于做好政府购买服务工作有关问题的通知》，《农村财政与财务》2014年第1期，第54～56页。

在购买扶贫服务时应遵守市场秩序，秉承国家社会契约与市场契约精神。

关注扶贫服务领域的科学选择。财政扶贫兼顾效率与公平，考虑贫困成因，应统筹考虑普惠性的扶贫服务（如基础设施建设改善贫困区域发展环境）与竞争性的扶贫服务（如产业发展促进贫困人口增收），在关注扶贫资源利用效率的同时力争实现均等化，保证政府购买公共服务的基本走向，从而较好地体现公平与效率的统一。

强化扶贫对象参与。扶贫服务购买的公共财政支付属性决定了扶贫对象拥有"扶贫服务的提供者、扶贫服务的受益者、扶贫服务的监督者、国家的主人"等多重身份，应保障其在政府购买扶贫服务活动中的参与权、受益权、监督权等合法权益，充分考虑服务对象的满意度，避免政府购买过程中的"道德风险"、"质量风险"与"政府—服务提供者合谋风险"[1] 等问题发生。

3. 政府购买扶贫服务的制度保障

一是完善政府购买扶贫服务规范体系，依法依规推进。发达国家关于政府购买服务的法规、规范比较细致、全面，针对可能发生的问题均有明确规定，具有较强的可操作性。《国务院办公厅关于政府向社会力量购买服务的指导意见》对于我国政府购买服务行为进行了较为原则的规定，但政府购买扶贫服务的规范尚处于空缺状态，亟须制定并在实践的过程中加以完善，明确政府购买扶贫服务过程中的利益相关者权责、行为流程、权益保障与追责机制，调整政府购买服务的法律体系，优选适用公权规控或私权保护的制度措施[2]，强化监管体系建设，保障政府购买扶贫服务行为有据可循，高效、规范运行。

二是鼓励扶贫服务内容与方式创新，提高扶贫效能。区别于当前政

---

① 柏维春：《政府购买服务相关问题思考》，《人民论坛》2014 年第 3 期，第 28 ~ 30 页。

② 胡朝阳：《政府购买服务的法律调整体系探析》，《学海》2014 年第 4 期，第 146 ~ 152 页。

府自主提供扶贫服务的模式，作为一种新型扶贫服务系统的政府购买扶贫服务模式，其创建与完善的核心在于扶贫服务的内容能够有效对接扶贫对象的意愿。鼓励扶贫服务提供主体准确把握扶贫对象需求，明晰各地发展要素资源禀赋差异，促进要素流动，突破传统经济发展路径，在更高层面进行发展要素的有效配置①，开展扶贫服务内容与提供方式的创新，有效解决传统扶贫服务过程中的扶贫资源渗漏、扶贫对象瞄准困难、扶贫方式陈旧等不足，提高扶贫服务水平。

三是培育竞争性市场结构，提高治理能力。政府购买扶贫服务模式的有效实现，需要市场优化资源配置作用的有效发挥，培育竞争性市场结构，构建"政府—市场—社会组织—贫困人口"互动激励机制：清晰政府权力边界，加快行政审批制度改革，强化资金使用审计，准确定位并有效扮演监管者角色；完善市场竞争机制，建立政府购买扶贫服务信息平台，形成信息公开制度，维护市场秩序；大力培育作为扶贫服务提供者的各级各类社会组织与个人，明确扶贫服务提供者资质要求，规范社会组织登记政策，提升社会组织服务能力；强化贫困人口参与，加大贫困人口脱贫可行能力提升的扶贫服务提供，多方协同，提高扶贫治理能力。

（三）基于要素流动的扶贫治理现代化实现的理论逻辑与框架设计——要素流动的"四化"先导

1. 扶贫治理现代化目标实现方式的逻辑推理

实现扶贫治理的现代化是扶贫开发工作的战略选择，也是新时期"领跑脱贫攻坚"工作的理念引领、组织基础和制度保障。围绕全面建成小康社会目标，考量扶贫治理现代化的实现路径需要紧密结合社会发展过程中"实现人的全面发展，建设美好生活"的发展目标，运用系统思维，严密逻辑推理：作为"完整意义上的社会人"的发展个体，

---

① 卢进勇：《国际经济合作》，北京大学出版社，2014，第 8 页。

需要有一个健康的体魄、健全的心理、良好的精神状态、和谐的社会关系、优良的发展环境，这是更好地实现发展目标的基础，也是阿马蒂亚·森关于人们在获取自身利益过程中有关"资源、权利、环境"等可用性手段的总称①，贫困人口之所以陷入贫困，关键是这些"建构在生产要素基础上的可用性手段的缺失"。

结合"看护四角"的发展治理理念，各个治理主体需要围绕"脱贫致富"目标的实现承担相关任务和关联责任：一是政府角度，重视发展理念与组织引领，在其为贫困人口提供必要的经济资源的同时，有必要改善贫困人口的发展条件和发展环境，对于贫困人口（家庭），视其条件提供发展机会，如无发展可能（如先天缺陷、年龄过大等），进行社会保障兜底，为社会经济发展提供一个良好的社会秩序。二是市场角度，尽可能维持一个公平且有效率的运行机制，尤其是通过激励机制和选择机制的作用发挥，完善收入分配制度，提高资源配置效率，提高民众的福利水平。三是社会部门角度，积极参与到扶贫开发工作中来，提高"弥补政府行政吸纳资源不足"的能力②，并在此基础上实现逐步替代，强化社会组织的"组织公民行为"责任履行③。四是贫困人口（家庭）视角，通过有效的参与和风险规避，充分利用发展机会，提升资源承接能力，增强组织化程度，提高行政和市场话语权，而"扶贫到户的聚焦，又要求农户间要以'合作能力 + 共同行动能力 + 农户公平分享'的机制实施"④，实现贫困人口生计的可持续发展。

① Amartya Sen. *The Idea of Justice*. Cambridge，Belk Nap Press of Harvard University Press，2009，pp. 35 – 38.

② 王蒙、李雪萍：《行政吸纳市场：治理情境约束强化下的基层政府行为》，《中共福建省委党校学报》2015 年第 10 期，第 89～96 页。

③ 刘远、周祖城：《员工感知的企业社会责任、情感承诺与组织公民行为的关系》，《管理评论》2015 年第 10 期，第 118～127 页。

④ 孙兆霞、张建、毛刚强：《贵州省党建扶贫的源起演进与历史贡献》，《贵州社会科学》2016 年第 2 期，第 11～16 页。

2. 扶贫治理现代化实现路径选择与框架设计

扶贫开发的"看护四角"互为支撑，关联协同，坚持改革开放、坚持政府主导、坚持开发式扶贫方针、坚持动员全社会参与、坚持普惠政策和特惠政策相结合的中国特色减贫道路[1]的减贫成效与发展贡献也从实践的角度论证了确立扶贫治理现代化目标的合理性和科学性。贫困现象本就是社会发展的多种表征之一，表现为社会经济领域的方方面面，贫困问题需要通过社会经济的全面发展来有效消减，而不能将其孤立，系统思考满足发展主体不同需要的路径，具体到工作实践，应关注"党的核心认同化、公共服务均等化、收入分配合理化和政策体系科学化"四个关键问题，以此"四化为先导"，顺畅要素流动，扎实推进扶贫治理现代化目标的实现。

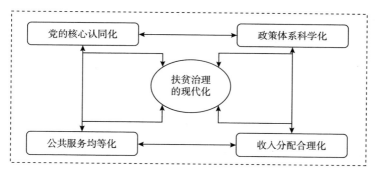

图 4 - 3 扶贫治理现代化实现的逻辑框架

（1）党的核心认同化是扶贫治理现代化实现的首要前提

"农村富不富，关键看支部；支部强不强，关键看支书。"基层党组织是精准扶贫工作的有力保障，在脱贫攻坚中发挥着主导作用[2]。加强党建工作是推动事业发展的坚强保障，必须始终坚持党在扶贫开发工作中的核心地位，强化党在扶贫开发中的理念引领、组织引领和创新引领，争取民众对于党在扶贫开发工作中核心地位的认同，以减少扶贫开

---

① 顾仲阳：《习近平出席 2015 减贫与发展高层论坛并发表主旨演讲》，《人民日报》2015 年 10 月 17 日，第 001 版。

② 赖运建：《党建引领推进精准扶贫》，《当代江西》2016 年第 4 期，第 20 ~ 21 页。

发工作中的"因为信任缺失带来的交易成本"[①]，最大化扶贫资源配置效率，推进贫困区域和贫困人口脱贫致富。

扶贫开发与党"为人民服务"的宗旨、"追求共同富裕"的社会制度本质要求高度契合，重视党建引领扶贫开发，强化"抓党建、聚民心、促发展"的工作理念，通过开展"强基"、"双带"、"连心"等活动，采用党员干部一对一帮扶、第一书记、扶贫服务队、定点挂帮等"党建+"扶贫方式，选派党员开展智力扶贫，强化组织建设增进党支部"桥头堡"作用助力精准扶贫、精准脱贫，有助于温暖贫困群体，拓宽扶贫人口增收渠道，增强党的凝聚力和认同感，实现"党建"和"扶贫开发"的互动与双赢。

（2）公共服务均等化是扶贫治理现代化实现的环境基础

"公共服务是一个地区经济、社会发展的助推器，不仅仅是改变经济发展的现状，更重要的是对贫困地区教育、环境、医疗卫生等要素的持续改善，能够保证区域经济持续和健康发展。"[②] 但是受我国宏观层面长期二元分治的负面影响，中观层面公共财政制度的不完善尤其是财政支出偏向城市和分税制财政的内在缺陷，以及微观层面公共服务供给机制的不合理等因素影响，城乡公共服务供给水平严重失衡，尤其是农村贫困地区在教育、社会保障、公共卫生和基础设施方面的服务供给严重滞后。社会发展的基础是公共服务均等化供给和社会价值的普遍认同，经济与社会发展的不均衡，势必衍生贫困问题与其他发展困境。

新公共服务理论认为，应该利用一种基于权利、民主和公共服务的方式来代替传统的主导行政模式[③]，公民发展以及权益保障水平在很大程度上通过构成其发展空间的公共服务数量、结构和质量反映出来，同

---

① 高少慧、罗必良、何一鸣：《经济解释范式：经济思想史中的又一次综合》，《中南财经政法大学学报》2016 年第 2 期，第 3 ~ 10 页。

② 周灿：《公共服务视角下德昂族扶贫开发对策研究》，《黑龙江民族丛刊》2015 年第 4 期，第 72 ~ 78 页。

③ 陈振明、耿旭：《中国公共服务质量改进的理论与实践进展》，《厦门大学学报》（哲学社会科学版）2016 年第 1 期，第 58 ~ 68 页。

时反过来又将强化其所处环境公共服务水平的高低，表现为"强者愈强、弱者愈弱"的发展循环。新时期扶贫治理现代化目标的实现需要良好的环境基础，就需要针对当前的城乡公共服务供给失衡、公共服务供给的"碎片化"等突出问题，明确公共服务提供主体的责任，完善财政体制与运行机制，创新"民众提出需求，政府权衡利弊，市场有效提供，社会参与监管"的公共服务提供模式，健全城乡统一的社会保障体系和政府购买市场服务机制，重视区际扶贫协作，逐步实现公共服务的均等化。"民众在一定程度上能够相对均等享有较高层次的基本公共产品和服务"，既是扶贫治理现代化目标的实现手段，也是扶贫治理现代化目标实现程度的衡量标准，更是扶贫治理现代化目标的核心内容。

（3）收入分配合理化是扶贫治理现代化实现的制度保障

贫困是复杂多样的致贫因素综合作用、长期累积的一种结果和状态，伴随旨在"通过适当拉大收入差距，激发生产活力"的收入分配制度改革，贫富差距明显，结构性贫困逐步成为 20 世纪 90 年代以来的重要贫困特征之一。依据国家统计局发布的反映收入分配差异程度的基尼系数指标数据，1978 年改革开放后的基尼系数值持续走高，到 2008 年达到 0.491 的较大数值，但此后通过调整个税起征点、最低工资标准上调、规范收入申报核算等收入分配改革，贫富差距逐步缩小，基尼系数从 2009 年逐年回落，2015 年全国基尼系数为 0.462。而另据运用基尼系数分解方法测算的我国 1993～2013 年 20 多年间的农村居民收入差异分析结论，"我国区域农村居民收入差异呈现'平稳—上升—下降'的三阶段特征。从收入来源分解来看，财产性系数和工资性系数远高于总系数，是导致总收入差异的主要因素。工资性收入在总收入中所占比重一直处于上升态势，且远高于财产性收入，是造成不同区域农村居民收入差异的核心因素"[1]。

---

① 任媛、邰秀军：《基于基尼系数的我国农村居民收入的区域差异与分解》，《经济体制改革》2016 年第 1 期，第 70～76 页。

基于收入分配视角，微观层面的致贫原因，一方面是贫困家庭"所拥有或者可以使用"的生产要素的数量和质量约束影响初次分配，以及受到社会保障体系、财税政策、区域发展战略等资源再分配行为的制约；另一方面也可能是通货膨胀、慈善虚置等造成第三次分配薄弱而难以脱贫。实现扶贫治理的现代化，需要正视"经济新常态下因为产业结构调整引致的落后产业（这一产业涉及更多的是农村就业人口）与高新产业间劳动者收入分配不均衡将更为突出"的问题，消减"户籍、土地、福利待遇"等"体制内"因素影响，推进工资制度改革，促进低收入者提高收入水平尤其是提高工资性收入水平，正确处理公平和效率的关系，以公平为中心实现收入结构优化，从而达到收入分配与公平发展的良性互动，逐步改变"因为利益相关方权力的不平等，致使在收入分配制度安排上系统性地偏向于影响力较大者的利益，进而导致生产潜力遭到浪费，资源分配丧失效率"的不良现象，尽可能为脱贫攻坚目标实现减少系统风险。

（4）政策体系科学化是扶贫治理现代化实现的重要支撑

扶贫开发作为系统工程，内部涵盖政策规划、指挥与执行、协调与监管，外部关联政府政治价值取向、区域发展规划、相关职能部门职责发挥等整个社会管理系统运行。受到"权威政府"的行政主导观念与社会环境影响，扶贫开发在历史发展过程中逐步形成了"政府主导，市场配合，社会参与，群众承接"的工作模式和管理格局，这种模式对于我国阶段性大规模、快速推进贫困人口减贫脱贫成效显著。随着我国在深化社会主义市场经济体制改革中有关"政府与市场关系的重新定位"，扶贫开发工作"贫困人口分布零碎、致贫原因多维、贫困程度较深、精准扶贫工作难度较大"的特点逐步显现之后，传统扶贫开发政策"制定主体"简单指向"政策客体"工作模式也遇到了许多挑战，如扶贫开发政策与相关法律法规的协调性不强，出现"上位法与下位法不能有效互为支持、不同政策之间难以相互衔接"的情况；整合性治理过程中政府、社会组织、扶贫对象等多方参与主体权利不明、责任不清，致使扶贫开发工作推进过程中协同效应难以高效实现；发展意愿和帮扶措施在政策主体与政策作用对象之间缺乏有效沟通，瞄准精度与资源利用效率不高；进而也在一定程度上影响了政策监测手段与校正机制等政策绩效分析和反馈控制机制的作用发挥。

新时期的扶贫治理战略，应以精准扶贫、精准脱贫政策推进为契机，借鉴其"精准识别、精准帮扶、精准控制"的全过程管理理念，构建"政策制定核心系统—政策实施支撑系统—政策调整与改进外围系统"①的系统化、科学化、动态化扶贫开发政策体系，注重提高政策在市场机制运行中的适用性，把发挥市场在资源配置中的决定性作用和更好发挥政府作用有机结合起来，完善政策实施过程中的多元主体参与机制，明晰扶贫对象发展意愿和资源利用决策机制，理顺扶贫开发政策与相关法规政策之间的衔接。实现扶贫治理现代化的过程，不是凸显扶贫开发工作相对于其他社会发展事业的"异质性"，而是逐步消除贫困人口"贫困化意识和贫困身份"，达到"扶贫开发工程固然因发展而生，也会顺其自然因发展而得到解决"的一种发展状态，亦即通过政策体系的科学化尽可能集聚社会发展资源，形成合力，并尽可能做到脱贫攻坚于"无形"。

本章研究要点

（1）生产要素区际流动促进区域经济协调发展机制研究。基于要素流动成本揭示生产要素区际流动规律，明确其经济关联效用与市场机制极化的负面效应，健全市场机制，推进区域经济协调发展。

（2）区域经济发展与要素流动。实证分析连片特困区发展过程中的要素流动影响，考察新经济地理因素、政策因素与要素流动对于区域间发展差距与区域内部发展差距的影响。

---

①　姚建军：《深圳战略性新兴产业政策体系的科学化》，《开放导报》2014 年第 6 期，第 73～76 页。

（3）扶贫资源配置与要素流动之间的关系考察。探讨农村产业化、城乡一体化、精准扶贫等新型社会治理政策对扶贫资源配置行为的影响，分析发达地区与贫困区域在发展方式上的兼容性。

（4）基于要素流动的贫困地区发展要素良性循环模式研究。视贫困区域为一个发展系统，解析各要素的功能，探究要素间的相互作用，构建贫困地区发展要素协调机制，实现发展要素流动向良性循环转化。

第 5 章　连片特困区扶贫资源配置与
区域发展效应关联分析

一　贫困地区与典型片区扶贫资源配置结构分析

财政扶贫资金的管理关系到扶贫效率和效果，目前已经有很多研究开始关注资金管理不善带来的扶贫资金投入效果不佳问题，但对于扶贫资金治理中其他环节，如投入、分配、拨付和使用所产生的扶贫资金投入效果和效率的研究很少，但恰恰是这些环节中出现的制度上的缺陷更容易造成扶贫资金出现目标瞄准偏离，从而直接影响到贫困农户参与和受益于我国的扶贫资源投入[①]。

《中国农村扶贫开发纲要（2011－2020 年）》将 14 个自然条件恶劣、社会经济发展滞后、贫困成因复杂、空间布局相对集中、减贫效应微弱的集中连片特殊困难区（以下简称连片特困区）作为国家扶贫开发的主战场（涉及 592 个国家贫困县中的 431 个，占比 73%），要求国务院各部门、各级政府要加大统筹协调力度，从扶贫对象和区域发展两个层面谋划，将扶贫开发与区域发展结合，着力形成全社会参与的扶贫格局[②]，从根本上解决制约其持续减贫和发展成果共享的发展问题。各

---

① 李小云、唐丽霞、张雪梅：《我国财政扶贫资金投入机制分析》，《农业经济问题》2007
　年第 10 期，第 77~82 页。

② 共济：《全国连片特困地区区域发展与扶贫攻坚规划研究》，人民出版社，2013，第 1~3
　页。

片区结合自身区域位置、民族构成、产业基础、区域要素禀赋等区情进行科学规划并有效推进，组织整合各方资源服务于扶贫实践。

国家财政扶贫资金是最重要的扶贫资源组成之一，是指中央为解决农村贫困人口温饱问题、支持贫困地区社会经济发展而安排的专项资金，包括支援经济不发达地区发展资金、"三西"农业建设专项补助资金、新增财政扶贫资金、以工代赈资金和扶贫专项贷款。截至2014年底，全国各片区累计实施规划投资4.75万亿元，片区基础设施建设、人民生活、产业发展等各方面发展水平有了较大提高，据交通运输部《2014年集中连片特困地区交通扶贫主要统计指标完成情况》，全国14片区公路总里程达127.93万公里，同比增长3.1%，高于全国公路平均增幅；14片区农村公路路网结构显著改善，农村客运基础设施建设持续推进[1]。另据国家扶贫办统计，2014年全国贫困人口减贫1232万人（片区减贫人口数量占比70%），减少14.9%，贫困发生率为7.2%，比上年下降1.3个百分点[2]，片区扶贫开发政策初见成效。

依据《2015中国农村贫困监测报告》、《中国财政年鉴2014》等统计口径（没有单独的连片特困区扶贫资金列支），统筹考虑扶贫资金在配置过程中"中央分类下达、地方统筹使用"的特征，鉴于《中共中央国务院关于打赢脱贫攻坚战的决定》与《关于支持贫困县开展统筹整合使用财政涉农资金试点的意见》等文件影响，本研究主要从贫困地区（包括14个连片特殊困难地区和592个国家扶贫开发工作重点县，其中进入14个片区的国家扶贫开发工作重点县有440个）扶贫资金和典型连片特困区扶贫资金配置两方面进行讨论。

---

① 刘一萱、徐婵：《2014年全国14个集中连片特困区交通投资4143.5亿元》，http://ccn. people. com. cn/n/2015/0716/c366510 - 27316068. html。

② 刘永富：《2014全国减贫目标超额完成共1232万人脱贫》，http://hbfp. cnhubei. com/2015/0304/207009. shtml。

（一）贫困地区扶贫资源配置与减贫情况[①]

（1）贫困地区扶贫资金配置

贫困县是统筹整合使用财政涉农资金的主体。2014 年贫困地区县级扶贫资金共 1420.9 亿元，其中，中央扶贫贴息贷款累计发放 153.3 亿元，中央财政专项扶贫资金 379.0 亿元，中央逐项退耕还林还草工程补贴 66.7 亿元，中央拨付的低保资金 263.7 亿元，省级财政安排的扶贫资金 125.2 亿元，国际资金 3.6 亿元，其他资金 429.5 亿元。

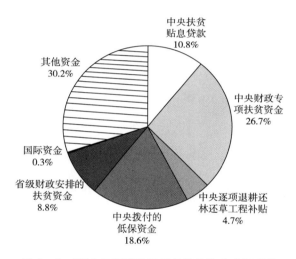

图 5 - 1　2014 年贫困地区县级扶贫资金来源结构

2014 年，贫困地区县级扶贫资金主要投入村通公路、农村中小学建设、农业生产等项目中。其中农业投资 130.1 亿元（占 9.2%），林业 69.9 亿元，畜牧业 75.4 亿元，农产品加工业 22.7 亿元，农村饮水安全工程 37.8 亿元，小型农田水利及农村水电 58.0 亿元，病险水库除险加固 13.0 亿元，村通公路 181.4 亿元（占 12.8%），农网完善及无电地区电力设施建设 42.5 亿元，农村信息化建设 12.1 亿元，农村沼气等清洁能源建设 5.9 亿元，农村危房改造 109.0 亿元（占 7.7%），乡

---

①　《2015 中国农村贫困监测报告》，中国统计出版社，2015，第 36～44 页。

村卫生院所建设 16.6 亿元，卫生技术人员培训 1.9 亿元，劳动力职业技能培训 11.3 亿元，异地搬迁扶贫 78.5 亿元，农村中小学建设 160.3 亿元（占 11.3%），农村中小学营养餐计划 74.4 亿元，其他 319.1 亿元。

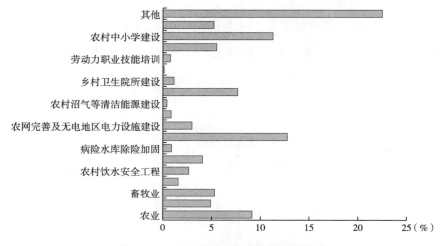

图 5-2　2014 年县级扶贫资金投向示意

2014 年贫困地区村级扶贫资金投向主要集中在村通公路、农村危房改造、农业、农村饮水安全工程、中低产田改造土地开发整理等领域，扶贫资金占比分别为 70.8%、8.0%、3.5%、3.1%、3.0%。

（2）连片特困区减贫情况

2014 年连片特困区农村贫困人口比上年减少 623 万人，下降 15.0%，贫困发生率比上年下降 2.9 个百分点。

2014 年全国 14 个集中连片特困地区农村居民人均可支配收入为 6724 元，比上年增长 12.9%，扣除价格因素，实际增长 10.9%，增速比全国农村平均水平高 1.7 个百分点。其中有 10 个片区农村居民收入增长速度高于全国农村平均水平，分别为乌蒙山区（增长 16.7%）、四省藏区（增长 15.4%）、大别山区（增长 14.4%）、六盘山区（增长 13.9%）、秦巴山区（增长 13.4%）、罗霄山区（增长 13.2%）、南疆三地州（增长 12.5%）、滇桂黔石漠化区（增长 12.4%）、西藏（增长

12.3%）、滇西边境山区（增长 12.1%）。2014 年连片特困区农村居民人均消费 5898 元，比上年增长 10.7%。

连片特困区农村贫困人口下降幅度快于全国农村平均水平。2014 年连片特困地区农村贫困人口 3518 万，占全国农村贫困人口的 50.1%；农村贫困人口比上年减少 623 万人，占全国农村贫困人口减少总规模的 50.6%；农村贫困人口比上年减少 15.0%，减少速度比全国农村平均水平快 0.1 个百分点。在 14 个连片特困区中，农村贫困人口减少幅度快于全国农村平均水平的有 5 个，分别是秦巴山区（下降 20.6%），六盘山区（下降 20.5%），大别山区（下降 17.8%），西藏区（下降 15.3%），滇桂黔石漠化区（下降 15.0%），降幅分别比全国农村平均水平快 5.7、5.6、2.9、0.4 和 0.1 个百分点。

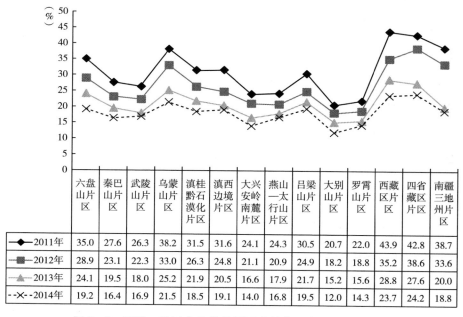

	六盘山片区	秦巴山片区	武陵山片区	乌蒙山片区	滇桂黔石漠化片区	滇西边境片区	大兴安岭南麓片区	燕山—太行山片区	吕梁山片区	大别山片区	罗霄山片区	西藏区片区	四省藏区片区	南疆三地州片区
—◆—2011年	35.0	27.6	26.3	38.2	31.5	31.6	24.1	24.3	30.5	20.7	22.0	43.9	42.8	38.7
—■—2012年	28.9	23.1	22.3	33.0	26.3	24.8	21.1	20.9	24.9	18.2	18.8	35.2	38.6	33.6
—▲—2013年	24.1	19.5	18.0	25.2	21.9	20.5	16.6	17.9	21.7	15.2	15.6	28.8	27.6	20.0
--✕--2014年	19.2	16.4	16.9	21.5	18.5	19.1	14.0	16.8	19.5	12.0	14.3	23.7	24.2	18.8

图 5 - 3　2011～2014 年连片特困区农村贫困发生率变化情况

6 个连片特困地区农村贫困人口减少 50 万人以上，分别是秦巴山区减少 115 万人，六盘山区减少 90 万人，滇桂黔石漠化区减少 86 万人，大别山区减少 85 万人，武陵山区减少 68 万人，乌蒙山区减少 65

万人。3个连片特困区农村贫困发生率下降15%以下，分别是罗霄山区（14.3%），大兴安岭南麓山区（14.0%），大别山区（12.0%）。与2011年相比，三年来连片特困区农村贫困人口累计减少2517万人，平均每年减少839万人。

（二）典型片区扶贫资源配置与减贫情况

1. 罗霄山片区（江西部分）扶贫资金配置与减贫效应

考虑到数据的可得性，以下以罗霄山片区（江西部分）财政扶贫资金配置规模与结构为例进行分析。

罗霄山片区（江西部分）地处罗霄山脉中南段及其与南岭、武夷山连接地区，属于原井冈山革命根据地和中央苏区范围，包括赣州、吉安、萍乡、抚州的18个县（市、区），其中有17个国家集中连片特殊困难地区县市，有14个国家扶贫开发工作重点县。针对区域农户收入水平低、基础设施建设薄弱、社会公共服务供给能力水平不高、生态环境脆弱等发展困境，国家就加大扶贫开发力度、促进中部地区崛起和支持赣南等原中央苏区振兴发展做出了一系列战略部署，尤其是加大了区域扶贫攻坚力度，提供了大量的扶贫资源，为改善民生、促进革命老区振兴发展和扶贫对象脱贫致富、确保困难群众共享改革发展成果提供了保障。

表5-1　罗霄山片区（江西部分）财政扶贫资金信息（2011~2015年）

单位：万元

区　　域	2011	2012	2013	2014	2015	合　计
赣　　州	24826.97	37448.81	40866.25	52396.70	74686.70	230225.40
吉　　安	8571.62	13154.98	13567.90	17468.03	23061.50	75824.03
萍　　乡	1598.22	2801.70	2284.35	3442.25	4323.00	14449.52
抚　　州	2468.95	4685.79	3083.75	3268.61	5065.50	18572.60
全省片区合计	37465.76	58091.28	59802.25	76575.59	107136.70	339071.60
全省财政扶贫资金合计	80332.00	143446.50	177455.25	201353.25	247564.00	850151.00

资料来源：江西省财政厅文件与扶贫和移民办公室调研，2015。

依据《江西省罗霄山片区区域发展与扶贫攻坚实施规划（2011 - 2015 年)》（赣扶移字〔2013〕65 号）文件、江西省财政厅等有关财政专项扶贫资金的下达文件，2011 ~ 2015 年江西省罗霄山片区共获得中央和省级财政扶贫资金 339071.6 万元，为全省 5 年财政扶贫资金的39.88%。各地区由于所辖县（市、区）数量不同，扶贫资金的增长幅度有所差别，但总体呈现稳步增长特征，符合国家加大连片特困区资金扶持力度的要求。较之于 2011 年，四市 2015 年财政扶贫资金平均增幅为 161.4%。江西省罗霄山片区依照扶贫攻坚与区域发展、生态环境保护和改革开放相结合等原则，坚持"全国革命老区扶贫攻坚示范区"、"承接产业转移示范区"、"特色农业和全国稀有金属产业及先进制造业基地"、"南方地区重要生态安全屏障"等区域发展的准确定位，积极推进扶贫资源整合，创新扶贫资金管理机制，重视多元主体参与扶贫，提高财政扶贫资金使用效益，通过 5 年扶贫开发，减贫人口 115 万人，扶贫搬迁 1 万余人，实施农村劳动力培训 62 万人，解决了近 5 万个村的三通（通电、通路、通广播）问题，九年义务教育巩固率达 97% 以上，区域基础设施水平明显改善，基本公共服务水平有效提升，生态环境保护成效突出，综合实力显著增强，城乡居民生活水平明显提高。

从江西省罗霄山片区财政扶贫资金投向占比信息雷达图可以看出：随着扶贫理念与扶贫资金规模的不断深入与扩大，资金投向重心也在随着扶贫对象的发展特征变化而进行着调整。尤其是在整村推进与产业扶贫两个项目上的投资比重较高，5 年平均投资规模占比分别达 25.9% 和 21.9%。基于时间序列分析，整村推进项目的大规模投资集中在 2011 ~ 2012 年，主要集中于江西罗霄山片区安远县、乐安县、井冈山市、宁都县、莲花县等 14 县（市）的 623 个贫困村，产业扶贫项目投资集于 2013 ~ 2015 年，用于发展特色优势产业和承接产业转移，进一步体现了连片特困区按照"区域发展带动扶贫开发、扶贫开发促进区域发展"的基本思路脱贫解困。其次，作为江西深山区（生态脆弱区、老水库库区等贫困山区）扶贫特色，移民搬迁扶贫（包括

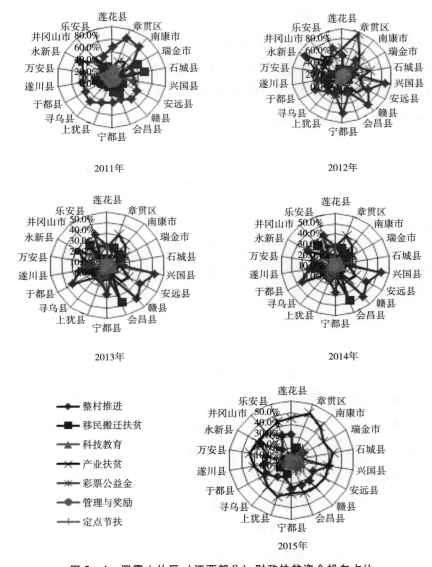

图 5 - 4　罗霄山片区（江西部分）财政扶贫资金投向占比
信息雷达图（2011～2015 年）

扶贫移民、生态移民及地质灾害移民）5 年平均投资规模占比达 9% 左右，共搬迁人口近 2000 户 1 万余人。再次，科技教育培训、用于革命老区发展的彩票公益金、管理与奖励费用三项投资 5 年平均投资规模占比达 3% 左右，且变化不大，但由于投资规模的不断扩大，上述三项费用的绝对数额也在大幅攀升。科技教育培训项目投资也表现出由传统的科技项目单项投资转变为"科技＋产业"、"科技＋教育培训"等组合式科技扶贫的特征。管理与奖励的费用占比在 2011～2015 年中有所提高，体现了政府对于扶贫财政资金使用监管的重视，同时也逐步用"以奖代补"的形式替代传统的直接补贴和普惠式救济，试图利用适度竞争的方式提高扶贫对象与管理人员的竞争意识与工作积极性。最后，资金投向也呈现一定的区域性质，比如赣县、瑞金、石城等既属于连片特困区范围，又属于革命老区和生态脆弱区，或者具有一定的产业基础，这些区域一般将承接到比其他地区更多的资金。总体上看，片区 18 个县（市、区）在整村推进、产业扶贫等一般发展项目资金分配上趋于平均，但移民搬迁扶贫、彩票公益金等需要特殊区域环境条件要求的项目投资除外。

罗霄山片区通过实施整村推进和危房改造，加强水电路等基础设施建设，培育发展特色优势产业，加快乡村道路、学校、医院等公共服务设施建设，经济社会有了较快的发展，贫困人口大幅减少。截至 2014 年底，江西省片区县已完成规划项目投资 2290 亿元，占规划项目总投资的 25.7%。2014 年江西省片区县实现地区生产总值 1452 亿元，比 2010 年增长 61.5%；农民人均纯收入达到 6015 元，比 2010 年增长 77.5%；农村贫困人口减少到 122 万，比 2010 年降低 47%。

2. 乌蒙山片区（贵州部分）扶贫资金配置与减贫效应

贵州乌蒙山地区包括贵州省毕节市大方县、黔西县、织金县、纳雍县、赫章县、威宁自治县和七星关区 7 个县（区），遵义市的桐梓县、赤水市和习水县 3 个县（市），六盘水市钟山区大湾镇在内的乌蒙山腹地，是一个多民族聚居的连片区域。

乌蒙山整个地区隶属于多个省份，其中贵州省辖区内的乌蒙山地区是其中最贫困的区域之一。不仅范围广，而且贫困程度深、涉及人口多，面临极为严峻的扶贫形势。2010 年，贵州乌蒙山地区生产总值 637.18 亿元，相对于贵州省全省的生产总值，乌蒙山地区的人均生产总值仅仅占到全省的 66%，低于全国平均水平达 70%。农村居民人均

纯收入 3379 元，比全省农村居民人均纯收入 3472 元低 93 元。2011 年
以 2300 元为标准的扶贫标准，贵州省乌蒙山地区的农村扶贫对象将近
300 万人，占到其农村户籍人口的 1/3 还多。全区内共有六个国家级扶
贫开发重点县，占整个乌蒙山地区内国家级扶贫开发工作重点县总数的
18.8%。乌蒙山地区是少数民族聚居区，民族问题与贫困问题交织，减
贫难度大。

2011~2015 年，乌蒙山片区（贵州片区）共实施规划项目总投资
9118 亿元。按项目类型划分，基础设施投资 5360 亿元，占总投资的
58.8%；产业发展投资 1276 亿元，占总投资的 14.0%；民生改善投资
858 亿元，占总投资的 9.4%；公共服务投资 1266 亿元，占总投资的
13.9%；能力建设投资 16 亿元，占总投资的 0.2%；生态环境投资 342
亿元，占总投资的 3.8%。

表 5-2　乌蒙山片区（贵州部分）（2011~2015 年）项目投资汇总

单位：万元，%

项目分类	投资合计（2011~2015 年）						资金占比
	合　计	政府投入			业主融资	农户自筹	
		中央资金	省级资金	地县资金			
基础设施	53595068	22593276	6133330	3256304	21262031	350126	58.80
产业发展	12759934	4165183	882803	577119	6637145	497684	14.00
民生改善	8583576	4811531	1184975	1251671	59880	1275519	9.40
公共服务	12662623	6041019	1143306	910896	4406100	161301	13.90
能力建设	162132	139290	19616	3227	0	0	0.20
生态环境	3420448	2472999	467884	253828	205057	20680	3.80
合　　计	91183780	40223297	9831915	6253045	32570213	2305311	—

投资比重较大的为基础设施、产业发展和公共服务，分别占比
58.8%、14% 和 13.9%。在这些大项扶贫资金配置中又各有侧重。

考虑区域资源优势和地理环境特征，基础设施建设倾向于能源、交
通和城镇基础设施等项目。

产业发展方面重视特色农业和加工制造业，另外，独特的自然环境

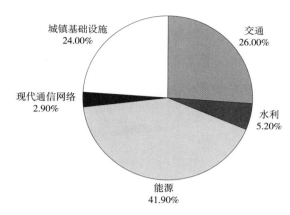

图 5 – 5　乌蒙山片区 （贵州部分） 基础设施扶贫资金
分配示意 （2011～2015 年）

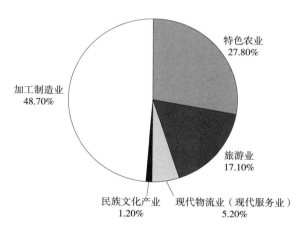

图 5 – 6　乌蒙山片区 （贵州部分） 产业发展扶贫资金
分配示意 （2011～2015 年）

与多民族杂居环境下旅游业发展也受到颇多关注。

对应片区人口贫困特征，公共服务扶贫资金关注科技文化体系、教育、社会保障等项目。

至 2015 年，乌蒙山片区脱贫攻坚取得明显成效：农村居民人均可支配收入达到 6992 元，增长 14.4%，增幅在 14 个集中连片特困地区中居于前列。以贵州省毕节试验区为例，2014 年全年实现生产总值 1265.2 亿元、财政总收入 365 亿元，完成全社会固定资产投资 2100 亿元，分别增长 14%、23.4% 和 8.29%；城镇居民、农村居民人均可支

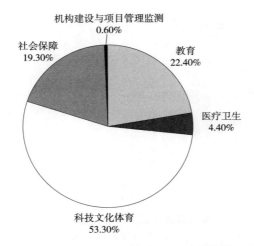

图 5 - 7　乌蒙山片区（贵州部分）公共服务扶贫资金
分配示意（2011～2015 年）

配收入 21288 元和 6234 元，分别增长 9.7% 和 14.3%；城乡建设投资
502.78 亿元，城镇化率 33.97%；实施扶贫生态移民 5699 户，改造农
村危房 7.18 万户，新增 2 个县、22 个乡镇"减贫摘帽"，46.06 万人脱
贫，脱贫攻坚成效显著。

二　扶贫资源诱致贫困区域与周边区域协同发展的效果与关联效应

为分析连片特困区政策支持与发展效应，考察政策驱动区域发展的
作用机理，明确可能的发展障碍，明晰未来政策走向，研究拟选择具有
"贫困最为突出、革命老区、农林牧产业重叠区、多民族集聚区、边境
地区"等多重典型特征的大兴安岭南麓山区内蒙古自治区兴安盟部分
为分析对象，基于政策支持与区域发展关联、区际关联视角探寻连片特
困区发展与治理政策的完善建议。

（一）区域协同发展与"梅佐乔诺陷阱"突破

连片特困区扶贫开发作为一项政策设计，缘于片区长期发展过程中

受到"贫困陷阱"与"梅佐乔诺陷阱"影响的理性判断。14 个连片特困区主要由边远山区、少数民族集聚区、革命老区、省际交界区等组成，受民族、自然、传统等因素的影响，微观层面片区民众土地、金融等生计资本基础薄弱，市场发育迟缓，生计脆弱性风险较强，生计可持续水平较低；宏观层面区域产业体系不健全，产业结构单一，长期处于产业链的低端，产品附加值不高，市场竞争乏力，且由于空间格局的不经济，很难通过区域拥有比较优势的要素流动、产业转移与承接融入更广、更高的区域、国家乃至全球经济系统，区域分工与要素流动致使区域发展的自生能力和内生机制缺乏成为连片特困区的贫困根源。

经由"救济式"扶贫转向"开发式"扶贫的政策演进凸显了我国认识和消除贫困措施的视角变化：由最初的重视物质改善转向贫困民众的可行能力提升；由"撒胡椒面"的普惠式扶贫转变为适度竞争的"项目"管理；由政策聚焦扶贫对象个体转为区域与个体兼顾，反映了国家对于扶贫开发规律认识的深化：片区发展与片区民众生活水平提高既是按照各自规律发展的相对独立而又完整的系统，同时二者又相互交融为中观乃至于宏观层面的区域系统，常规的扶贫开发政策，着眼于较多的资金和政策支持，短视于片区经济发展与民众收入水平的短期增长，忽略了民众以及区域系统"基于要素禀赋形成并与市场资源配置机制要求匹配的区域优势产业结构"这一区域发展的关键驱动，落入"扶持—发展—扶持依赖—扶持消减—落后—再扶持……"的"梅佐乔诺陷阱"[1] 贫困循环，区域差距与贫困问题依然存在。如果说对于特定的个体而言，再分配是共享发展成果的有效方式的话，而对于特定的群体和区域而言，让该群体和区域参与经济社会活动、融入经济大循环，在初次分配中实现发展成果共享则更为持续[2]。

连片特困区发展政策作为新时期扶贫攻坚和确保 2020 年贫困人口

---

[1]　唐志红：《内陆型经济区跨越"梅佐乔诺陷阱"的产业开放路径》，《理论视野》2014 年第 7 期，第 50～52 页。

[2]　游俊、冷志明、丁建军：《中国连片特困区发展报告》，社会科学文献出版社，2013，第 3～5 页。

全部脱贫目标实现的重要抓手，将"区域发展带动扶贫开发、扶贫开发促进区域发展"作为谋划、推进片区扶贫开发的基本思路，同时为优化资源配置，促进要素流动，明确"通过经济体制改革，处理好政府和市场的关系，使市场在资源配置中起决定性作用和更好发挥政府作用"①，进一步明确和完善了这一区域发展和扶贫开发相结合的支点。一方面由于片区多维致贫因素使得片区深陷贫困陷阱，出现区域发展中的"区域塌陷"；另一方面鉴于中国历史发展过程中形成的行政区划分割，形成区域发展中的"经济碎片化"与"区域发展行政化"，连片特困区发展政策影响下的片区内部与区际的深度合作与资源整合能否取得突破成为扶贫开发目标能否顺利达成的关键，也就是连片特困区应在要素资源配置效率和发展质量方面实现双重提升。

资源配置机制优化的重心在于市场机制与行政机制的协调。政府要在社会主义市场经济条件下有效发挥作用必须遵守市场秩序，市场在资源配置过程中发挥决定性作用时也应该遵守政治秩序，市场机制与行政机制高效协作表现为社会运行秩序形成。要将市场机制的自由与张力、行政机制的约束与调控等功能有效维系，明晰边界与重建秩序是为前提，亦即连片特困区扶贫开发应注重"行政力量的资源吸纳"与"资源配置中的市场选择与激励"协调配合，在政府帮扶发展贫困区域与扶贫对象的过程中，关注扶贫与发展资源的供需主体之间的发展意愿、项目选择、产业结构优化升级、制度保障等方面的有效对接，强化产业关联与区域整合，逐步催生与培育区域发展内生动力，谨防"梅佐乔诺陷阱"出现，实现社会发展成果共享。

（二）政策支持与产业粘性视角下区域整合分析

1. 区域政策支持效应

大兴安岭南麓片区地处大兴安岭中段和松嫩平原西北部，片区规划

---

① 《中共中央关于全面深化改革若干重大问题的决定》，《求是》2013 年第 22 期，第 3～18 页。

区域土地总面积为 14.5 万平方公里。2013 年片区总人口为 831 万人，乡村人口为 573 万人，有蒙古族、满族、柯尔克孜族、锡伯族等 6 个世居少数民族，城镇化率为 31%，远低于全国 53.7% 的城镇化水平，人均地区生产总值为 19041 元，仅为全国平均水平的 45.4%。片区产业结构不合理、市场化程度不高、国有经济比重偏重，是扶贫攻坚和区域协调发展任务重的连片特困区和经济协作区。

区域范围包括内蒙古、吉林、黑龙江三省区连片特困区县（市、区、旗）19 个，其他市（区）3 个，共 22 个。区域内有 13 个国家扶贫开发工作重点县、3 个老区县、2 个边境市（旗）、15 个牧业和半农半牧业县（旗）。其中内蒙古自治区兴安盟辖 6 个旗县市区，其中 5 个是国家级贫困县，1 个是自治区级贫困县，其中，阿尔山市和科尔沁右翼前旗（以下简称科右前旗）为边境旗市，科尔沁右翼中旗（以下简称科右中旗）为牧业旗县，扎赉特旗、科右前旗和突泉县为半农半牧旗县，总面积近 6 万平方公里，总人口 168 万，少数民族人口占 47%，其中蒙古族人口占 42.1%，是全国蒙古族人口比例较高地区，也是贫困程度最高的地区。

表 5-3 2011~2014 年兴安盟社会经济信息

年份	GDP（亿元）	年末总人口（万人）	农林牧渔业总产值（亿元）	享受农村最低生活保障的农牧民（万人）	农林水事务支出（亿元）	全年农牧民人均纯收入（元）
2011	313	161	165	13.36	26.6	4359
2012	385	160.7	192	13.38	30.3	5064
2013	415	160.3	209	13.42	34.1	5765
2014	460	167	216	12.9	35.8	7275

资料来源：2011~2014 年《内蒙古统计年鉴》。

自兴安盟纳入连片特困区扶贫开发之后，内蒙古片区结合连片扶贫开发政策要求，综合考虑片区革命老区与国家重点贫困县交叉重合度较高、区域内部发展不平衡、产业经济体系仍需调整和完善等特征，陆续启动了旨在推进公共服务均等化的"十个全覆盖"工程、兼顾生态环保与经济发展的生态扶贫移民工程、针对丧失劳动能力的贫困人口提高社会保障水平以及根据区情详细编制了各贫困旗县的扶贫规划和年度计划，采取"六项措施"（产业化扶贫、劳动力转移培训扶贫、互助资金扶贫、革命老区和民族自治旗扶贫、行业和社会扶贫、保障救助扶贫①）将产业发展与公共服务改善进行有效结合，提高扶贫标准，整合多方资源，突出提高贫困区域与贫困人口的自我可持续发展能力，使得扶贫开发工作取得较大进展：各地政府加大投资扶持力度，含有扶贫、水利等项目的财政支出由 2011 年的 26.6 亿元提高到 2014 年的 35.8 亿元，增幅 35%；2011～2014 年 GDP 增速显著，由 2011 年的 313 亿元升至 2014 年的 460 亿元，增幅达 47%；享受农村最低生活保障的农牧民由 2011 年的 13.36 万人降至 2014 年的 12.9 万人，全年农牧民人均纯收入也由 2011 年的 4539 元上升为 2014 年的 7275 元，增幅达 60%，仅 2014 年全盟实际减贫人口 28645 人，其中国家标准下贫困人口 25347 人，自治区标准下贫困人口 3298 人。

2. 区域产业发展关联

"粘性"是指经济诸变量的变动和调整速度迟缓，经济发展过程中存在的粘性会导致经济变量变动的效果不尽相同，形成不同生产要素的配置在时间、空间和形式等方面的差异，从而影响到经济发展的成效②。产业的发展水平是制约区域发展程度的关键因素，优势产业的选择、优化以及产业粘性的有效降解便成为区域发展的重中之重。考虑到该片区发展现代农业的土地面积、气候等优势明显，部分旗县农业、半农半牧的传统产业优势，国家及地方政府围绕"重要商品粮和畜产品

---

① 刘睿、蔡雨成：《去年内蒙古贫困人口减少 30 万》，《中国民族报》2013 年 2 月 5 日，第 1 版。

② 成祖松：《我国区域产业转移粘性的成因分析：一个文献综述》，《经济问题探索》2013 年第 3 期，第 183～190 页。

生产加工基地"的战略定位，片区提出了"强化政策支持，改善基础条件，提高装备和科技含量，不断增强粮食综合生产能力和抗风险能力，维护国家粮食安全"，同时应"大力发展畜牧业，推进畜产品深加工，延伸产业链条"，采取"首先夯实农牧业基础，进而通过初级产品精深加工"的方式进行资源配置的优化与区域发展行政区隔的突破，进而实现区域的整体发展。研究选择兴安盟 2011～2014 年三次产业产值进行相关性分析，以及农林牧渔业总产值与种植业、林业、牧业、渔业及农林牧副渔服务业进行关联性分析，论证所选产业发展的"粘性"以及产业关联基础上的区域城乡统筹与整合发展水平，判断片区内部整合程度。

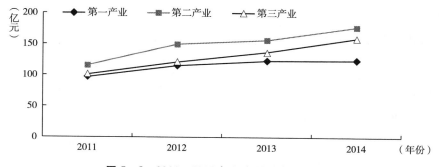

图 5-8　2011～2014 年兴安盟三次产业构成
资料来源：2011～2014 年《内蒙古统计年鉴》。

运用 SPSS17.0 进行 Spearman 相关分析，相关系数值区间为 ［-1，1］，绝对值越大，产业间关联越强，反映片区发展中的旗县融合度越高，变量 x、y 之间的 Spearman 相关系数计算公式如下。

$$\theta = \frac{\sum (R_i - \overline{R})(S_i - \overline{S})}{\sqrt{(R_i - \overline{R})^2 (S_i - \overline{S})^2}}$$

其中，R_i 是第 i 个 x 值的秩，S_i 是第 i 个 y 值的秩，$\overline{R}$、$\overline{S}$ 分别是 S_i、S_i 的平均值。

依据配第 - 克拉克定理与库兹涅茨三次产业进化理论，"服务"特

表 5 - 4　2011～2014 年兴安盟三次产业相关性分析

指　　标		第一产业	第二产业	第三产业
第一产业	Pearson Correlation	1	0.953 *	0.905
	Sig.（2 - tailed）		0.047	0.095
	N	4	4	4
第二产业	Pearson Correlation	0.953 *	1	0.974 *
	Sig.（2 - tailed）	0.047		0.026
	N	4	4	4
第三产业	Pearson Correlation	0.905	0.974 *	1
	Sig.（2 - tailed）	0.095	0.026	
	N	4	4	4

* 相关系数在 0.05 水平上显著（双尾）。

性决定了第三产业会与人的关系更为密切，表现为第三产业的发展与城市化进程的协同性比第二产业更高[①]。兴安盟三次产业比重分别由 2011 年的 31%、37%、32% 转变为 27%、38%、35%，第一产业比重下降，区域整体呈现发展态势。考虑到第一产业主要集中在农村、二三产业多集中于城镇的特点，依据三次产业相关系数分析，兴安盟三次产业中一二产业之间、二三产业之间相关性较高，可知兴安盟工业与农业总体协调，只是一三产业相关性略低。调研中也发现，兴安盟基于农业优势资源的乳品加工、农产品加工等第二产业发展迅速，但旅游业、物流业等第三产业的发展仍在产业链低端水平徘徊，使得三产对于第一产业由于技术创新替代而相对过剩的劳动力、资本等要素吸引与要素集聚功能无法得到有效发挥。兴安盟片区地广人稀，游牧民族迁徙频繁等传统因素影响下的城乡差距相对较小、要素流动空间阻隔明显等特征，使得区域产业的对接与融合、城乡统筹水平尤其是跨区协调治理水平仍待提高。

---

① 祁子祥：《城市化水平与三次产业结构相关性分析》，《重庆理工大学学报》（社会科学）2015 年第 7 期，第 68～73 页。

表 5 - 5　2011 ~ 2014 年兴安盟农业产值构成信息

单位：亿元

年份	农林牧渔业总产值	农业	林业	牧业	渔业	农林牧渔服务业
2011	165	85	6.5	70	1.4	2.1
2012	192.3	98	6.4	84	1.6	2.3
2013	209	114	6.8	84	1.7	2.5
2014	216	118	7.8	86.5	1.7	2.6

藉此，选择灰色系统的关联分析法进行第一产业产业构成关联度测算，明晰兴安盟农业发展的优先次序，以针对性地提出发展对策，推进产业结构优化和区域城乡统筹。一般计算步骤如下：首先确定反映系统行为特征的参考数列和影响系统行为的比较数列；对参考数列和比较数列进行无量纲化处理；计算参考数列 $Y_i(t)$ 与比较数列 $X_i(t)$ 的绝对差值；求出参考数列与比较数列的灰色关联系数 $\xi_i(t)$；得出关联度 λ_i，最后依据管理度排序[1]。灰色关联系数与管理度计算公式与结果如下。

$$\xi_t(t) = \frac{\underset{i}{minmin}\,|\,Y_i(t) - X_i(t)\,| + k\underset{i}{minmin}\,|\,Y_i(t) - X_i(t)\,|}{|\,Y_i(t) - X_i(t)\,| + k\underset{i}{maxmax}\,|\,Y_i(t) - X_i(t)\,|},$$

k 为变异系数，一般取值为 0.5；

$$\lambda_i = \frac{1}{n}\sum_{k=1}^{n}\xi_i(t)$$

表 5 - 6　兴安盟农林牧渔业总产值与产值构成关联情况

区　域	兴安盟农林牧渔业					关联度
农　业	2.21	1.00	2.40	1.99	1.76	1.87
林　业	0.59	0.50	0.50	0.81	0.84	0.65
牧　业	0.66	0.38	0.63	1.00	0.82	0.70
渔　业	0.63	0.66	0.59	0.56	0.93	0.67
服务业	1.15	1.15	1.15	1.15	1.15	1.15

[1]　延军平：《西北典型区生态脱贫途径研究》，中国社会科学出版社，2010，第 188 ~ 189 页。

关联系数与产值关联度数据分析结果说明兴安盟的"大农业"中的农业、牧业和服务业对于农林牧渔业总产值影响作用较为突出，林业与渔业次之，数据与属于国家粮食基地和牧业发展基地的兴安盟产业发展现实基本一致。调研发现该片区虽然重视农业生产，属于粮食主产区，但"该区生产经常受到严重的自然灾害影响，大农业生产存在农田水利设施落后，电力设施陈旧，农机具与规模生产要求不配套，牧业现代集约生产水平仍待进一步提高，农业科技与金融支持水平不高，计划体制的影响依然浓厚，非公有制经济发展不充分"等现象，也从另一方面说明了在贫困区域发展现代农业，要考虑"新常态下三农发展农业生产成本持续走高、农村劳动力有限剩余、农业经营方式日益多样化、农民工资性收入与家庭经营收入双增长，特别是农业投入和产出的商品化、市场化程度不断提高，农业增长动力更多地来自农业外部因素等日益突出的特征与趋势"[1]，关键是依托产业基础大力完善和发展基础产业的社会化服务体系，以有效提高产业精细分工程度，提高服务能力，增加农牧业收益。

（三）区际发展差异测度与演变原因解析

区域经济差异及其变化对于区域经济发展决策、区际关系协调、区域民众福利水平改善和区域社会经济系统正常运行都会产生直接和间接的关系。兴安盟各辖区地理位置、产业基础与发展水平在片区扶贫开发之前存有较大差异，实施连片扶贫开发政策之后，各辖区以产业为纽带，以企业为龙头，注重交通、信息等基础设施建设与完善，政府间强化服务与协作，实现区域间社会经济发展的互联互通，大大促进了片区社会经济发展。区域经济的发展要求跨越行政区划界限，按照市场经济规律进行资源的有效配置，使得形成贫困区域发展"局

---

① 钟真、孔祥智：《着力完善新型农业社会化服务体系》，《农民日报》2015年1月7日，第3版。

部塌陷"现象的"跨界"问题成为连片特困区扶贫开发过程中需要解决的关键。跨界问题的本质是行政边界的刚性约束成为市场经济发展过程中要素流动的障碍，核心是区域间经济发展水平与产业结构的异质性较强，片区区域之间经济系统互补性较弱，没有具备适合要素资源发挥作用的社会经济环境，受力于行政部门"区域利益自我重视"的官僚制运行压力，片区资源整合难度较大，可能影响区域减贫脱贫。因此分析兴安盟片区区域经济差异，有助于为政府跨域治理提供现实依据与参考。

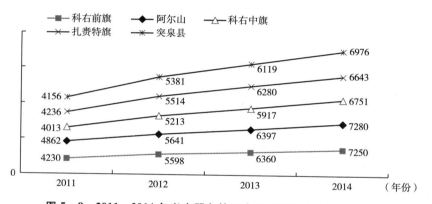

图 5-9　2011～2014 年兴安盟各辖区农牧区居民人均可支配收入

区域经济差异测度分为单一指标测度与综合指标测度两类，单一指标测度多选择 GDP、人均收入等指标，测算其标准差、变异系数、极值比率并进行比较，具有数据可得性强、结果可靠的特点；综合指标测度相对复杂，使用面窄且可比性差[1]。因此，研究选择 2011～2014 年兴安盟片区阿尔山市、科尔沁右翼前旗、科尔沁右翼中旗、扎赉特旗、突泉县等旗（市、县）GDP 来测度片区区际经济差异，兼以各旗（市、县）农村年人均纯收入为佐证，数据源于 2011～2014 年《内蒙古自治区统计年鉴》及各地年度统计公报。

---

[1]　刘书明：《关中—天水经济区政府合作机制研究》，中国社会科学出版社，2010，第 124～125 页。

表 5 – 7　2011～2014 年兴安盟各辖区农牧区居民人均
GDP 标准差、极差、变异系数和极值比率

年　份	标准差	极　差	变异系数	极值比率
2011	2823.042	7290	0.168	1.497
2012	3307.664	8645	0.161	1.491
2013	3603.963	9300	0.162	1.486
2014	4036.086	10524	0.167	1.507

　　数据结果表明,兴安盟片区区域绝对差距呈上升趋势,区域相对差异出现波动,总体上升,政策实施之初呈现下降趋势,继而反弹。2011～2012 年区域绝对差异与区域相对差异较为接近,此后区域发展差异逐步拉大。政策实施初期的相对差异缩小反映了伴随政策而来的大规模投资、项目帮扶使相对落后的科尔沁右翼中旗、突泉县等地经济获得较快发展,区域社会扶贫水平随之提高,如突泉县农牧区居民人均可支配收入由 2011 年的 4156 元上升为 2014 年的 6976 元,科尔沁右翼中旗农牧区居民人均可支配收入由 2011 年的 4013 元上升为 2014 年的 6751 元。但是绝对差异的不断上升,反映了阿尔山市、扎赍特旗等基于良好的产业基础、区位优势等在政策扶持下较之基础较差、产业水平较低的落后地区发展更快,2013 年后区域人均 GDP 极差明显上升,反映出区域绝对差异极端情况越发严重,区域经济发展中的"马太效应"特征凸显,但极值比率总体来看相对平稳。由此,前述连片特困区政策推演中的"梅佐乔诺陷阱"问题亟待关注和采取措施有效应对。

(四) 连片特困区产业发展与跨域治理政策优化

　　连片扶贫开发政策成功的关键是区域增长与贫困人口脱贫目标的量质双升,路径支撑与结合点则是区域产业结构优化与经营层次提高,保障是发展资源的配置机制高效。产业经济体系是集中连片经济发展和演化的主体,作为过去经济增长的结果、现在经济增长的动力和未来经济

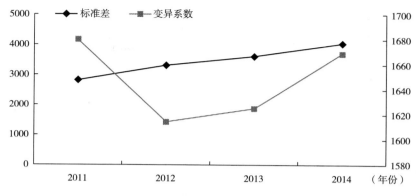

图 5 - 10　内蒙古兴安盟区域绝对差异与相对差异变化

注：为了便于比较，将变异系数扩大 10000 倍，标准差反映绝对差异程度；变异系数均反映
相对差异。

增长的基础[①]，对于缩小区域差距、提高贫困人口福利水平和实现区域
协整发展具有重要意义。鉴于片区发展中的产业结构关联度不高和区际
经济差异趋高的阶段性特征，"按照强化基础、改善环境、创新机制、
激发活力、缩小差距、脱贫致富的总体扶持思路，充分发挥各区自身的
特色资源优势，培育发展能力"，内聚外联，片区扶贫攻坚应注重产业
发展与跨域治理，如期实现片区整体脱贫目标。

1. 紧抓主线：破除传统产业粘性，提升片区现代农业品味

兴安盟片区传统农牧业生产效率低下，多为传统分散生产经营模
式，产品结构单一，农产品精深加工水平及附加值较低，产业链条较短
且相对孤立，粗放、低效特征突出，加之受到频发自然灾害的影响，传
统农牧业综合效益不高，且对于地区土地、劳动力等资源产生规模占
用，致使传统产业粘性在很大程度上阻碍了"区域劳动力、资本等生
产要素的非均衡（极化）聚集"[②]，产业发展乏力。片区要在发展中减
贫脱贫，在减少贫困人口的同时提高区域经济发展水平，明确片区资源
要素禀赋，在明晰区域资源比较优势、技术比较优势和加工比较优势的

---

① 李俊杰：《集中连片特困地区反贫困研究》，科学出版社，2014，第 106 页。

② 袁洪飞：《我国区际产业转移粘性影响因素分析》，《当代经济》2014 年第 1 期，第 140 ~
143 页。

基础上确定优势主导产业，实现产品生产上的低成本和高效益。如按照规模化、集约化、现代化的要求，加快改造传统种植业，稳定提高粮食生产能力；稳定畜牧产量，大力提高畜牧产品深加工能力；注重环境保护，大力发展生态旅游业等。其次做优做强关联产业，为主导产业发展提供设施、物资、技术、人员、资本等服务；健全和完善基层服务网络，完善产前、产中和产后服务，提高产业社会化服务水平，降低产业成本，提高产业承接和要素吸引能力，实现产业集聚。再次要创新产业经营模式，发展产业的同时注重片区民众尤其是贫困人口的参与，充分发挥龙头企业带动、专业经济（合作）组织凝聚以及金融、科技等其他组织服务的"多元化组合模式"的协同效应，延伸产业链条，拓宽市场领域，提高贫困人口适应市场的能力，实施"生态捆绑"制度，把企业所在区域的整体发展速度和质量作为企业考核标准①，促进片区民众增收和区域经济社会发展。最后鉴于片区独特区位、自然与文化的比较优势，产业经济体系融合农林牧多种产业，在未来的发展中应转变理念，先行先试，积极利用先进信息、科学技术，提高产业发展品位，逐步由传统粗放、现代集约的产业发展模式向智能化、生态健康型产业推进，探索贫困片区产业跨越新路径。

2. 破解区隔：健全区域经济协调机制，创新片区跨域治理机制

区域经济协调发展是区域协调发展的重要组成部分，市场经济中的区际关系表现为相互依赖基础上的竞争关系以及互惠互利前提下的合作关系。区域经济协调主要包括区域总量结构的协调和区域经济关系的协调，关键是解决"效率与公平、发展与扶贫"的问题，根本途径是立足当地资源禀赋，关注市场活动，形成特色产业体系，采取措施提高不同区域各类资源要素投入回报率，构建多个专业化的生产要素集聚洼地，通过产业发展中的扩散和关联效应，形成区域产业中的规模效应与外部效应，促进区域经济整体发展。如兴安盟片区风光秀美、历史悠

---

① 延军平：《西北典型区生态脱贫途径研究》，中国社会科学出版社，2014，第10页。

久, 自然资源丰富, 为当期发展生态旅游产业及集群创造了良好条件; 旅游产业的发展与集聚又会助力于资源相对贫乏区劳动力、资本等要素流动以及生态养殖、休闲食品、旅游服务等关联产业, 促进区域产业升级, 深化地区间的产业分工, 使得旅游资源富集区与贫乏区相互协同, 相得益彰, 真正达到 "兴一项产业, 脱一村贫困, 富一方农民" 的良好效果。

除关注区域经济协调方面, 另一种新型的 "学习型区域" 特别强调区域要有对外界环境变化进行整体性快速与柔性反应的能力及区域内现代企业、市场、政府、公众及其他主体之间具有互动与协同关系①, 区域发展协调的较为理想状态是区域内部和谐和区域外部共生, 区域内外部资源要素均能实现有效配置, 旨在整合不同地理空间上的资源要素的区域空间结构协调逐步受到关注。受传统行政区划区隔以及以此为基础的城镇化、园区化、新农村建设等政策影响, 管理上的 "条块分割" 使得扶贫开发资源难以整合, 片区不同地理空间的要素回报率出现差距, 区域 "塌陷" 随之产生。针对片区扶贫开发中的区域发展本位主义、公共服务政府垄断、空间规划紊乱与政府绩效评估缺乏精准等问题, 跨越治理机制创新需要围绕政府间合作的公共行政精神、一体化的法律制度安排、政府间合作组织的职权定位、精细化的政府间合作的财政资金投入、精准化的合作绩效评价与问责、信息共享、利益协调与补偿等问题展开, 最终寻求一种适应与契合一体化发展的治理机制②, 更好地完善跨区域的生态扶贫移民、生态补偿、区域经济一体化等发展政策, 以及发挥 "域际战略产业链"、"共建产业园区" 等建设战略的带动与扶持效应, 通过逐步实现区际公共服务均等化、治理主体多元化和发展秩序条理化, 提升片区软实力, 将 "碎片化" 的发展格局融合成统一的 "经济区域", 实现服务与资源、政策

---

① 孙海燕:《区域协调发展理论与实证研究》, 科学出版社, 2015, 第 1 ~ 3 页。
② 鲍芳修、董以红:《区域一体化发展中跨域治理机制探微》,《山东行政学院学报》2015年第 1 期, 第 18 ~ 23 页。

与管理的协同增效①。

3. 完善保障：强化要素市场培育，提高资源配置效率

片区市场化程度不高已经成为区域脱贫解困的主要制约因素。为了更好地实现区域经济协调发展中的要素流动，培育与健全完善的要素市场是为基础，需进一步加快资源要素市场化改革，同时加快信息能力建设，提高信息传播与共享水平，纠正要素价格扭曲状况，建立切实反映市场供求关系、资源稀缺程度及环境损害成本、代内与代际公平成本的资源产品价格形成机制，形成产权清晰、功能完善、流动顺畅的现代要素市场体系②，服务于贫困片区整体脱贫。

片区致贫原因多样，扶贫攻坚必须实施政策瞄准，针对区域短板制定合理的发展政策，因地施策，提升区域发展与扶贫攻坚效率。深化行政体制改革，加快推进政府职能转变，强化社会管理和公共服务职能，推进政企、政资、政事分开和政府与市场中介组织分开；健全有利于推动基本公共服务均等化和主体功能区建设的公共财政体系；充分发挥市场在资源配置中的基础性作用，构建各种所有制经济依法平等使用生产要素、公平参与市场竞争、同等受到法律保护的体制环境；探索市场化生态补偿模式，促进生态环境服务转变成经济效益和扶贫效益，争取在片区发展的过程中形成"强政府－强市场"的资源配置模式：既要有发达的市场，也要有强大的政府③，形成"以市场调节为基础、国家调节为主导"功能互补性的双重调节体制机制④，形成合理的市场秩序和行政秩序，充分发挥市场潜力，兼顾政府宏观调控、公共服务提供等功能实现，使得政府力量与市场力量相向而行，共同聚焦贫困地区，从根

---

① 周伟：《跨域公共问题协同治理：理论预期、实践难题与路径选择》，《甘肃社会科学》2015 年第 2 期，第 171～174 页。

② 郭春丽：《加快完善要素市场，推动经济结构战略性调整》，《经济与管理研究》2015 年第 3 期，第 23～29 页。

③ Joseph E. Stiglitz. *Globalization and Its Discontents*. W. W. Norton & Company，2002，pp. 5－16.

④ 庞明川：《资源配置效率与公平视野的"强政府－强市场"目标模式》，《改革》2013 年第 11 期，第 25～36 页。

本上改变连片特困地区面貌。

三　扶贫资源供需现状及短缺程度预测

资金短缺是我国农村经济发展的瓶颈，精准扶贫、精准脱贫的实施和推进使这一问题更加凸显。一方面精准扶贫、精准脱贫是一项系统工程，不论是推进现代农业建设，提高农业综合生产能力，还是拓宽农民增收渠道，实现农民收入持续增长；不论是加强农村道路、住房、能源、水利、通信建设，改善农村生产、生活条件，还是推进农村工业化、城镇化以及农村劳动力转移，均需要强有力的资金支持。另一方面，农村固定资产投资增长缓慢，且农村扶贫资金供给的三大主体（财政支农资金、农业信贷资金和农户自有资金）在规模和结构上均存在不足，支持力度有限，无法满足广大农村地区的资金需求。

20 世纪 80 年代初，中央财政就设立了财政专项扶贫资金，专门瞄准贫困地区和贫困人口，目前资金规模已经从 5 亿元增加到 433 亿元，对改善贫困地区生产生活条件，增强贫困人口发展能力，发挥了重要的作用。据初步统计，2015 年，中央财政用于农村贫困地区，使贫困人口直接受益的各类转移支付合计达 5000 多亿元，比上年增长了 24%。经受着扶贫攻坚战成本上升考验的同时，中央财政还积极创新扶贫开发机制，通过税收优惠财政贴息，建立产业发展基金等方式，充分发挥财政政策和财政资金四两拨千斤的作用，引导金融资本和社会资本不断地增强对贫困地区的投入。

依据学者何广文的测算，一个村要完成必要的基础设施等固定资产投资，需要投资 500 万 ~ 1000 万元，按照江西省 25 个贫困县 2900 个贫困村的规模，取中值 800 万元的脱贫标准，共需要扶贫资金 2320 亿元，分五年完成投资，每年需要扶贫资金 464 亿元，而 2015 年江西省财政支农支出为 500 亿元（114 个县），扶贫为 12.7 亿元，如若整合资金按照 1∶23（23 个支农部门，假设多个部门均等合力，且包含多途径整合资金）来测算，最多可整合 292 亿元，缺口达 172 亿元，五年共 860 亿元，同时还要考虑 40% 的贫困人口尚且不在贫困村的客观现实。按照学者林毅夫提出的"每脱贫人口 1 人花费成本 20000 元"测算，204 万人需要 408 亿元，分五年完成投资，每年 82 亿元，则可以满足资金需求。

依据 GDP 增速，按照投入 2 万元大体解决 1 个农村贫困人口的脱贫问题测算[1]，连片特困区 2800 万（按全国贫困人口的 50% 测算）贫困人口脱贫要投入 5600 亿元，未来五年每年需要投入 1000 多亿元。而 2016 年我国预算安排中央财政扶贫资金补助地方部分为 660.95 亿元，比 2015 年增长 43.4%，按照同样增幅（2017～2018 年为各地脱贫攻坚重点阶段），2017～2018 年的中央财政扶贫资金补助地方部分分别为 948 亿元、1360 亿元；此后按照不低于 20% 的增幅（2010～2011 年扶贫规划纲要规定），2019～2020 年的中央财政扶贫资金补助地方部分分别为 1630 亿元、1957 亿元，累计投入扶贫财政资金将达 6556 亿元。加上地方配套资金（按照历年扶贫配套资金比例均值，省级配套 20%，县级配套 15% 计算），共有配套资金 2295 亿元，资金总量将达 8850 亿元，按照贫困人口数量分配，连片特困区贫困人口将获得财政扶贫资金 4425 亿元，尚有资金缺口 1175 亿元。如若考虑扶贫开发过程中的业主融资、农户自筹资金与社会扶贫等渠道，扶贫资金缺口不大。故未来几年的扶贫资源供给总体态势不会发生较大变化，仍是政府主导、社会参与，不过随着阶段性脱贫攻坚任务的完成，社会扶贫资源供给在总资源供给中的占比将不断加大，以契合扶贫治理现代化的目标要求。

但值得担忧的是，一方面扶贫资源缺口客观存在，另一方面扶贫资源却在传递过程中不断"漏出"。国家审计署 2016 年 6 月 29 日发布的关于 40 个县财政扶贫资金的审计结果显示，由于基层扶贫资金监管

---

① 《毛泽东思想和中国特色社会主义理论体系概论》，高等教育出版社，2013，第 260～289 页。

表 5 - 8　连片特困区扶贫资金供求测算

单位：亿元

年　　份	2016	2017	2018	2019	2020
资金供给（中央）	660.95	947.8023	1359.148	1630.978	1957.174
资金供给（省级）	132.19	189.5605	271.8297	326.1956	391.4348
资金供给〔地方（县级）〕	99.1425	142.1703	203.8723	244.6467	293.5761
总供给	892.2825	1279.533	1834.85	2201.821	2642.185
连片特困区资金需求	5600				
资金缺口	1175				

比较薄弱，1.38 亿元被骗取套取或违规使用。8.43 亿元扶贫资金长时间闲置，7 个单位在扶贫开发工作中违反规定收取项目推广费、设计费等 1249.36 万元主要用于弥补经费等支出。扶贫项目管理不善，致使 2.99 亿元资金未发挥效益或形成损失浪费。部分地区和单位扶贫工作中存在任务落实不到位、违规使用资金、项目推进慢和效果不佳等问题，在一定程度上影响了扶贫资源效率[①]。

本章研究要点

（1）扶贫资源配置总量与结构分析，梳理扶贫资源配置渠道、配置方式的构成和比例关系，动态研究贫困区域扶贫资源配置结构的变化规律。

（2）扶贫资源诱致贫困区域与周边区域协同发展的相应表现与效果评价。

（3）扶贫资源配置的总体效应分析，运用灰色关联方法分析扶贫资源对于贫困人口收入水平提高和农村发展尤其是产业发展的实际效应，分析扶贫资源之于区域产业结构、城乡联动、居民消费结构等发展过程中的均衡性影响。

（4）扶贫资源供需现状及短缺程度预测，粗略计量分析扶贫资源需求规模和供给能力，预测缺口规模与短缺程度。

---

①　证券时报网快讯中心：《中国 17 省市盘活扶贫资金 6 亿元　占闲置扶贫资金 72%》，ht-tp：//finance.sina.com.cn/stock/t/2016 - 08 - 03/doc - ifxunyyf6585807.shtml。

第6章　连片特困区扶贫资源配置绩效评价与脱贫人口返贫风险防范

财政扶贫资金一直是我国扶贫开发资金的重要来源，在扶贫资源中占有较大比重，对于区域扶贫开发效果起着决定性作用。反贫困是外部要素投入与内部资源调动整合共同作用的结果，经济新常态的发展背景要求新时期扶贫工作应重视资源配置效率以及发展质量的提高，鉴于当前扶贫资金额度不断提高而减贫效率递减的扶贫挑战，系统分析扶贫资金规模与结构，科学测算扶贫资金减贫效率，明确影响扶贫资金减贫效应发挥的关键影响因素，有助于优化扶贫资金配置、提高资金管理水平和助推贫困人口脱贫，实现扶贫工作稳中有进，量质双升。

一　宏观层面：区域扶贫资源配置绩效分析

（一）样本区域财政扶贫资金配置规模与结构

考虑数据收集情况，仍以罗霄山片区（江西部分）为例进行分析。江西省罗霄山片区地处罗霄山脉中南段及其与南岭、武夷山连接地区，属于原井冈山革命根据地和中央苏区范围，包括赣州、吉安、萍乡、抚州的18个县（市、区），其中有17个国家集中连片特殊困难地区县市，有14个国家扶贫开发工作重点县。针对区域农户收入水平低、基础设施建设薄弱、社会公共服务能力水平不高、生态环境脆弱等发展困境，国家就加大扶贫开发力度、促进中部地区崛起和支持赣南等原中央苏区振兴发展做出了一系列战略部署，尤其是加大了区域扶贫攻坚力度，提供了大量的扶贫资源，为改善民生、促进革命老区振兴发展和扶贫对象脱贫致富、确保困难群众共享改革发展成果提供了保障。

表 6-1　罗霄山片区（江西部分）财政扶贫资金年度计划

单位：万元

区　　域	2011 年	2012 年	2013 年	2014 年	2015 年	合　计
赣　州	24826.97	37448.81	40866.25	52396.70	74686.70	230225.40
吉　安	8571.62	13154.98	13567.90	17468.03	23061.50	75824.03
萍　乡	1598.22	2801.70	2284.35	3442.25	4323.00	14449.52
抚　州	2468.95	4685.79	3083.75	3268.61	5065.50	18572.60
全省片区合计	37465.76	58091.28	59802.25	76575.59	107136.70	339071.60
全省财政扶贫资金合计	80332.00	143446.50	177455.25	201353.25	247564.00	850151.00

资料来源：江西省财政厅文件与扶贫和移民办公室调研，2015。

依据《江西省罗霄山片区区域发展与扶贫攻坚实施规划（2011～2015 年）》（赣扶移字〔2013〕65 号）文件、江西省财政厅等有关财政专项扶贫资金的下达文件，2011～2015 年江西省罗霄山片区共获得中央和省级财政扶贫资金 339071.6 万元，为全省 5 年财政扶贫资金的 39.88%。各地区由于所辖县（市、区）数量不同，扶贫资金的增长幅度有所差别，但总体呈现稳步增长特征，符合国家加大连片特困区资金扶持力度的要求。较之于 2011 年，四市 2015 年财政扶贫资金平均增幅为 161.4%。江西省罗霄山片区依照扶贫攻坚与区域发展、生态环境保护和改革开放相结合等原则，坚持"全国革命老区扶贫攻坚示范区"、"承接产业转移示范区"、"特色农业和全国稀有金属产业及先进制造业基地"、"南方地区重要生态安全屏障"等区域发展的准确定位，积极推进扶贫资源整合，创新扶贫资金管理机制，重视多元主体参与扶贫，提高财政扶贫资金使用效益，通过 5 年扶贫开发，减贫人口 115 万人，扶贫搬迁 1 万余人，实施农村劳动力培训 62 万人，解决近 5 万个村的三通（通电、通路、通广播）问题，九年义务教育巩固率达 97% 以上，区域基础设施水平明显改善，基本公共服务水平有效提升，生态环境保护成效突出，综合实力显著增强，城乡居民生活水平明显提高。

从江西省罗霄山片区财政扶贫资金投向上看，随着扶贫理念的变化，扶贫资金规模的不断扩大，资金投向重心也在随着扶贫对象的发展特征变化而进行着调整。尤其是在整村推进与产业扶贫两个项目上的投资比重较高，5年平均投资规模占比达25.9%和21.9%，基于时间序列分析，整村推进项目的大规模投资集中在2011～2012年，主要集中于江西罗霄山片区安远县、乐安县、井冈山市、宁都县、莲花县等14县（市）的623个贫困村，产业扶贫项目投资集中于2013～2015年，用于发展特色优势产业和承接产业转移，进一步体现了连片特困区脱贫解困按照"区域发展带动扶贫开发、扶贫开发促进区域发展"的基本思路。其次，作为江西深山区（生态脆弱区、老水库库区等贫困山区）扶贫特色，移民搬迁扶贫（包括扶贫移民、生态移民及地质灾害移民），5年平均投资规模占比达9%左右，5年共搬迁人口近2000户1万余人。再次，科技教育培训、用于革命老区发展的彩票公益金、管理与奖励费用三项投资5年平均投资规模占比达3%左右，且变化不大，但由于投资规模的不断扩大，上述三项费用的绝对数额也在大幅攀升。科技与教育培训项目投资也表现出了由传统的科技项目单项投资转变为"科技＋产业"、"科技＋教育培训"等组合式科技扶贫的特征。管理与奖励的费用占比在2011～2015年中有所提高，体现了政府对于扶贫财政资金使用监管的重视，同时"以奖代补"的形式逐步替代了传统的直接补贴和普惠式救济，政府试图利用适度竞争的方式提高扶贫对象与管理人员的竞争意识与工作积极性。最后，资金投向也呈现一定的区域性质，比如赣县、瑞金、石城等既属于连片特困区片区范围，又属于革命老区和生态脆弱区但具有一定的产业基础，这些区域一般将承接到比其他地区更多的资金。总体上看，片区18个县（市、区）在整村推进、产业扶贫等一般发展项目资金分配上趋于平均，但移民搬迁扶贫、彩票公益金等需要特殊区域环境条件要求的项目投资除外。

（二）研究方法与实证分析

服务于 2020 年我国全面实现小康的社会发展目标，作为社会经济发展短板的农村贫困人口减贫脱贫工作任重道远。经济新常态下进入改革攻坚深水区的扶贫开发工作，利益增进与利益调整愈加困难。作为减贫行为开展的重要资源基础与工作着力点，财政扶贫资金配置效率是能否达成扶贫目标的关键，扶贫目标达成应以效率为基础，藉此拟选择 DEA – Tobit 模型分析江西省罗霄山片区财政扶贫资金配置效率，以及回归分析影响资金配置效率的因素，以为后续扶贫开发工作有序开展提供决策参考。

DEA 模型是美国著名运筹学家 Charnes 与 Cooper 围绕效率评价发展出来的一种评价方法——数据包络分析（Data Envelopment Analysis），旨在研究涵盖"多投入，多产出要素"的决策单元 DMU（Decision Making Unit）的综合产出效率。因其作为一种非参数分析方法具有能够测算决策单元最优投入与产出的特点而被用于众多领域的效率分析，比较常用的是投入导向型的 CCR 模型（产出一定，投入最少）与产出型的 BCC 模型（投入一定，产出最大），CCR 模型强调固定规模报酬不变，BCC 模型则将 CCR 模型拓展到固定规模报酬可变，通过包络前沿线衡量 DMU 的最优效率，效率值取值区间为 0 ~ 1。本研究基于扶贫资金投向与资金使用规模的实际行为，拟采用 BCC 模型进行效率测算。具体模型为：

$$\begin{cases} max\ \alpha \\ s.t.\ \sum_{j=1}^{n} \lambda_j x_j + s^- = x_0 \\ \sum_{j=1}^{n} \lambda_j y_j - s^+ = \alpha y_0 \\ \sum_{j=1}^{n} \lambda_j = 1 \end{cases}$$

其中，α 为 DMU 的效率值，值越大表示 DMU 效率越高；x_j、y_j 分别为 DMU 的投入与产出向量；s^-、s^+ 表示输入与输出的松弛变量；λ_j 表示第 j 个 DMU 达到有效时的决策单元组合比例；x_0、y_0 表示 DMU 的投入产出。分析时选择连片特困区开发实施时间段——2011～2015 年（2015 年各县 GDP 数据平滑预测）的 4 个市 18 个片区县（市、区）为分析样本，选择其财政扶贫资金为投入变量，样本区域 GDP 为产出变量（以 2011 年为基准，对原始经济数据作了削减处理），测算财政扶贫资金支持区域发展的效率，以此为减贫效率分析的标准。

Tobit 模型是一种用于有效处理被解释变量取值受限问题的回归方法，于 1958 年由 Tobin 提出。DEA - Tobit 模型则是从 DEA 分析中衍生出来的一种"两阶段"（Two - stage Method）分析方法，首先通过 DEA 方法计算决策单元的投入—产出效率值，然后对效率值和可能影响因素进行回归分析，判断各影响因素可能的影响方向与影响程度。基本模型如下：

$$y_i^* = x_i\beta + \varepsilon_i, \quad \varepsilon_i \sim N\,(0,\,\sigma^2)$$

$$y_i = \begin{cases} y_i^* = x_i\beta + \varepsilon_i, \quad y_i^* > 0 \\ 0, \quad y_i^* < 0 \end{cases}$$

其中，y_i^* 为潜在效率，y_i 为分析对象的投入产出效率，x_i 为影响变量，β 为回归参数向量；ε_i 为随机扰动项，$i = 1$，…，n。为了更明确地分析财政资金减贫效率的影响因素，分析变量拟选择区域整村推进项目投资、移民扶贫项目搬迁投资、科技与教育培训项目投资、产业扶贫项目投资、管理与奖励项目投资 5 个变量，回归分析各指标的影响程度。

（三）样本区域各县（市、区）财政扶贫资金配置效率实证

研究运用 DEAP2.1 软件，利用 DEA - Malmquist 的非参数方法对于 2011～2015 年江西省罗霄山片区 18 个县（市、区）的 Malmquist

生产率指数及其分解项进行测算。数据主要来源于 2011～2014 年《江西统计年鉴》、片区县政府年度国民经济与社会发展公报以及扶贫职能部门访谈信息。分析结果如下。

表 6 - 2　罗霄山片区（江西部分）各县（市、区）Malmquist
生产率指数及其分解项

区　域	effch	techch	pech	sech	Tfpch
莲 花 县	2.922	0.273	1.073	2.724	0.797
章 贡 区	1.000	0.273	1.000	1.000	0.273
赣　　县	3.407	0.273	1.039	3.281	0.929
南 康 区	2.084	0.273	1.042	1.999	0.568
上 犹 县	2.447	0.273	1.012	2.417	0.667
安 远 县	3.233	0.273	1.015	3.186	0.882
宁 都 县	2.911	0.273	1.009	2.886	0.794
于 都 县	3.176	0.273	1.044	3.042	0.866
兴 国 县	3.724	0.273	1.018	3.658	1.016
瑞 金 市	2.814	0.273	1.049	2.682	0.767
会 昌 县	2.541	0.273	1.049	2.423	0.693
寻 乌 县	2.425	0.273	1.009	2.403	0.661
石 城 县	2.239	0.273	1.035	2.164	0.610
遂 川 县	3.136	0.273	1.054	2.975	0.855
万 安 县	2.919	0.273	1.054	2.770	0.796
永 新 县	3.077	0.273	1.046	2.942	0.839
井 冈 山 市	2.581	0.273	1.050	2.459	0.704
乐 安 县	3.402	0.273	1.029	3.306	0.928

注：effch、techch、pech、sech、Tfpch 分别代表技术效率变化（效率改进指数）、技术水平变化（技术进步指数）、纯技术效率、规模效率和全要素生产率（Malnquist 生产率指数效率）。

依据 DEA 效率分析结果，在观察的 90 个变量中，Tfp 增加率最高的是兴国县（增加 1.6%），增加的主要原因是规模效率增加，表明财政扶贫资金的增加带来了县域全要素生产率的提升；其余 17 个县（市、区）的 Tfp 是下降的，主要原因是技术水平的下降，说明财政扶贫资金配置与管理水平对于区域 GDP 增长的贡献是下降的。Tfp 下降水平位于

前 5 位的是章贡区（72.7%）、南康区（43.2%）、石城县（39%）、寻乌县（33.9%）和上犹县（33.3%）。值得说明的是，章贡、南康区为片区内较为富裕的城区，对于依据贫困人口规模与贫困程度等标准进行拨付的扶贫资金所得总量、已实施扶贫项目的覆盖面与影响程度有限。同时各县（市、区）effch 即各县（市、区）的相对效率改进指数可观，表明各县（市、区）在连片特困区扶贫开发政策全面铺开的 5 年中，相对效率明显提高，相对于前一基期充分体现了"追赶效应"，水平效应位居前五位的分别是兴国县、赣县、安远县、乐安县和于都县，主要原因为发展基础差或者投资规模效率较高，pech 和 sech 效率值具体反映出了上述特征。

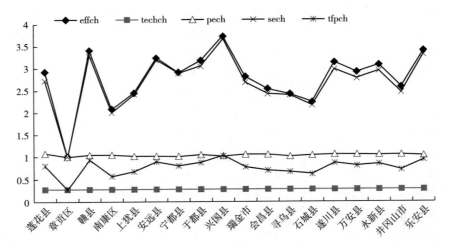

图 6-1　罗霄山片区（江西部分）各县（市、区）Malmquist 生产率指数及其分解项分布

从片区各县（市、区）Malmquist 生产率指数及其分解项分布图也可以发现，各县（市、区）效率值横向比较呈现以下两项特征：一是 techch 水平普遍较低，pech 效率值差距不大；二是 effch 效率值与 sech 效率值的贡献水平普遍较高，且与 Tfpch 效率值变化趋势基本相同。亦即当前片区各县（市、区）的扶贫开发工作成绩的获得较大程度地依赖财政规模性投资，但是这些扶贫资金的利用与管理水平不高，以至于影响到全要素增长率的提升，这一结论也在一定程度上论证了"扶贫资金不足与资金利用效率不高是制约当前扶贫开发工作的两大瓶颈因素"的观点。

二 微观层面分析之一：乌蒙山片区样本户家庭收入影响因素分析

（一） 样本数据来源

乌蒙山片区位于云贵高原与四川盆地的结合部，为典型的高原山地构造地形。区域范围包括四川、贵州、云南三省毗邻地区的 38 个县（市、区），片区区域总面积为 10.8 万平方公里，2013 年末境内户籍总人口达 2447 万人，常住人口 2028 万人，城镇化率约为 30%。片区集民族地区和贫困地区于一体，是我国主要的彝族聚集区，少数民族人口占总人口的 20.5%，属跨省交界面大、少数民族聚集多、贫困人口分布广的连片特困区和经济协作区。片区内人口资源矛盾较为突出，人均耕地少，经济发展滞后，贫困面广且程度深，片区内 38 个县（市、区）中有 32 个国家扶贫开发工作重点县，6 个省重点县。2013 年片区人均地区生产总值为 12370 元，仅为全国水平的 29.6%，2300 元扶贫标准以下农村人口有 918.4 万人，贫困发生率为 47%。

研究数据来源于在乌蒙山片区遵义 13 个县（市），18 个乡（镇），22 个村，16 个库区 620 户样本户（1/3 为贫困户）所做的部分入户深度访谈信息和问卷调查。

（二） 样本户收入影响因素模型选择及指标体系设计

为进一步分析样本户农民收入水平及制约因素，本研究运用线性回归模型和分位数回归模型对其收入水平影响因素进行分析，并探究制约农户收入水平的主要因素。

1. 理论分析

（1）农民家庭收入

农民家庭收入是反映农民在一定时期内实际收入水平的重要指标，主要包括工资性、家庭经营性、财产性、转移性四个方面的收入。从目前遵义市农村生产经营方式的角度看，样本户家庭收入主要包括以下4个部分。

①家庭农业生产经营收入：这是实行家庭承包制后农民取得收入的最主要方式，也是最稳定的方式。根据数据统计，2013年遵义市家庭农业生产经营收入仍占家庭总收入的45%（根据2012年遵义社会经济统计年鉴），由此可见，这部分以农业种养业为主的收入来源仍是目前样本户家庭经营性收入的基本部分。

②家庭从事非农经营收入：主要包括样本户在家庭农业经营之外进行的诸如工业、商业等第二、第三产业收入。这是样本户的一个重要增收点，也是发展农村市场经济，繁荣农村经济的重要内容。

③集体经济收入：集体经济收入曾是改革开放后乡镇企业等集体经济刚刚兴起时农民的重要增收来源，但是由于近年来各种形式的农村集体经济都遇到了资金、技术、管理、人才、市场等问题，集体经济收入的增长缓慢。

④其他各种收入：包括外出务工收入以及来自各种财产投资性的收入、政府财政或支农政策的转移性收入、租赁变卖财产收入、亲友赠送等各种收入。

（2）影响样本户家庭收入的主要因素

①家庭劳动力数

劳动力一般是指具有劳动能力的人口，年龄处于适合参加劳动的阶段，作为生产者统计的人口。劳动适龄人口在人口中的比重，称为抚养指数，表示每个劳动适龄人口的负担程度。家庭劳动力数是指单个家庭中所具有的劳动适龄人口，对于一个家庭而言，劳动力数量越多，家庭可能具有更多的收入来源，家庭将会有更高的收入。因此，样本户家庭劳动力数量可能会影响农户家庭收入。

②家庭耕地面积

耕地指种植农作物的土地，包括熟地，新开发、复垦、整理地，休闲地（含轮歇地、轮作地），以种植农作物（含蔬菜）为主，间有零星果树或其他树木的土地，平均每年能保证收获一季的已垦滩地和海涂等。样本户家庭耕地是农户农业生产经营收入的主要来源。因而，农户家庭耕地面积可能会影响样本户的家庭总收入。

③家庭成员平均受教育年限

家庭成员平均受教育年限是指农户家庭成员总受教育年限与家庭人口的比值，说明了家庭成员总体的教育水平。2013 年贵州省 6 岁及以上人口的平均受教育年限为 7 年，低于我国国民人均受教育年限（8.5年）。家庭成员平均受教育年限越高在面对生产生活问题的时候，越可以迅速想出解决问题的办法，使自己能很快地走出困境，同时，在生产发展、创业就业上将更有优势。因而，家庭成员平均受教育年限将可能影响样本户家庭的总收入。

④家庭经营性支出

家庭经营性支出指农村住户以家庭为基本生产经营单位从事生产经营活动而消费的商品和服务、自产自用产品。所消费的未计算为住户收入的自产自用产品，不计算为费用支出；库存的化肥、农药也不计算为本期费用支出，即农户家庭用于从事生产经营活动的支出。家庭经营性支出反映了家庭生产经营的规模，家庭经营性支出越大，说明家庭生产经营规模也越大，从而影响样本户家庭总收入。

⑤转移性收入

转移性收入就是指国家、单位、社会团体对居民家庭的各种转移支付和居民家庭间的收入转移。样本户家庭的转移性收入包括移民直补资金、粮食直补、农机补贴等。转移性收入对农村居民生产、生活都具有较大的影响，一般而言，农民家庭转移性收入能够保证农民家庭生活，提高农民家庭生产经营投入。因而，转移性收入在一定程度上可能影响样本户家庭总收入。

⑥外出务工收入

市场经济条件下，外出务工成了农民获得农业收入以外收入的新选择。这是一种工资性收入，据不完全统计，2013 年农民务工收入占农户家庭总收入的 80%。外出收入以其广阔的增长空间成为当前增加农民收入、缩小城乡差距的重要切入点。而大量外出务工的农民工也成了我国实现城市化、现代化的重要推动力。因此，样本户务工收入也可能是影响其家庭收入的重要因素之一。

（三）模型构建

本研究运用柯布－道格拉斯（Cobb–Douglas）生产函数对乌蒙山片区遵义地区样本户收入影响因素进行研究。柯布－道格拉斯生产函数一般形式为：

$$Y = f(L, K, S) = AL^{\alpha}K^{\beta}S^{\gamma}$$

式中 Y 为产出，L、K、S 为劳动力、资本、土地的投入，α、β、γ 为劳动力、资本、土地的产出弹性。

为更准确地研究样本户收入的影响因素，对柯布－道格拉斯生产函数加以扩展：（1）加入农民家庭平均教育年限 E；（2）加入转移性收入 T，作为政府转移性支付对农民收入的影响；（3）加入务工收入 W，作为劳动力转移对农户收入的影响。扩展后农户家庭收入模型为：

$$Y = f(L, K, S, T, E) = AL^{\alpha}K^{\beta}S^{\gamma}T^{\delta}E^{\varphi}W^{\kappa}$$

通过对数转化，扩展后的农户家庭收入模型可以转化为：

$$\ln Y = A + \alpha\ln L + \beta\ln K + \gamma\ln S + \delta\ln T + \varphi\ln E + \kappa\ln W + \xi$$

式中：$\ln Y$ 为农民家庭收入的对数形式；$\ln L$ 为农民家庭劳动投入（家庭劳动力数）的对数形式；$\ln K$ 为移民家庭资本投入的对数形式，考虑数据的可得性，本研究以生产经营性支出代替；$\ln S$ 为农民家庭土地投入，即农民实际耕地面积；$\ln T$ 为农民转移性收入的对数形式（移民的直补资金和农民的粮食直补等）；$\ln E$ 为家庭成员平均受教育年限的对数形式；$\ln W$ 为农户务工收入的对数形式。

本研究首先采用 OLS 回归方法对扩展后的样本户收入模型进行估计。鉴于 OLS 回归分析易受极端值影响，本研究采用 Koenker 和 Bassett（1978）提出的分位数回归方法（Quantile Regression）解决这个问题。分位数回归使用残差绝对值的加权平均（比如，$\sum_{i=1}^{n} \mid e_i \mid$）作为最小的目标函数，故而不易受极端值的影响，且分位数回归能分析各个因素对数形式对样本户家庭收入对数形式分布规律的影响。因此，为考察不同分位数上农户家庭收入对数形式的影响因素，建立分位数回归模型如下：

$$Quant_\theta(\ln Y_i \mid \ln X_i) = \partial_\theta \ln X_i$$

式中：$Quant_\theta(\ln Y_i \mid \ln X_i)$ 表示 $\ln Y_i$ 在给定 $\ln X_i$ 的情况下与分位点 θ（$0 < \theta < 1$）对应的条件分位数；$\ln X_i$ 为农户家庭收入各个投入要素的对数形式（即 $\ln L$、$\ln K$、$\ln S$、$\ln T$、$\ln E$ 等）；∂_θ 为 θ 分位数回归系数向量，其估计量 ∂_θ 可以由以下最小化问题来定义：

$$\min_{\partial_\theta} \sum_{i:\ln Y_i \geq \ln X_i \partial_\theta}^{n} \theta \mid \ln Y_i - \ln X_i \partial_\theta \mid + \sum_{i:\ln Y_i < \ln X_i \partial_\theta}^{n} (1 - \theta) \mid \ln Y_i - \ln X_i \partial_\theta \mid$$

最后采用 bootstrap 密集算法技术可以对 ∂_θ 进行估计，即通过不断地进行有放回抽样而获得样本的置信区间，从而对系数加以推断。

（四）样本户家庭收入影响因素分析

1. 变量定义与描述

（1）变量的定义

表 6 - 3 对理论分析和模型构建中选取的遵义市样本户家庭年收入和影响农户家庭年收入的因素进行定义。

表 6 - 3　遵义样本户家庭收入及其影响因素的定义

变　　量	符　号	对数符号	定义（单位）
家庭年收入	Y		2013 年农户家庭实际总收入（元）
家庭劳动力数	L	$\ln l$	2013 年家庭劳动力数（个）
家庭耕地面积	S	$\ln S$	2013 年农户家庭实际耕地面积（亩）
家庭成员受教育年限	E	$\ln E$	2013 年农户家庭成员实际受教育年限（年）
家庭经营支出	K	$\ln K$	2013 年农户家庭实际经营性支出（元）
转移性收入	T	$\ln T$	2013 年农户家庭实际转移性收入（元）
务工收入	W	$\ln W$	2013 年农户家庭实际务工收入（元）

（2）变量的描述

表 6 - 4 为样本户家庭收入及其影响因素的描述。

表 6 - 4　遵义样本户家庭收入及其影响因素描述

变　　量	样本量	平均数	最大值	最小值	标准差
家庭年收入（元）	620	24307.03	130600	1000	18534.43
家庭劳动力数（个）	620	3.19	8	1	1.47
土地面积（亩）	620	2.57	15	0	2.41
家庭成员受教育年限（年）	620	7.82	11.4	6	1.07
家庭经营支出（元）	620	2357.31	60000	0	5263.99
转移性收入（元）	620	2650.56	39600	0	2892.07
务工收入（元）	620	10336.44	110000	0	14190.01

可以看出，在获取的 620 份样本中，农户平均家庭年收入为 24307.03 元，样本中家庭年收入最高为 130600 元，最低为 1000 元。在选取的影响农户家庭收入的因素中，样本户平均家庭劳动力数为 3.19 人，最大值为 8 人，最小值为 1 人；家庭平均土地面积为 2.57 亩，最大值为 15 亩，最小值为 0 亩；家庭成员平均受教育年限均值为 7.82 年，其中最大值为 11.4 年，最小值为 6 年；家庭平均经营性支出为 2357.31 元，其中最大值为 60000 元，最小值为 0 元；家庭平均转移性收入 2650.56 元，其中最大值为 39600 元，最小值为 0 元；家庭平均务工收入为 10336.44 元，其中最大值为 110000 元，最小值为 0 元。

2. OLS 结果分析

本研究运用 Stata12 对扩展后的农户家庭收入模型进行 OLS 回归估计，模型估计结果如表 6－5 所示。

表 6－5　遵义样本户家庭收入模型 OLS 回归估计结果

变量符号	Coef.	Std. Err.	t	P > t
LnL	0.601***	0.057	10.490	0.000
LnS	−0.005	0.032	−0.140	0.887
LnK	0.046***	0.007	6.280	0.000
LnE	0.328	0.212	1.540	0.123
LnT	0.067***	0.009	7.390	0.000
LnW	0.063***	0.006	10.400	0.000
_cons	7.533***	0.440	17.110	0.000
Number of obs = 620			F (6613) = 71.760	
Adj R－squared = 0.407			Prob > F = 0.000	

注：***、**、* 分别表示在 1%、5%、10% 的显著水平显著。样本中存在土地面积、家庭经营支出、转移性收入、务工收入等变量最小值为 0 的情况，在求对数的过程中将 0 值修正为 1 值。

从表 6－5 可以看出，家庭劳动力数量对数形式（LnL）对样本户家庭收入对数形式存在显著的影响（1% 的显著水平下显著，且符号为正），即在其他条件不变的情况下，样本户家庭的劳动力数量越多，农户家庭收入将越高。

生产经营性支出对数形式（LnK）对样本户家庭收入对数形式存在显著的影响（1% 的显著性水平下显著，且符号为正），即在其他条件不变的情况下，一定范围内提高生产经营性支出，将提升样本户家庭收入。

转移性收入对数形式（LnT）对样本户家庭收入对数形式存在显著的影响（1% 的显著性水平下显著，且符号为正），即在其他条件不变的情况下，加大对样本户的补助（包括对移民的直补），将提升样本户家庭收入。

务工收入对数形式（LnW）对农户家庭收入对数形式存在显著的影响（1% 的显著性水平下显著，且符号为正），即在其他条件不变的情况下，增加农户的务工收入，将提升农户家庭收入。

耕地面积对数形式（LnS）和家庭成员平均受教育年限对数形式（LnE）在OLS模型估计结果中并不显著，即耕地和受教育程度对样本户家庭收入的影响不大，但OLS回归结果不能区分它们对高收入和低收入两种类型农户的影响。

3. 分位数回归结果分析

运用Stata12采用bootstrap方法对扩展后的样本户家庭收入模型进行分位数回归估计，表6-6为样本户家庭收入的第0.25、0.50、0.75个分位点模型估计结果（0.25、0.50、0.75可分别认为是较低收入、中等收入和较高收入的农户）。同时，为进一步解释各个影响因素对农户家庭收入模型影响的完整情况，本研究运用Stata12列出农户家庭收入分位数回归的系数变化情况。

表6-6　遵义样本户家庭收入模型分位数回归估计结果

变量符号	θ = 0.25		θ = 0.5		θ = 0.75	
	Coef.	P > t	Coef.	P > t	Coef.	P > t
LnL	0.586***	0.000	0.582***	0.000	0.457***	0.000
LnS	0.087*	0.060	-0.023	0.666	-0.033	0.193
LnK	0.024**	0.039	0.050***	0.000	0.032***	0.000
LnE	-0.156	0.367	0.518	0.209	0.540*	0.057
LnT	0.070***	0.000	0.069***	0.000	0.056***	0.000
LnW	0.111***	0.000	0.060***	0.000	0.045***	0.000
_ cons	7.776***	0.000	7.183***	0.000	7.959***	0.000
Number of obs	620		620		620	
Pseudo R^2	0.352		0.196		0.165	

***、**、*分别表示在1%、5%、10%的显著水平显著。

可以看出，各因素对数形式对样本户家庭收入对数形式在第0.25、0.50、0.75个分位点的影响具有明显差异，具体表现在以下方面。

（1）家庭劳动力数量的影响

家庭劳动力数量对数形式（LnL）在第0.25、0.50、0.75个分位点上均达到显著（均在 1% 的显著水平显著，且符号均为正）。说明无论是对于较高收入农户还是对于较低收入的农户，家庭劳动力数量始终对其家庭收入存在显著的正向影响，然而随着分位点的升高，家庭劳动力数量对数形式影响系数逐渐下降，即随着样本户家庭收入的不断增加，家庭劳动力数对农户家庭收入的影响逐渐削弱。

从图 6 - 2 中可以清晰地看出，对于低收入农户而言，家庭劳动力数对其家庭收入存在较大的影响，随着农户家庭收入的增加，家庭劳动

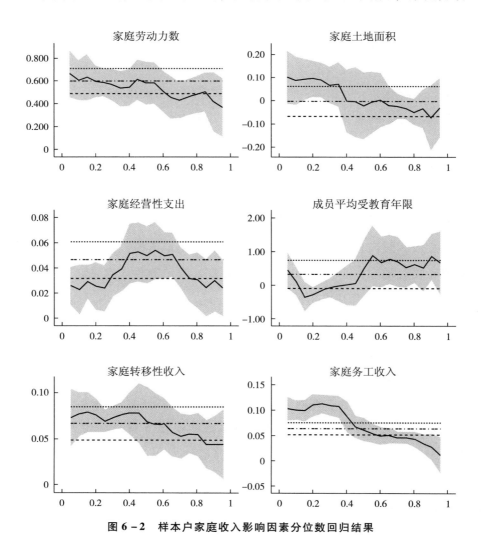

图 6 - 2　样本户家庭收入影响因素分位数回归结果

力数对其家庭收入的影响在逐渐减小。因而，对于样本户而言，劳动力资源流失，将是难以提升家庭收入的重要原因。

（2）家庭土地面积的影响

家庭土地面积对数形式（LnS）在第 0.25 个分位点上达到显著（10% 的显著水平，且符号为正），在第 0.50、0.75 个分位点上均未达到显著。说明对于家庭收入较低的 25% 的农户，土地资源将是其家庭收入的重要支撑，是较低收入农户家庭的口粮地，对其家庭收入是具有一定影响的。而对于中等家庭收入（0.50 个分位点上）和较高家庭收入（0.75 个分位点上）的农户来说，土地资源对其收入的影响不大。

对于较低家庭收入的农户（0.4 个分位点以下），家庭土地面积对其家庭收入存在较大的影响，而对于中等家庭收入和较高家庭收入（0.4 个分位点以上）的农户，家庭土地面积对其家庭收入的影响逐渐减少，以至于削弱为零，甚至存在负向影响。可能的原因是，调查区域土地资源较为稀缺，人均土地面积稀少，对于较低收入家庭而言，家庭土地是其口粮的重要来源，而较高家庭收入农户选择外出务工或自主创业，对家庭承包土地的耕种意愿相对较低。因此，应适当鼓励样本户土地流转，将家庭收入较高且不愿意耕种土地的农户的土地流转到少部分收入较低且愿意耕种的农户手上，提高较低家庭收入农户的收入水平。

（3）生产经营性支出的影响

生产经营性支出对数形式（LnK）在第 0.25、0.50、0.75 个分位点上均达到显著（分别在 5%、1%、1% 的显著水平显著，且符号均为正）。说明无论是对于较低家庭收入农户还是对于较高家庭收入农户，家庭经营性支出对其家庭收入都存在正向的显著影响，即家庭经营性支出越多，家庭收入将会越高。从影响系数的变化上看，在 0.25 个分位点，家庭经营性支出对家庭收入的影响系数为 0.024，在 0.50 个分位点，家庭经营性支出对家庭收入的影响系数为 0.050，在 0.75 个分位点，家庭经营性支出对家庭收入的影响系数为 0.032，影响系数呈现先增大后减小的趋势。说明对于较低家庭收入农户而言，增加经营性支出能够提高其家庭收入，但由于受到土地面积、劳动力人数等客观因素的影响，经营性支出对较低家庭收入农户的影响相对中等家庭收入和高等家庭收入的农户略低，随着农户家庭收入的提高，经营性支出对家庭收入的作用增加，经营性支出对家庭收入的影响在中等家庭收入农户上面达到最大，而对较高收入的农户的影响反而逐渐减弱。

家庭经营性支出对农户家庭收入的影响呈倒 U 形，对 0.4 个分位点到 0.7 个分位点上的农户家庭收入影响最大。

（4）家庭成员平均受教育年限

家庭成员平均受教育年限对数形式（LnE）在第 0.75 个分位点上达到显著（10% 的显著水平，且符号为正），在第 0.25、0.50 个分位点上均未达到显著。说明对于较低家庭收入和中等家庭收入的农户而言，受教育年限对其家庭收入的增加并没有太大的影响，而对于较高家庭收入的农户而言，受教育年限长的农户能够有效增加其家庭收入。

家庭成员平均受教育年限对样本户家庭收入的影响呈上升趋势，随着分位点的增加（农户家庭收入的增加）家庭成员平均受教育年限对农户家庭收入的影响不断增加。因而，增加农户受教育年限能够增加农户的家庭收入。

（5）转移性收入的影响

转移性收入对数形式（LnT）在第 0.25、0.50、0.75 个分位点上均达到显著（均在 1% 的显著水平显著，且符号均为正）。说明无论是对于较高收入农户还是对于较低收入的农户，转移性收入始终对其家庭收入存在显著的正向影响，然而随着分位点的升高转移性收入对数形式影响系数逐渐下降（第 0.25 个分位点为 0.070，第 0.50 个分位点为 0.069，第 0.75 个分位点为 0.056），即随着样本户家庭收入的不断增加，高转移性收入对农户家庭收入的影响逐渐削弱。

对于低收入农户而言，转移性收入对其家庭收入存在较大的影响，随着农户家庭收入的增加，转移性收入对其家庭收入的影响在逐渐减小。因而，对于样本户而言，实行差别补助的方式有助于提高农户的家庭收入，一方面要增加低收入家庭农户的转移性收入，提高较低收入农户的家庭收入，另一方面要改变中等以上家庭收入农户的补助方式，实行以奖代补等方式，鼓励中等或较高家庭收入农户创业，带动较低收入农户致富，共奔小康。

（6）家庭务工收入的影响

务工收入对数形式（LnW）在第 0.25、0.50、0.75 个分位点上均达到显著（均在 1% 的显著水平显著，且符号均为正），说明无论是对于较高收入农户还是对于较低收入的农户，务工收入始终对其家庭收入存在显著的正向影响，然而随着分位点的升高，务工收入对数形式影响系数逐渐下降（第 0.25 个分位点为 0.111，第 0.50 个分位点为 0.060，第 0.75 个分位点为 0.045），说明随着样本户家庭收入的不断增加，务工收入对农户家庭收入的影响逐渐削弱。

从图 6-2 中也可以看出，务工收入对样本户家庭收入的影响呈下降趋势，即随着农户家庭收入的增加，务工收入对其家庭收入的影响逐渐下降。因此，对于样本户而言，应鼓励较低收入且缺少生产资源的农户外出务工，增加农户家庭收入，鼓励较高收入的农户回乡创业，增加移民示范村的整体收入。

4. **结论与发现**

本研究通过 OLS 回归方法对扩展后的样本户家庭收入模型进行估计，得到各种因素对农户家庭收入的影响，进而采用分位数回归方法对扩展后的农户家庭收入模型进行估计，并分析相关因素对农户家庭收入分位数的影响，最终发现：（1）随着农户家庭收入的增加，家庭劳动力数对其家庭收入的影响在逐渐减小；（2）土地面积对于较低家庭收入农户的家庭收入影响较大，对中高家庭收入农户的家庭收入影响不大；（3）家庭经营性支出对农户家庭收入的影响呈倒 U 形，对中等家庭收入的影响最大；（4）家庭成员平均受教育年限对中低家庭收入农户的影响不大，但能够提升较高家庭收入农户的家庭收入；（5）转移性收入对低收入农户存在较大的影响，对中高家庭收入农户的影响下降；

（6）务工收入对低收入农户存在较大的影响，对中高家庭收入农户的影响下降。

基于以上结论，提升样本户家庭收入的政策含义在于：

（1）改变转移性收入方式，针对不同收入人群使用不同的补贴方式，农民观念相对落后，实行"以奖代补"的方式更能提高样本户家庭收入。

（2）鼓励土地流转，培育种、养大户。一方面鼓励一部分较低收入农户外出务工，一部分思想先进的农户成为种、养大户；另一方面鼓励较高收入农户回乡创业，建设村级企业、农业专业合作社，发展村级特色产业链。

（3）增加农民培训，提高农民素质。针对不同文化水平的农户进行不同技能的培训，培育新型农业经营主体，构建新型农业经营体系。

（五）样本户创业意愿及影响因素分析

党的十八大明确提出要着力促进农民增收，保持农民收入持续较快增长，发展多种形式规模经营，构建集约化、专业化、组织化、社会化相结合的新型农业经营体系。2015 年中央一号文件再次突出强调着力构建新型农业经营体系，而农户创业是其重要组成部分。改革开放以来，我国农户创业活跃度迅猛提升。1992～2011 年，农户创业人数从 1744 万人增加到 3228 万人，增长 1484 万人，增幅达 85.09%，农户创业人数占农村就业人数比重从 3.66% 提高到 7.97%，增长了 1 倍多。支持和鼓励农户创业政策已经成为增加农民收入，缩小城乡居民收入差距，实现农村剩余劳动力就业和推动城镇化的重要手段。对农户尤其是贫困户创业活动的内在规律进行研究，分析其作用机理和影响因素，为地方政府制定农户创业的支持政策提供依据，显得尤为必要①。以下对

---

① 刘新智、刘雨松、李璐：《创业环境对农户创业行为选择的影响》，《西南大学学报》（自然科学版）2015 年第 4 期，第 1~8 页。

农户创业意愿及创业意愿影响因素进行分析，旨在寻找影响农户创业的主要因素，为提供鼓励农户创业的政策建议提供有效性、针对性和科学性的依据。

1. 变量的选取

农民创业意愿受自身特征、心理收益、政策制度、成本等因素的影响，根据遵义市农村地区实际情况，本研究选取是否缺乏启动资金、信息不灵、缺乏技术、找不到好项目、不想冒险，家庭平均受教育年限，家庭劳动力数，家庭耕地面积，家庭总收入，家庭农业收入比重，转移性收入，当地治安环境，是否受到歧视，是否参加培训等十四项因素分析遵义市农户创业意愿。

2. 变量的定义与描述

对选取的样本户创业意愿和影响农户创业意愿的因素进行定义，如表 6 - 7 所示。

表 6 - 7　遵义样本农户创业意愿及其影响因素的定义

变　量	定义（单位）
愿意创业	0 = 不愿意；1 = 愿意
缺乏启动资金	0 = 否；1 = 是
信息不灵	0 = 否；1 = 是
缺乏技术	0 = 否；1 = 是
找不到好项目	0 = 否；1 = 是
不想冒险	0 = 否；1 = 是
家庭平均受教育年限	2013 年农户家庭实际平均受教育年限（年）
家庭劳动力数	2013 年家庭劳动力数（个）
家庭耕地面积	2013 年农户家庭实际耕地面积（亩）
家庭总收入	2013 年农户家庭实际总收入（元）
家庭农业收入比重	2013 年农业收入/家庭总收入
转移性收入	2013 年农户家庭实际转移性收入（元）
当地治安环境	1 = 较差；2 = 差；3 = 中；4 = 好；5 = 较好
是否受到歧视	0 = 否；1 = 是
是否参加培训	0 = 否；1 = 是

在样本户创业意愿及其影响因素定义的基础上，对它们进行描述性统计（如表6-8所示）。

表6-8 遵义样本户创业意愿及其影响因素的描述统计

变　量	样本量	平均数	最大值	最小值	标准差
农民创业意愿	620	0.70	1	0	0.46
缺乏启动资金	620	0.86	1	0.00	0.34
信息不灵	620	0.49	1	0	0.50
缺乏技术	620	0.49	1	0	0.50
找不到好项目	620	0.32	1	0	0.47
不想冒险	620	0.10	1	0	0.30
家庭平均受教育年限	620	7.82	11.4	6	1.07
家庭劳动力数	620	3.19	8	1	1.47
家庭耕地面积	620	2.57	15	0	2.41
家庭总收入	620	24307.03	130600	1000	18534.43
家庭农业收入比重	620	0.33	1	0	0.33
转移性收入	620	2650.56	39600	0	2892.07
当地治安环境	620	3.90	5	1	1.01
是否受到歧视	620	0.17	1	0	0.38
是否参加培训	620	0.28	1	0	0.45

可以看出，620个样本中农民创业意愿平均数为0.70，说明样本中有70%的农户愿意创业，30%的农户不愿意创业。

样本户不愿意选择创业的影响因素中，缺乏启动资金的平均数为0.86，即大部分农户因为缺乏启动资金不愿意创业；信息不灵平均数为0.49，说明农村信息化建设还不够完善；缺乏技术平均数为0.49；找不到好项目平均数为0.32；不想冒险平均数为0.10；家庭平均受教育年限平均数为7.82，说明样本户家庭平均受教育年限仍不长，低于全国平均水平；样本户家庭劳动力数平均数为3.19；家庭平均耕地面积为2.57亩；家庭平均总收入为24307.03元；家庭农业收入比重为0.33，农业收入占比并不高；转移性收入平均值为2650.56元；当地治安环境评价的平均数为3.90，趋于好；样本户是否受到歧视平均数为

0.17，即有 17% 的农户受到歧视；有 28% 的农户参加过培训，说明培训力度有待加大。

3. 模型构建

为进一步分析样本户创业意愿的影响因素，需要构建计量模型深入分析。假设存在创业预期收入函数 y_i^*，且 $y_i^* = g(d)$，实际观测变量为 y_i。则有：

$$y_i^* = x_i\beta + u_i$$

其中，x_i 表示本研究选取的影响样本户创业意愿的各种因素，β 表示各因素模型估计系数。那么，当 $y_i^* > 0$ 时，实际观测变量 $y_i = 1$，即样本户愿意创业；当 $y_i^* < 0$ 时，实际观测变量 $y_i = 0$，即样本户不愿意创业。由此，样本户愿意创业的概率为：

$$p(y_i = 1 \mid x) = p(y_i^* > 0 \mid x) = p(u_i > -x_i\beta) = 1 - F(-x_i\beta) = F(x_i\beta)$$

其中 F 是 u_i 的累计分布函数，本研究令 F 为正态分布，即 u_i 服从正态分布，则样本户愿意创业的概率可以进行如下转化：

$$p(y_i = 1 \mid x) = E(y_i \mid x) = F(x_i\beta) = \frac{1}{\sqrt{2\pi}}\int_{-\infty}^{x_i\beta} e^{-\frac{t^2}{2}} dt$$

4. 模型结果分析与发现

在模型构建的基础上，运用 Stata12 对模型进行估计，获得估计结果如表 6 − 9 所示。

表 6 − 9　遵义样本户创业意愿模型估计结果

变　　量	Coef.	z	P > z
缺乏启动资金	− 0.837 *	− 1.930	0.053
信息不灵	− 1.656 ***	− 5.580	0.000
缺乏技术	− 0.739 ***	− 2.680	0.007
找不到好项目	− 0.658 **	− 2.240	0.025
不想冒险	− 2.495 ***	− 5.910	0.000
家庭平均受教育年限	0.026	0.210	0.836

续表

变　量	Coef.	z	P > z
家庭劳动力数	0.135	1.380	0.169
家庭耕地面积	0.230***	3.810	0.000
家庭总收入	0.000	− 0.600	0.550
家庭农业收入比重	− 3.762***	− 8.600	0.000
转移性收入	0.000	− 0.690	0.492
当地治安环境	0.415***	2.850	0.004
是否受到歧视	− 1.510***	− 4.450	0.000
是否参加培训	1.413***	3.860	0.000
_ cons	2.366*	1.940	0.052
Number of obs	620	Prob > chi^2	0.000
LR chi^2 （14）	359.270	Pseudo R^2	0.473

*** 、** 、* 分别表示在 1% 、5% 、10% 的显著水平显著。

可以看出，各因素对样本户创业意愿的影响存在明显的差异，具体表现在以下几个方面。

（1）缺乏启动资金的影响

模型估计结果显示，缺乏启动资金变量在模型估计结果中达到显著（在 10% 的显著水平显著，且符号为负），说明缺乏启动资金是影响样本户创业意愿的主要因素之一，且越缺乏启动资金的农户越不愿意创业。因此，需要加快农村金融体系构建，多渠道、多方面解决农村融资难问题，保证样本户拥有创业启动资金。一方面要构造有适度竞争的农村金融体系，通过市场竞争机制，引导民间借贷，发挥民间借贷对正规金融体系的补充作用；另一方面也要允许农村民间金融组织合法地吸收社会资本和民间资金，拓宽农村储蓄转化为投资的渠道，满足区域经济的发展和农户创业资金的需求；同时还要加强社会信用制度的建设。

（2）信息不灵的影响

农民信息不灵变量在模型估计结果中达到显著（1% 的显著水平，且符号为负），说明农民缺乏市场信息是样本户不愿意创业的主要因素之一，且缺乏启动资金、信息不灵通的农户更不愿意创业。因此，需要加快区域信息化建设步伐，保证想要创业的农民具有良好的信息条件。一方面要加强信息化网络平台建设，发展电信网、广电网等信息网络，既要加强以电视、电信、广播为主体的传统媒体的发展，同时也要加强农村互联网的发展，加快构建当地有质量的农业信息网站；另一方面要加快农业信息技术的推广速度，保证农村信息服务深入各家各户。

（3）缺乏技术的影响

缺乏技术变量在模型估计结果中达到显著（在1%的显著水平显著，且符号为负），说明缺乏技术是影响样本户创业意愿的主要因素之一，且越缺乏技术的农户越不愿意创业。因此，可以在国家大力培育新型职业农民的背景下，抓住机遇，加强新型农民创业技能及其他技能的培训。一方面解决农民创业技能培训的经费问题，大力开展农民创业脱贫培训，提升农民文化素质；另一方面要建立和完善劳动力市场服务体系，开发示范村农户就业创业发展平台，引导农户自主创业。

（4）缺乏好项目的影响

缺乏好项目变量在模型估计结果中达到显著（在1%的显著水平显著，且符号为负），说明缺乏好项目是影响样本户创业意愿的主要因素之一，且缺乏好项目使得农户不愿意创业。因此，区域应依据自身优势特色资源，指导农户开发良好的创业项目，如种植业的药材种植、水果种植、蔬菜种植等；农产品加工业的种植食用菌、精深加工等；养殖业的鱼、鸡、鸭、猪、牛、蝎子、黄鳝等养殖。

（5）农户不想冒险的影响

农户不想冒险变量在模型估计结果中达到显著（在1%的显著水平显著，且符号为负），说明农户自身不想冒险是影响样本户创业意愿的主要因素之一，且农户越不想冒险越不愿意创业。因此，需要加强引导农户，开展培训，提高其市场风险意识，改变农民落后的思想观念。

（6）家庭耕地面积的影响

家庭耕地面积变量在模型估计结果中达到显著（在1%的显著水平显著，且符号为正），说明农户家庭耕地面积是影响样本户创业意愿的主要因素之一。因此，需要鼓励样本户土地流转，培养一批规模大户，促进小康目标实现。一方面要规范区域土地流转的中介组织，拓宽农民就业渠道；另一方面，要解决区域土地流转问题，必须要健全社会保障体系，给予农民最低的养老保障、医疗保障以及生活保障等各方面的保障，从而消除农民对土地流转出去后没有生活和养老保障的顾虑。

（7）家庭农业收入比重的影响

家庭农业收入比重变量在模型估计结果中达到显著（在 1% 的显著水平显著，且符号为负），说明家庭农业收入比重是影响农户创业意愿的主要因素之一，且家庭农业收入比重越高的农户越不愿意创业。因此，要多方面拓宽区域农户就业渠道，使农民收入不仅仅局限在农业收入上。一方面，在积极做好农村劳动力技能培训工作的同时，努力做好创业就业服务工作；另一方面，可以根据市场需求和农民就业培训意愿，合理开设电工、花卉种植、蔬菜种植、中式烹饪、汽车驾驶、美容、美发、家禽饲养、营业员、客房服务员、计算机文字录入处理等培训科目，增强培训的针对性和实用性。

（8）当地治安环境的影响

当地治安环境变量在模型估计结果中达到显著（在 1% 的显著水平显著，且符号为正），说明农户当地治安环境是影响样本户创业意愿的主要因素之一，且治安环境越好农户越愿意创业。因此，要以扶贫开发、新农村与城乡一体化建设为契机，着力构建良好的农村社会治安环境，为农民提供良好的创业环境。一方面要以稳定生产、生活安全为基础，实现"乡风文明"，农民群众要破除迷信、移风易俗，反对陈旧落后的思想观念；另一方面要引导农民按规划建房、修道路、搞绿化、整治村组环境，做到"村容整洁"。最后，要实现"民主管理"，没有稳定的社会环境，民主就无法实现，那么何谈农民创业发展，何以实现小康目标。

（9）是否受到歧视的影响

是否受到歧视变量在模型估计结果中达到显著（在 1% 的显著水平

显著，且符号为负），说明农民是否受到歧视是影响样本户创业愿意的主要因素之一，且越受到歧视的农户越不愿意创业。因此，要破除旧观念，做好村内民族团结、村组友好、邻里和睦、婆媳融洽、夫妻恩爱工作，才能使农户有更强的创业意愿。

（10）是否参加培训的影响

是否参加培训变量在模型估计结果中达到显著（在1%的显著水平显著，且符号为正），说明农户是否参加培训是影响样本户创业意愿的主要因素之一，且越是参加过培训的农户越愿意创业。因此，开展农民培训是提高农户创业意愿的重要途径。一方面要积极引导，加强农户创业技能培训，做好农户的技能培训工作；另一方面也要加强农村职业教育的发展，提高农民自身素质。总之，农民的文化水平高和思想观念先进在一定程度上是农户发家致富的根本原因。

家庭平均受教育年限、家庭劳动力数、家庭总收入、转移性收入四个因素在模型估计结果中并不显著，即它们对农户创业意愿的影响不大，可能的原因是：一方面样本户整体受教育年限并不长，受教育水平对农户创业的影响并不能很好地体现；家庭劳动力数量能够提高家庭总收入，拥有较高的家庭总收入的农户可能并不想冒险创业，因为自己本身已经有了较高的收入，大多都觉得没有冒险的必要；另一方面转移性收入对农户创业意愿的影响不大，可能是由于农户的转移性收入能满足农户创业的资金需求，同时如果补贴资金给予一些思想观念落后、好吃懒做的农民反而会进一步助长农户坐等补助的心理，因此，建议农户转移性收入按"以奖代补"的方式给予农户，鼓励农户自主创业。

三 微观层面分析之二：罗霄山片区样本户 家庭收入影响因素分析

（一）样本数据来源

研究数据来源于对罗霄山片区江西赣州地区石城县、瑞金市、兴国县、井冈山市、乐安县、永新县等 6 个县区 210 户贫困样本户所做的调研。

（二）模型构建

以 C－D 柯布－道格拉斯生产函数为基础，在 C－D 生产函数的基础上进行变换、改装。柯布－道格拉斯（Cobb－Douglas）生产函数原始模型的一般形式为：

$$Y = F(L,K,S) = A\,L^a\,K^b\,S^c$$

两边取对数得到：

$$\ln Yj = \ln A + \alpha \ln Lj + b \ln Kj + c \ln Sj$$

式中，Yj 表示第 j 个贫困家庭年末人均纯收入，Lj 表示第 j 个贫困家庭经营劳动力投入，Kj 表示第 j 个贫困家庭经营资金投入，Sj 表示第 j 个贫困家庭耕地面积，$\ln Yj$ 表示第 j 个贫困家庭年末人均纯收入的对数形式；$\ln Lj$ 表示第 j 个贫困家庭劳动力数量的对数形式；$\ln Kj$ 表示第 j 个贫困家庭经营资金投入的对数形式；$\ln Sj$ 表示第 j 个贫困家庭耕地面积的对数形式；$\ln A$ 为常数，参数 α、b、c 分别表示劳动力、资金、耕地面积对贫困家庭年末人均纯收入的弹性系数。

（三）样本户家庭收入影响变量选取及描述

1. 因变量

选择贫困家庭年末人均纯收入（不含补贴）作为模型的因变量。

2. 家庭特征

家庭特征包括家庭劳动力占总人口的比重、家庭成员文化程度、务工人数占总人口的比重、上学人数占总人口的比重。

假设 1：家庭劳动力占总人口的比重与样本家庭年末人均纯收入呈正相关关系。家庭劳动力比重越大，劳动力一方面可以创造更多的财富，另一方面还可以自力更生，减少家庭的生活成本，但是劳动力增多家庭整体的生活消费也就增加了，假定个人人均消费小于人均收入，故劳动力比重增加可以提高移民家庭人均收入。

假设 2：样本家庭成员文化程度与家庭年末人均纯收入呈正相关关系。家庭成员受教育水平越高，家庭成员的素质、生产技能越高，可以获取的收入越高。

假设 3：务工人数占总人口的比重与样本家庭年末人均纯收入呈正相关关系。目前，随着城镇化程度的加剧，农村劳动力剩余人口也涌向城镇，务工收入成为其主要收入来源之一。

假设 4：上学人数占总人口的比重与样本家庭年末人均纯收入呈负相关关系。上学人数占总人口的比重越大，家庭用于教育的支出越高，收入也就越低。

3. 自然资源禀赋特征

自然资源禀赋包括家庭人均耕地面积、山林面积、种植规模、养殖规模。

假设 5：人均耕地面积与样本家庭年末人均纯收入呈正相关关系。人均耕地面积越多，可耕作的田、地就越多，农业收入也就越多。

假设 6：山林面积与样本家庭年末人均纯收入呈正相关关系。山林面积越多，林业经营面积越大，林业收入就越高。

假设 7、假设 8：种植规模、养殖规模与样本家庭年末人均纯收入呈正相关关系。

4. 生产特征

生产特征包括生产道路交通方便程度、灌溉条件的便利程度以及是否使用机械。

假设 9、假设 10：生产道路交通方便程度、灌溉条件的便利程度与样本家庭年末人均纯收入呈正相关关系。生产道路交通越不方便、灌溉条件越不便利，移民进行生产、灌溉所耗费的各项成本也就越高，收入就会越低。

假设 11：是否使用机械与样本家庭年末人均纯收入呈正相关关

系。使用农业机械的家庭比未使用的效率更高，成本更节省，收入就更高。

5. 生活特征

生活特征包括住房结构、是不是低保对象、出行常用的交通工具、在当地是否受到歧视、交通通信工具数量等。

假设 12：住房结构与样本家庭年末人均纯收入呈负相关关系。住房趋于砖混结构收入偏高，其次是砖木结构，简易结构最低。

假设 13：是不是低保对象与样本家庭年末人均纯收入呈正相关关系。

假设 14：出行常用交通工具与样本家庭年末人均纯收入呈正相关关系。

假设 15：交通通信工具数量与样本家庭年末人均纯收入呈正相关关系。数量越多，就代表家庭越有经济能力来承担这些工具所耗费的费用成本，因此，收入越高。

6. 创业就业情况

创业就业情况包括从事非农产业的人数。

假设 16：从事非农产业的人数与样本家庭年末人均纯收入呈正相关关系。非农产业能够利用产业效应来带动就业、收入的增加，故从事非农产业的要比没有从事非农产业的收入高，从事的人数越多，收入就越高。

以上变量的描述性统计分析及预期方向如表 6 - 10 所示。

表 6 - 10 江西样本户家庭收入各影响变量的描述性统计分析及预期方向

变 量	均 值	中 值	最大值	最小值	标准差	预期方向
Y	7. 944	7. 937	8. 260	7. 600	0. 197	
X_1	0. 687	0. 7	1	0	0. 26	+
X_2	7. 763	7. 25	15	3	1. 721	+
X_3	0. 155	0	1. 333	0	0. 259	+
X_4	0. 203	0. 2	0. 714	0	0. 217	−

续表

变 量	均 值	中 值	最大值	最小值	标准差	预期方向
X_5	0.459	0.111	5	0	0.868	+
X_6	0.024	0	0.9	0	0.127	+
X_7	1.803	0	20	0	3.247	+
X_8	10.848	0	202	0	32.01	+
X_9	2.05	2	3	2	0.22	+
X_{10}	2.025	2	4	1	0.391	+
X_{11}	0.037	0	1	0	0.192	+
X_{12}	1.088	1	2	1	0.285	−
X_{13}	0.025	0	1	0	0.158	+
X_{14}	1.784	2	4	0	1.277	+
X_{15}	5.734	5	18	2	2.872	+
X_{16}	1.62	2	6	0	1.579	+

（四） 样本户家庭收入影响因素分析

先采用 SPSS 17.0 软件运用 Z – score 标准化法对原始变量进行标准化处理，采用 Eviews 5.0 软件进行第一次回归分析。

表 6 – 11　江西样本户家庭收入影响因素回归分析结果

变 量	Coefficient	Std. Error	t – Statistic	Prob.
X_1	0.065965 ***	0.060031	0.882297	0.0001
X_2	0.081806 **	0.116765	– 0.186749	0.0105
X_3	0.052431 *	0.036728	– 0.055123	0.0512
X_4	– 0.068801	0.038154	0.211264	0.6425
X_5	0.066910 *	0.034687	– 1.928949	0.0584
X_6	– 0.133951	0.238575	– 0.561463	0.5765
X_7	0.043963	0.034147	1.287471	0.2028
X_8	– 0.006352	0.017365	– 0.365815	0.7158
X_9	0.046984 **	0.140235	– 0.680691	0.0387
X_{10}	– 0.029621	0.074973	– 0.395085	0.6942
X_{11}	0.178615	0.137806	1.296134	0.1998
X_{12}	– 0.034596	0.081575	– 0.424100	0.6730

续表

变　量	Coefficient	Std. Error	t – Statistic	Prob.
X_{13}	0.016913	0.068654	0.246349	0.8062
X_{14}	0.062179	0.020309	3.061626	0.8733
X_{15}	0.144088 ***	0.053534	– 2.691517	0.0092
X_{16}	0.000867 ***	0.045626	– 0.019003	0.0049
C	8.382245 ***	0.390032	21.49118	0.0000
R^2	0.286032	Adjusted R^2		0.287057
F – statistic	1.437530	Prob （F – statistic）		0.000906

*、**、*** 分别表示在 10%、5%、1% 的检验水平下显著。

可以发现，在所有因素变量中，X_1（劳动力数量占总人口的比重）、X_2（样本家庭成员文化程度）、X_3（务工人数占总人口的比重）、X_5（人均耕地面积）、X_9（生产道路交通方便程度）、X_{15}（交通通信工具数量）、X_{16}（从事非农产业人数）分别在 1%、5%、10%、10%、5%、1%、1% 的检验水平下显著，对样本家庭收入有着显著的影响。

为了验证影响因素的稳健性，再把上面显著影响因素进行第二次回归分析，得出的结果仍然具有显著性。

表 6 – 12　江西样本户家庭收入影响变量第二次回归分析结果

变　量	Coefficient	Std. Error	t – Statistic	Prob.
X_1	0.076543 ***	0.073452	0.997834	0.0003
X_2	0.079803 *	0.138973	– 0.203978	0.0506
X_3	0.097834 **	0.067283	– 0.100234	0.0348
X_5	0.037081 ***	0.028312	– 1.309763	0.0043
X_9	0.057853 **	0.256734	– 0.796831	0.0178
X_{15}	0.128495 ***	0.046298	– 2.775371	0.0070
X_{16}	0.001748 ***	0.039621	0.044126	0.0049
C	8.032459 ***	0.073458	109.3471	0.0000
R^2	0.186353	Adjusted R^2		0.142372
F – statistic	4.237139	Prob （F – statistic）		0.003833

*、**、*** 分别表示在 10%、5%、1% 的检验水平下显著。

通过第二次回归分析，X_1（劳动力数量占总人口的比重）、X_2（样本家庭成员文化程度）、X_3（务工人数占总人口的比重）、X_5（人均耕地面积）、X_9（生产道路交通方便程度）、X_{15}（交通通信工具数量）、X_{16}（从事非农产业人数）分别在 1%、10%、5%、1%、5%、1%、1% 的检验水平下显著。

经过两次的回归分析可以发现，在第一次回归分析显著的因素：X_1（劳动力数量占总人口的比重）、X_2（家庭成员文化程度）、X_3（务工人数占总人口的比重）、X_5（人均耕地面积）、X_9（生产道路交通方便程度）、X_{15}（交通通信工具数量）、X_{16}（从事非农产业人数）在第二次回归分析中仍然显著，由此可见，这些因素对家庭收入有着显著的影响。

（1）X_1（劳动力数量占总人口的比重）对样本家庭人均纯收入有着正向影响，即在其他条件不变的情况下，劳动力数量占总人口的比重每增加 1%，家庭人均纯收入就增加 0.077%。劳动力是农户的基本生产资料之一。调查样本区域中农村劳动力都外出务工，家庭留守人员生产经营能力相对较弱，在这种情况下，青壮年劳动力的作用凸显，家庭每增加 1% 的劳动力，收入就会增加 0.077%。

（2）X_2（家庭成员文化程度）对家庭人均纯收入有着正向影响，即在其他条件不变的情况下，文化程度每增加 1%，家庭人均纯收入就增加 0.080%。文化程度越高，接受、使用生产经营新技术的能力也越强，经营效率也就越高，收入就会增加。

（3）X_3（务工人数占总人口的比重）对样本家庭人均纯收入有着正向影响，即在其他条件不变的情况下，务工人数占总人口的比重每增加 1%，家庭人均纯收入就增加 0.098%，且务工收入越多，家庭收入越高。

（4）X_5（人均耕地面积）对样本家庭人均纯收入有着正向影响，即在其他条件不变的情况下，人均耕地面积每增加 1%，家庭人均纯收入就增加 0.037%。耕地是家庭的主要生产资料，一般而言，耕地的增加导致生产资料的增加，大大提高了农户生产的积极性，自然而然家庭收入也会增加。但是就目前调研对象而言，贫困户所在村人均耕地较少，增加人均耕地的可能性较小，因此，把提高收入的视角转向耕地的经营方面，要求耕地经营方式从粗放向集约化、规模化转变，尽量减少耕地的抛荒，在条件适合的情况下可以流转，以提高收入。

（5）X_9（生产道路交通方便程度）对样本家庭人均纯收入有着正向影响，即在其他条件不变的情况下，生产道路交通方便程度每增加 1%，家庭人均纯收入就增加 0.058%。道路越便利，生产消耗的时间、成本越降低，积极性也就越高。

（6）X_{15}（交通通信工具数量）对样本家庭人均纯收入有着正向影响，即在其他条件不变的情况下，交通通信工具数量每增加 1%，家庭人均纯收入就增加 0.128%。交通通信工具数量越多，与外界交流越多，家庭所了解的各种社会信息就越丰富，信息交流的渠道就越畅通，收集各种致富手段的信息就越全，增收可能性就越大；相反，交通通信数量少，各种消息闭塞，信息不流通，致富可能性就小。

（7）X_{16}（从事非农产业人数）对样本家庭人均纯收入有着正向影响，即在其他条件不变的情况下，从事非农产业人数每增加 1%，家庭人均纯收入就增加 0.002%。从事非农产业人数代表的是贫困农户非农产业经营情况，非农产业收入是样本家庭收入来源之一，目前大多数样本家庭依靠非农产业脱贫致富。非农产业收益高，传统农业收益低，移民生计趋于非农化，能够促进收入的增加。

与假设不一致的变量及原因分析如下。

（1）X_7（种植规模）、X_8（养殖规模）对人均纯收入没有影响。据调查，样本区域种、养殖业相对较多，有养牛、羊，种大棚蔬菜、辣椒等，销路很好，但是他们一般没有形成统一的规模，而且种养结构较为单一，除去日常的经营开支、场地费、雇工费等，所剩无几，对移民收入的增加无济于事。

（2）X_{11}（是否使用机械）对人均纯收入增加没有影响。据调查，样本户使用机械生产作业的相当少，只有少数几个贫困户有机械，是否使用机械对收入影响不大。

（3）X_{13}（是否享受低保）对人均纯收入增加没有影响。主要是因为低保资金数额较小，每人每年 550 元，且分季度发放，不能体现资金的规模效用。同时，低保资金对贫困户收入的影响具有阶段性特征，在不同的时间段和不同的人群具有不同的特点。样本家庭收入相对单一，低保资金影响较小，且对于农村低收入人群，低保资金能显著增加农户收入。但对于收入高的农户，低保资金对收入有一定的影响，但影响度相对于其他收入的大幅增加而较小。

基于以上结论，政策含义在于：

（1）改变贫困户转移性收入方式，针对不同收入人群（低收入现金补助，中高收入差别补助，以奖代补），以及其所从事的产业（依据产业性质、水平与规模）使用不同的补贴方式，贫困农户观念相对落后，实行"以奖代补"的方式更能提高家庭收入。

（2）鼓励土地流转，培育种、养大户。一方面鼓励一部分收入较低的农户外出务工，一部分思想先进的农户成为种、养大户；另一方面鼓励收入较高的农户回乡创业（更新观念、政策引领），建设农业企业、农业专业合作社，发展村级特色产业链。

（3）强化培训，提高素质。针对不同文化水平的农户进行不同技能的培训，增加其发展的内生动力，提高其综合素质和市场竞争能力，促进其收入增加。

四　脱贫人口返贫风险防范与生计可持续发展

受到农村发展资源与环境、脱贫人口的市场适应能力与生计可持续能力等因素的综合影响，农村有相当部分的脱贫人口又重新陷入贫困。有学者做过统计，中国农村脱贫返贫率最高可达 30%[1]，且随着贫困标

---

[1]　陈端计、杨莉莎、史扬：《中国返贫问题研究》，《石家庄经济学院学报》2006 年第 2 期，第 166～169 页。

准的提高返贫率逐步上升；"每年的贫困人口中约有三分之二在下一年会脱贫，同样下一年的贫困人口约有三分之二是新返贫的人口"[①]，脱贫人口返贫问题严重影响到扶贫开发工作进程和贫困人口福祉。采取有效措施治理农村返贫现象，使脱贫后又返贫的这个特殊群体脱贫致富，对巩固扶贫开发成果，全面建成小康社会，具有十分重要的理论价值和实践意义。

（一）脱贫人口返贫风险分析框架

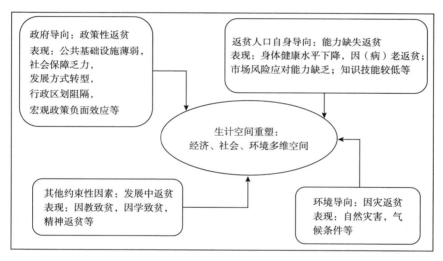

图 6-3　脱贫人口返贫风险与生计空间重构分析框架

围绕脱贫人口返贫问题，国内外学者基本上从两个视角展开探讨：一是先期预防。基于致贫因素的多维，可以从自然条件、贫困人口生计资产、社会发展环境、政策扶持等方面调整和改善，同时在贫困人口脱贫攻坚的过程中注重扶贫方式效用的可持续发挥，实现贫困人口减贫并消减其返贫风险。二是返贫治理。针对脱贫人口返贫现象，依据其返贫的区域性、频发性、个体性、危害性等特征，探寻基础设施薄弱、社会

[①]　王萍萍、闫芳：《农村贫困的影响面、持续性和返贫情况》，《调研世界》2010 年第 3 期，第 5~6 页。

保障缺失、生活观念落后、劳动技能不强等影响因素，并有针对性地提出治理策略。结合两种研究范式，综合当前研究中有关贫困生计脆弱性、多维贫困等影响因素分析结论，可将脱贫人口返贫风险防范按照扶贫开发"业务流程再造"视角进行归纳，明确其现象表现和作用机制，进而服务于脱贫人口返贫治理策略的提出。

业务流程再造是对传统扶贫开发工作流程的重新审视，将扶贫开发视为贫困人口减贫脱贫的促动和激励机制，脱贫目标的实现需要多元主体参与"政府为主导、农户为主体、社会参与、部门协同、区域协调、政策整合、市场驱动"的社会化扶贫格局构建，依据"利益及责任"原则，"倒逼"各扶贫主体对于贫困人口采取可能的减贫脱贫方式，也就为脱贫人口返贫风险分析提供了框架。

1. 政府导向：政策性返贫

政策性返贫主要是基于政府政策原因引发脱贫人口生计风险现象，主要表现为社会性政策返贫、环境性政策返贫。

社会性政策返贫主要体现在社会管理领域。基础设施建设方面，扶贫开发过程中对于农水、交通、电力、职教培训、医疗卫生等基础设施建设的帮扶在贫困人口脱贫之后可能不再持续，这使得脱贫人口发展乏力；发展方式转变方面，区域社会经济发展中没有形成良好的"行政—市场"结合式的发展秩序，脱贫人口可能由于技能、知识等原因被信息化社会下的新型发展方式所排斥；社会保障方面，贫困地区公共服务提供水平不高，社会保障覆盖面不宽、社会保障深度不够、保险市场发育程度较低等，致使部分脱贫人口在遇到天灾人祸风险时，难以有效应对而再度陷入贫困；区际协调方面，扶贫开发重视扶贫资源的优化配置，尤其考虑贫困人口生计空间的重构，传统行政区划可能成为发展要素的流动障碍，造成贫困人口发展中的资源约束与行为约束等；宏观社会政策方面，如2015年"全面二孩"政策、城乡一体化中"市民化"发展政策等，均会对脱贫人口的发展产生影响，如果对于政策风险认识不足，也可能出现"因育返贫"、"农民市民化返贫"等现象。

环境性政策返贫在自然环境领域与社会环境领域均有体现。自然环境政策性返贫方面,"贫困人口赖以生存和发展的自然环境条件一般比较恶劣"是扶贫业界共识,脱贫人口赖以发展的贫瘠资源如果受限于"退耕还林"、"退耕还草"、"水源区保护"、"降低碳排放"等生态保护政策约束,物价上涨和补贴降低双重因素影响致使部分脱贫人口出现返贫,同时如果出现生态移民,移民过程中的生计损失与随之而来的生计风险更是不可忽视。社会环境政策性返贫方面,主要反映在旅游区内对于历史遗存的保护而出现的"因护返贫"、新村建设中的"因建返贫"等。

2. 返贫人口自身导向:能力缺失返贫

依据能力贫困理论,贫困人口脱贫需要自身可行能力提升,脱贫人口返贫则是其可行能力相对发展需求下降所致。能力缺失主要表现为身体健康水平下降、市场风险应对能力缺乏、知识技能较少等。

身体健康水平下降。据国务院扶贫办最新摸底数据显示,全国现有的 7017 万贫困农民中,因病致贫的有 42%、因灾致贫的有 20%、因学致贫的有 10%、因劳动能力弱致贫的有 8%、其他原因致贫的有 20%①。人类生存发展中发生疾病不可避免,脱贫人口中因病返贫比例也占据较大比例,"某地一个乡镇领导说:农村贫困人口中基本占一半都是因病致穷或因病返贫的"②。因病返贫主要是高昂医疗费用支出所致,而"因老致贫"则在因病致贫的基础上又增加了人类生命周期律的影响,"人老体衰,务工没法干,务农干不了",同时由于养老服务体系建设滞后,农村老人出现成批"因老返贫"现象③。

市场风险应对能力缺失。提高扶贫绩效从根本上讲要提高资源配置

---

① 定军:《国务院扶贫办:全国 7000 万贫困农民 42% 因病致贫》,http://news.sina.com.cn/c/2015 - 12 - 16/doc - ifxmpnuk1595176.shtml。

② 徐朝东、邓淑琴:《农村脱贫与返贫的纠结与对策》,《老区建设》2011 年第 9 期,第 30 ~ 33 页。

③ 颜珂:《农村要防成批因老返贫》,《人民日报》2013 年 5 月 13 日,第 14 版。

效率。在市场经济条件下，提高资源配置效率的根本在于充分发挥市场机制的作用，并且贫困人口需要在诸多发展项目的参与中才能获取、实现自身利益。然而市场经济条件下经济成果的分配在本质上并不是偏向贫困人口，这就要求其应具备一定的市场风险敏感性与风险规避能力。由于脱贫人口自身综合素质水平有限，当其在脱贫之初进入市场时，市场风险应对能力的限制可能引致返贫。

知识技能水平相对较低。受教育水平偏低、专业技能缺少或水平不高，致富能力弱化，是农村脱贫人口返贫的重要原因。尤其是随着农业生产现代化水平的不断提高，现代生产方式转型，许多知识技能水平相对较低的脱贫人口陷入"适应难、就业难、发展难"等生计可持续发展困境。

3. 环境导向：因灾返贫

因灾致贫多是区域内地震、滑坡和泥石流等自然灾害的多发而使得脱贫人口重新面临生存与发展困境。重大自然灾害一方面为区域受灾群众带来生命与财产损失，另一方面还会在一定程度上破坏公共服务设施、经济基础设施，影响区域发展环境，毁损发展根基，让扶贫的投入和扶贫效果大打折扣[①]。

另外，近年愈发引起社会关注的是气候突变带给贫困人口的影响，因旱、涝、气候失调等引发水资源分配不均和气温升高，严重影响粮食正常生产，致使"气候变化责任最少的贫困人口承担着气候变化带来的最大的威胁"。

4. 其他约束性因素：发展型返贫

发展中返贫主要表现为宏观区域发展中的脱贫人口返贫与微观脱贫人口追求生计发展中的返贫。

持续的经济增长对于缓解贫困的作用非常明显。改革开放以来的30年间中国农村贫困状况大幅度减缓，重要基础和推动力量就是经济的持

---

① 王健：《西部亟待跳出"因灾返贫"恶性循环》，《新华每日电讯》2014年8月7日，第4版。

续高速增长，特别是农业和农村发展。但经济发展忽略"环境保护"、"收益公平分配"的"近视效应"可能导致"组织力量相对缺乏、谈判中处于弱势地位"的脱贫人口在参与区域发展的过程中返贫。

其次是脱贫人口在追求发展过程中的支出型贫困，比如"因教致贫"、"因学致贫"等。

此外，新形势下还有一种值得重视的返贫现象——"精神返贫"。我国扶贫工作重视经济脱贫、物质帮扶，而对贫困人口的思想观念、精神气质等关注的比较少，脱贫人口在长期的贫困生活中形成的固有心智模式、贫困文化具有一定的稳定性，如果扶贫开发不能改善脱贫人口的精神状态，遇到发展障碍则极易返贫。

（二）脱贫人口返贫风险作用机理与生计空间重构

贫困人口之所以贫困，是因为其所处的生计空间是贫困的，要改变其贫困状态，应该重塑其生计空间。一方面学术界对于贫困主流解释范式可分为四种：发展资源（主要是人力资本和社会资本）短缺、能力贫困、社会系统运行质量不高、空间贫困。此后的一些学者将"空间"外延延伸，使其逐步涵盖人类生存与发展的地理空间、经济空间、社会空间以及其他发展环境空间[①]。另一方面，在社会学领域，从齐美尔、马克斯·韦伯到列斐伏尔、布迪厄、吉登斯、福柯、哈维、詹姆逊等学者都从不同方面探讨了空间与社会行动的关系[②]，将空间与社会活动进行了关联分析。如果将贫困人口原来的空间视为贫困生计空间，那么扶贫开发则是对传统贫困生计空间的重塑：通过政策对生计空间的边界进行重构，将场域内的发展要素进行优化配置，改变传统生计空间赖以维持的规划和秩序，激发生计空间的各社会主体的发展活力，使得部分贫

---

① Burkew J., Jaynet S. Spatial Disadvantages or Spatial Poverty Traps: Household Evidence from Rural Kenya. MSU International Development Working Paper, 2008, p. 93.

② 付少平、赵晓峰：《精准扶贫视角下的移民生计空间再塑造研究》，《南京农业大学学报》（社会科学版）2015 年第 6 期，第 8～16 页。

困人口能够在持续变化的生计空间中获取自身利益，改变生存状态与社会地位。

基于组织运行的"反功能"特征，扶贫开发在对传统生计空间改变的同时，也会为其中的部分人群带来生计发展空间的挤压、社会运行秩序的断裂甚至出现边缘化风险，使得贫困群体持续出现（故而绝大多数研究者应慎言"消除"贫困），同时由于传统生计空间在"阶段性扶贫开发工作外力"消减后，社会系统与组织发展的运行惯性与人的行为惰性将重新影响生计空间，政府、社会主体、扶贫对象、企业等多元主体在"行政—市场"的资源配置机制中交互影响，脱贫人口身处新旧秩序激烈交锋的生计空间，处于发展的适应期和起步期，面临生计资产受损、公共服务缺乏、社会关系网络受损、发展方式转型等致贫风险，风险一旦触发，脱贫人口极易返贫。为此，扶贫开发将贫困人口从一个多维贫困空间解脱，要使其能够摆脱返贫风险，应按照精准扶贫、精准脱贫战略要求，把脉脱贫人口适应期生计可持续发展风险，注重多元扶贫模式协同与扶贫开发政策协调，重塑脱贫人口生计空间，增强包容性，减少和防范脱贫人口返贫。

（三）脱贫人口返贫风险防范体系健全

针对不同类型脱贫人口返贫特征，要剖析返贫风险传导机制，系统设计脱贫人口返贫风险预警指标体系，建立多元主体风险预警机制，健全脱贫人口返贫动态风险防范体系。同时，切实加强扶贫工作队伍建设，尤其是注重建立强有力的村级基层组织，选好配强村两委班子，强化发展村级集体经济，并发挥党建扶贫的作用，建立健全第一书记驻村扶贫机制，组织开展党员干部结对帮扶工作。鉴于脱贫人口适应期发展的"脆弱性"特征，建议国家管理机构出台"脱贫人口后期发展扶持条例"，明确扶持对象、扶持方式、扶持期限与扶持责任等内容，切实保障脱贫人口生计可持续发展，最大化消减脱贫人口返贫。

鉴于扶贫资源配置效率的宏观层面分析和微观层面解读，扶贫资源配置过程中仍存在供需适配差距，扶贫资源配置偏差行为导致资源浪费与效率下降。综合分析，扶贫资源配置过程中多元主体行为诉求不一致、供需对接失衡、过程管理水平不高等是为主要原因，亟待进行校正。

本章研究要点

（1）宏观层面：探索扶贫资源配置绩效的内涵与考评框架，明确绩效考核相关要素并构建绩效指标体系，明晰扶贫资金规模、投向，运用 DEA 分析方法评价连片特困区扶贫资金配置绩效（技术效率与规模效率），掌握扶贫资源配置的影响因素。

（2）微观层面：针对调查得来的农户数据进行分析，采用前述定性分析的致贫因素作为自变量，选取适当模型，分析各因素（资金、劳动力、教育水平、培训与基础设施等）对贫困农户收入的贡献率，并将分析结果与现阶段扶贫资源关注领域进行比较。

（3）针对扶贫开发进程中脱贫人口面临的政策性返贫、能力缺失返贫、环境返贫、发展型返贫等风险，利用"生计空间重塑"理论清晰梳理风险因素致贫机理，并在此基础上提出脱贫人口后期发展扶持策略。

第 7 章　连片特困区扶贫资源配置机制优化与扶贫开发政策完善

片区扶贫开发与精准扶贫和精准脱贫的有效结合点，在于最贫困人群及最贫困地区是否和怎样获得更多的扶贫资源，让他们从扶贫资源的配置中得到最大实惠。鉴于项目研究对象的区域特殊性和研究问题的社会普遍性，考虑作为中观层面的连片特困区扶贫开发工作发挥的联通宏观国家扶贫和微观家庭脱贫的承接功能，本章节在阐述"扶贫资源配置机制优化与扶贫开发政策完善"的问题时，立足但不囿于此前针对连片特困区扶贫资源配置模式、供需主体行为协调、资源要素流动、扶贫市场化改革、跨域治理等结论，将连片特困区扶贫开发策略与精准扶贫、精准脱贫方略有机结合，提炼升华，尽可能使研究结论具有普遍性和可推广性，以完善扶贫开发政策，助推全面建成小康社会目标实现。

一　新时期精准扶贫理念与传统扶贫理念的比较

（一）社会大扶贫格局下的认知提升

精准扶贫并不仅仅是一种战略、一种政策、一种机制，更应当是包括理论、战略、政策、机制和行为的完整系统①。精准扶贫理念的实质

---

① 刘解龙：《经济新常态中的精准扶贫理论与机制创新》，《湖南社会科学》2015 年第 4 期，第 156～159 页。

是在扶贫工作中实现扶贫主体的精准定位、扶贫对象精确识别与扶贫路径的精准选择，以高效开展扶贫并取得减贫脱贫成果。扶贫对象的多维致贫原因，多是发展要素组合效率低下或者要素功能疲软所致。扶贫开发过程中形成的传统多元参与的社会大扶贫格局，有助于集聚整合扶贫资源，助推扶贫开发朝着社会参与和扶贫治理方向发展，在扶贫对象基数较大、贫困区域较广的扶贫初期阶段作用显著。随着减贫脱贫工作逐渐步入改革攻坚期，扶贫对象脱贫速度下降、相对贫困与区域贫困特征明显、减贫资源渗漏严重与资源投入边际效益下降等挑战并存，扶贫开发工作需要进行理念更新和认知提升，明确主次矛盾并系统梳理各类贫困生成机制，因时因地因人展开针对性发展策略探讨，找到"贫根"，对症下药，靶向治疗，转变传统"普惠式、社会运动型"扶贫为"普惠式与适度竞争式"扶贫相结合、彰显扶贫开发责任担当与权益保障的精准扶贫，立足于但又超脱于传统扶贫。

（二）互联网时代背景下的技术呼唤

"互联网＋"时代具有跨界融合、创新驱动、重塑结构、尊重人习惯、开放共享等特征，国家从 2015 年起推动"互联网＋"行动计划，作为一种新型经济形态，势必对于作为经济热点问题的扶贫开发工作造成较强冲击。基于信息技术应用视角，"互联网＋"时代要求政府扶贫治理关注"循数管理"[①]，提升政府及扶贫职能管理机构和人员的循数管理技能，提高大数据搜集整理与数据挖掘水平，并将其应用于扶贫开发工作主体行为、扶贫对象发展的客体行为、扶贫路径的精准选择，尽可能降低扶贫开发工作中的不确定性，保障扶贫开发工作风险可控；基于"互联网＋"时代之于扶贫开发工作的功能发挥视角，"互联网＋"时代跨越传统时空界限，促进发展要素交流与融合，重构传统社会经济

---

① 任志锋、陶立业：《论大数据背景下的政府"循数"治理》，《理论探索》2014 年第 6 期，第 82~86 页。

系统与产业结构关联，为民众提供了全新的发展观念和发展路径，扶贫开发工作应紧抓这一历史机遇，通过电商扶贫、创新创业、金融扶贫和农村产权改革扶贫等建构于新型发展方式上的发展路径促成扶贫对象实现跨越式发展，跳出"贫困凹地"。

（三）全面小康目标导向下的路径选择

改革开放以来，我国农村贫困人口减少了 7 亿，按照 2014 年当年价每人每年 2800 元的现行农村贫困标准，服务于国家 2020 年全面实现小康社会目标的实现，五年间我国将减贫脱贫 7017 万人。"全面建成小康社会，最艰巨最繁重的任务在农村，特别是在贫困地区。没有农村的小康，特别是没有贫困地区的小康，就没有全面建成小康社会"，贫困人口成为实现全民小康社会目标短板中的短板。目前我国 7000 多万贫困人口，大部分分布在革命老区、集中连片贫困地区或生态脆弱区，这些地区或是自然资源贫乏，或是生态环境脆弱，或是生存条件恶劣，而且往往基础设施落后，产业发展严重滞后，减贫难度比过去大幅度增加。时间紧、任务重、减贫形势复杂，应立足减贫效果导向，关注减贫措施精准，实现减贫资源与减贫目标供需对接，按照全面小康社会目标要求，接短板，补缺口，精准施策。

（四）协作共赢视野下的资源配置优化

精准扶贫强调扶贫开发工作应该多措并举，围绕扶贫对象致贫原因有针对性地开展产业扶贫、教育扶贫、移民搬迁扶贫、社会保障扶贫以及光伏扶贫、构树扶贫、电商扶贫等扶贫。扶贫方式的选择不是盲目、孤立的，而是出于关联考虑。精准扶贫作为一种理念、一种战略，强调的是着眼于全局的精准，注重区域发展的产业关联、政策互补，关注各种扶贫方式之间的有效衔接，旨在优化扶贫资源配置，提高资源配置效率和提升发展质量；精准扶贫作为一种模式，是对于传统扶贫开发方式的再设计，强调以扶贫开发流程重构与再造为核心，瞄准扶贫对象的需求和满意度，以先进理念为指导，利用先进信息与操作技术和现代化的组织管理手段，通过技术功能集成和组织管理功能集成达到减贫资源配置过程的技术效率和组织效率的最大化，由"传统的功能型扶贫逐步转化为过程型扶贫"，从而减少扶贫成本，提高扶贫开发工作质量和服务水平。

（五）贫困人口生计可持续发展的坚强保障

精准扶贫的最终目标是实现贫困人口的脱贫以及脱贫之后的生计可持续发展。一方面精准扶贫工作开展应把脉扶贫对象发展意愿、优化扶贫资源配置、提高扶贫对象收入水平，使得贫困人口实现经济上的脱贫。另一方面精准扶贫是扶贫对象生计水平提升与可持续发展的坚强保障，依据可持续生计分析框架理论基础和"生计资本、生计策略、生计后果和社会化服务"的关联机制解析，精准扶贫应关注扶贫对象在人力资本、物质资本、金融资本、自然资本、社会资本等领域的全面减贫和脱贫，关注扶贫对象在减贫脱贫和此后的发展过程中的可持续生计的环境适应与融入、发展机会与生计策略选择空间以及社会保障体系的健全与完善，最终实现扶贫对象的全面脱贫和生计安全。

二　连片特困区精准扶贫开发需要解决的四个倾向性问题

（一）防范外部资源"强制嵌入"，应重视乡村价值发现和本土资源利用

鉴于资源禀赋理论，传统扶贫开发常以发展资源不足、发展条件欠缺为由，采用普惠补助和竞争开发相结合的方式进行前期"输血"、后期"造血"，这种扶贫开发方式在"短、平、快"取得成效的同时，忽略了对当地农村固有发展逻辑与本土资源优势等乡村价值的发现，即便

是当前为各地所青睐的产业扶贫，也出现了常被诟病的"扶贫资源精英俘获"①、滋生贫困人口"等、靠、要"依赖心理、"产业悬空"导致发展不可持续等问题。如何避免在新的扶贫攻坚中出现急于求成和简单化的偏差，防止因新的行政干预和各种外来资源输入而使扶贫对象产生对政府资金、社会帮扶等外界资源的依赖，是扶贫治理过程中需要认真对待的问题。

防范扶贫开发中的"强制嵌入"，一是重视农村乡土价值发现，理顺农村发展逻辑，从农村自身发展的历史积淀和建设成果比较中重建发展的文化自信、道路自信和制度自信②，转变发展中奉行的"因果逻辑"为"效果逻辑"，重视已有资源基础上的可能发展路径思考，而非陷入"资源贫困陷阱"的认知与实践怪圈。二是重视"内源性扶贫"，通过参与机制完善，建设由政府、社会组织、村民自治组织、非贫困村民与贫困人口组成的发展共同体，依据本土资源和知识优势，发展适合自身特点的特色产业，形成比较稳定的家庭生计模式。三是重视发展标准的合理调整和重建。精准扶贫和未来扶贫治理现代化的理论预设均超越了"贫困仅仅是一个经济问题"的认知，也就说明"简单的经济指标衡量"的做法将不再适用，应该围绕"美好生活"的发展主题，重构"丰裕社会，美丽经济，治理秩序和共享发展"的扶贫治理现代化的评判框架。

（二）防范扶贫开发"运动异化"，应重视系统资源整合和脱贫长效机制完善

脱贫致富是一个系统工程，扶贫开发既是资源配置过程，也是扶贫对象在"资源基础上的可行能力形成与提升"的过程，是一个循序渐

---

① 朱启臻、梁栋：《基于乡村价值的精准扶贫》，《贵州民族大学学报》（哲学社会科学版）2016年第2期，第56~64页。

② 方世建：《试析效果逻辑的理论渊源、核心内容与发展走向》，《外国经济与管理》2012年第1期，第10~17页。

进的过程，精准扶贫并非运动式扶贫。但"官僚制运行过程中职能部门的自我强化"倾向[①]在扶贫开发工作中也有表现，"运动异化"（"心急"、"事虚"的运动式扶贫，目的与手段倒置）现象初见端倪：一方面，基于扶贫资源整合的契机，强化和固化扶贫开发职能部门的影响力（调研中发现，部分地区戏称扶贫部门为"第二发改委"），出现扶贫开发在公共服务提供、收入分配治理、区域发展规划等领域政策制定与工作实施中"越位"、"错位"等角色失调现象；另一方面，扶贫开发不能紧盯眼前，不看长远。由于农村发展资源与环境、脱贫人口的市场适应能力与生计脆弱性等因素的综合影响，农村有相当部分的脱贫人口又重新陷入贫困，且随着贫困标准的提高返贫率会逐步上升，脱贫人口的返贫问题将如影随形，成为蚕食扶贫开发工作成果和阻碍扶贫目标顺利实现的顽疾。

推进扶贫治理的现代化，应将扶贫开发放置于统筹农村改革的层面来思考问题，依据耗散结构理论，开放性、稳定性和动态性是扶贫开发系统有效运行的重要特征，需要其有效协调内部利益关系，并且强化其与社会管理大系统的信息和能量交流：将扶贫开发与农村集体产权制度、农业经营制度、农业支持保护制度、城乡发展一体化体制机制和农村社会治理等领域的改革与发展统筹谋划，以项目为载体，改革投入分配管理机制，将扶贫开发资源与其他部门、渠道的支农惠农资源整合起来，统一规划、共同实施，使贫困群众从中受益。同时针对不同类型脱贫人口的返贫特征，应剖析返贫风险传导机制，规范财政扶贫资金投资项目的收益回收制度，形成"扶贫互助资金自我积累"的良性循环机制；健全脱贫人口返贫动态风险防范体系，切实保障脱贫人口生计可持续发展。

（三）防范工作推进"盲目跟风"，应重视扶贫开发形势的理性研判和实践探索

依据我国在新的历史起点上提出的"新三步走"战略，"到建党一

---

① 张乾友：《官僚制组织的两副面孔》，《北京行政学院学报》2016 年第 1 期，第 62~69 页。

百周年的时候，即到 2020 年要全面建成小康社会；到建国一百周年的时候，即到 2049 年实现社会主义现代化；在前两个一百年奋斗目标的基础上，实现中华民族伟大复兴的中国梦"，扶贫治理的现代化实现征程在不同时期具有不同的发展内涵、工作重心。在变革与发展的战略机遇期，扶贫开发工作应科学研判国内外发展形势，理性探讨经得起实践检验的扶贫开发理念和实践模式，尤其由要立足国情，"不唯外、不唯上、不唯学，只唯实"，认真把握和妥善处理扶贫开发方式的精准对接与多重方式协同的关系，扶贫开发资源短期减贫效应与脱贫主体可持续发展长效机制的关系，扶贫开发治理系统稳定性保持与动态能力提升的关系，经济增长与极贫人口脱贫的关系，农村发展与城镇贫困消减的关系，以及区域发展不均衡（尤其是老少边穷地区）导致的相对贫困问题等，以进一步推进反贫困事业和促进社会发展，增进民众福祉。

（四）防范政府扶贫资源传递"效率缺失"，应重视扶贫资源传递过程的整体改进

针对政府主导扶贫资源传递过程可能出现的传递过程漏出（一是扶贫资金被挤占挪用，二是扶贫资金投向不合理，三是扶贫资金分配中的平均主义倾向等）、审批过程烦琐、参与扶贫资源传递的部门过多、传递方式多以计划和行政指令为主、贫困人口参与不足、投资领域贫富不均、扶贫资源配置过程中重投入而忽视效益、对资金之外的扶贫资源重视不够等问题，应重视农村扶贫资源传递过程中的整体改进：一是在继续发挥政府在扶贫工作中主导作用的同时，形成政府机制、市场机制和社会机制三者相互配合的局面，共同发挥其在扶贫资源传递过程中的作用。二是加强反贫困的制度供给，围绕反贫困战略，形成相互配套的政策群。三是在扶贫资金之外，充分认识并发挥其他各类资源，尤其是制度、组织、信息、文化等非物质资源在扶贫工作中的作用。四是改革现有的扶贫项目和资金多部门管理体制，进一步明确扶

贫部门的权责关系；同时下放扶贫项目审批权限，简化扶贫资源传递过程。五是重视贫困人口参与。六是按照精准扶贫的"五个一批"工程要求，创新扶贫资源传递渠道。七是进一步完善瞄准机制，使扶贫资源传递的重点更多的从贫困地区转向贫困人群；从生产性开发向贫困人口的人力资本开发转移，通过推动基础教育、成人教育、职业技术培训和健康保障来提高贫困人口自身的素质和通过成功的劳动力迁移来获得非农就业机会[①]。

表 7 - 1　农村扶贫资源传递过程中的整体改进信息

传递环节	改进方向
主　　体	发挥政府、社会、市场三者的作用
客　　体	在传递物质资源的同时，注重非物质资源的传递；加强与扶贫相关的政策和制度建设
过　　程	改变扶贫多头运作的行政格局；简化扶贫资源传递过程，缩短扶贫资金投放时间；变自上而下的资源传递方式为上下结合的双向传递方式；完善监测和评估机制
渠　　道	救济式扶贫与开发式扶贫并举；注重财政扶贫和信贷扶贫两种不同性质的扶贫方式的划分和整合；政府扶贫和非政府组织扶贫相结合，共同传递扶贫资源
终　　点	改进目标瞄准机制，以贫困人口为资源传递的重点
领　　域	加大人力资本的投资

三　连片特困区扶贫开发流程再造需要回答的四个理论问题

消除贫困、改善民生、逐步实现共同富裕，是社会主义的本质要求，党心所向，民心所向。党的十八届五中全会从实现全面建成小康社会奋斗目标出发，明确到 2020 年我国现行标准下农村贫困人口实现脱贫，贫困县全部摘帽，解决区域性整体贫困。坚持精准扶贫、精准脱

---

① 童宁：《农村扶贫资源传递过程研究》，人民出版社，2009，第 192 ~ 213 页。

贫，重在提高脱贫攻坚成效。关键是要找准路子、构建好的体制机制，在精准施策上出实招、在精准推进上下实功、在精准落地上见实效。并提出按照贫困地区和贫困人口的具体情况，实施"五个一批"工程：一是发展生产脱贫一批，易地搬迁脱贫一批，生态补偿脱贫一批，发展教育脱贫一批，社会保障兜底一批。具体来讲，精准扶贫就是将"怎么扶"、"谁来扶"和"扶持谁"三者的准确理解和行为开展有效结合，彼此支撑，这既是个理论问题，也是个实践命题。

（一）谁来扶？——扶贫主体意识回归

关于精准扶贫工作开展主体，视角相异会产生不同的结果。

一方面在公共管理视角下探寻扶贫开发工作主体，一般基于扶贫开发工作的公益和济危助困性质，认为政府是扶贫开发的当然主体，政府可以利用其掌握的公共权力和行政资源帮助贫困人口提高其生计水平，契合服务型政府建设、服务社会经济良好秩序构建和维护的初衷，藉此形成了传统政府主导型扶贫开发模式。

另一方面从社会参与和公共治理视角出发，则认为扶贫开发是社会公众之事，政府、社会和扶贫对象自身都是扶贫开发工作的主体组成，只是进行着不同的角色扮演，多方合力共同推进减贫脱贫工作。毋庸置疑，代表广大民众利益的政府因其自身在信息、组织、资源等方面的优势，在精准扶贫主体体系里面仍将占据主导地位。依据经济学"利益及责任"的权责认定机理和科斯产权定律，扶贫开发行为对于提高民众福利和社会发展具有较强的正面效应，但这种效应又具有明确的对象性和区域性。因此在精准扶贫工作主体认定方面，应该按照"利益及责任"原理针对不同类别、不同区域、不同程度的扶贫开发对象，具体问题具体分析。原则的清晰意味着管理的灵活，政府职责与市场作用的精准、共同的扶贫开发理念认知和良好的扶贫开发工作秩序可以有效降低扶贫开发成本，最大限度地保障扶贫开发工作主体各司其职，协作共赢。

（二）扶持谁？——扶贫资源供需对接的基础

"扶持谁"的问题是精准扶贫政策落地的另一基石所在。

一是涉及扶持对象的确定。即贫困程度的衡量和在此基础上的扶贫对象身份识别（建档立卡），其中的关键是对于不同地区、不同类型的贫困生成机理的深度剖析，国内外贫困标准设定，多维贫困成因的指标体系设计与准确衡量。

二是精准扶贫对象的选择。扶贫开发资源与扶贫对象发展意愿的供需对接是精准扶贫的精髓，如扶贫开发工作开展中应关注不同的扶贫开发方式对接贫困水平不同的扶贫对象、相同的扶贫开发方式对应不同类型的扶贫对象等问题。

三是扶贫对象的"进入—退出"动态管理机制。贫困是社会经济发展进程中的伤疤，全面小康社会的实现是我国社会经济发展的阶段性目标，追求人的全面发展是社会发展的根本目的。面对人类社会绝对贫困比例下降和相对贫困逐步增加的现实，建构基于贫困科学测量、依托大数据挖掘与分析的贫困人口"进入—退出"扶贫开发工作体系的工作机制亟待健全和完善，减贫脱贫工作将成为一种常态，需要进一步明晰和发现贫困人口动态贫困行为机理，构建扶贫对象正向退出机制和科学合理的贫困风险防范体系，尽可能防止贫困。

（三）怎么扶？——扶贫工作的"业务流程再造"

扶贫资源发挥作用需要与不同的发展方式相结合，兼顾"谁扶持"、"扶持谁"两个关键问题，实质是扶贫资源在不同环境下、不同主体之间的资源优化配置。结合上述"谁扶持"、"扶持谁"的本质思考，按照"五个一批"工程倒逼发展主体、扶持主体寻找可能的发展方式是解决"怎么扶"问题的逻辑所在。

党的十八届三中全会明确了"市场在资源配置中发挥决定性的作用"，这就要求改革开放以来形成的以政府为主导的扶贫开发政策与机制进行调整，基于市场规律构建"政府—市场"双导向扶贫开发机制，切实解决扶贫资源的来源和后续保障问题，尤其要妥善处理好上下级扶贫部门责权与事权的关系、政策严谨性与灵活性的关系、扶贫资金统筹整合与分割使用的关系，针对传统扶贫工作进行业务流程再造，提高扶贫绩效。

精准扶贫工作的"怎么扶"另一考虑重心是发展方式的传承、创新和兼容问题，不同的发展方式对于劳动力、土地、组织、技术及其他发展资源有着不同的诉求，不同时代发展环境下的发展方式转变与跨越均在一定程度上对于发展中的弱势群体——潜在的贫困对象产生生计影响，影响其生计策略转变和即将面临的生计风险。

（四）如何落实？——过程监测与效果评估兼顾

精准扶贫贵在落实，脱贫攻坚取得成效如何，需要倾听民意，依照扶贫开发共富共赢标准，开展有效的政策实施评价、精准扶贫开发效果评估以及扶贫对象对于扶贫开发政策体系、扶贫开发行为、扶贫开发结果的满意度评价，及时总结经验与教训，并将评估结果纳入利益相关主体尤其是政府、企业与社会组织的考核体系中，切实实现扶贫开发工作"量质双升"，实现扶贫治理能力的现代化，达到"真扶贫、扶真贫"。

四 连片特困区脱贫攻坚需要正确处理的五重关系

（一）妥善处理扶贫开发方式的精准对接与多重方式协同的关系

依据精准扶贫政策的理论预设，推进精准扶贫需要分类施策、靶向扶贫，分析贫困群体致贫原因，准确把脉扶贫对象发展意愿，基于地区资源禀赋选择发展优势产业开展产业脱贫，通过完善教育补助政策、发展职业教育培训体系等进行教育扶贫，积极实施移民搬迁、创新生态补偿政策使得贫困群体在发展环境优化的过程中脱贫，健全社会风险防范机制实施社会保障兜底扶贫，但扶贫开发方式能否发挥作用以及能在多大程度上发挥作用取决于扶贫对象的可行能力（亦可狭隘理解为扶贫对象的资源对接与转化能力）。对于单一扶贫对象而言，"多元扶贫开发方式的分散性和可行能力的单一性特征之间的冲突"需要协调。鉴于贫困主体的可行能力低下及其发展脆弱性特征，多重扶贫开发方式协同的重要性凸显，否则有可能出现"多重扶贫开发方式下扶贫主体无所适从、因扶贫资源重叠而引发的重复建设或资源浪费、扶贫方式间的协调成本增加"等"反功能"现象出现，而对多重扶贫开发方式协同策略的选择则需要对于精准扶贫方略进行有效的顶层设计，基于社会公众福利视角探讨社会保障、收入与分配、弱势群体权益保障等相关领域的内容，理顺职能部门管理体制，健全建构于"利益即责任"原则之上的社会管理机制。

（二）妥善处理扶贫开发资源短期减贫效应与脱贫主体生计可持续发展的关系

围绕 2020 年前现行标准下（2015 年贫困标准为年收入 2800 元/人）农村贫困人口全部实现脱贫、贫困县全部摘帽的扶贫目标，国家出台了《省级党委和政府扶贫开发工作成效考核办法》，全国各级部门联动，倾力汇聚各方资源，共同支持扶贫开发。财政扶贫资源与社会扶贫资源短期内巨量汇聚，有力地推动和保障了脱贫攻坚工作的顺利推进，贫困人口有序退出，短期减贫效果显著。但是由于扶贫资源的公益性特征，用于扶贫开发的资源在扶贫对象脱贫后将陆续退出，依据耗散结构理论有关"阶梯式发展的物质系统是处于远离平衡态"的开放系统的特征解读，彼时将可能会出现资源供给不足、项目运行后续管理保障系统失稳乃至受助主体或区域发展系统崩溃等风险。另一方面，"外援型"扶贫向"内生型"扶贫转变的诸多扶贫实践也证明："外部扶贫资源的提供并非必然产生贫困主体的具有可持续特征的内生发展动力。""由资源向可行能力提升的惊险一跃"过程的实现，除受到外部环境因素影响外，更多的取决于贫困主体价值理念、综合素质与既往经历等影响因素。故而连片特困区在精准扶贫、精准脱贫工作推进过程中需要进一步健全和完善脱贫主体可持续发展的长效机制，如开展脱贫主体后期发展扶持专项行动、实施多元主体参与资源整合基础上的扶贫开发公司建设与经营、进行有效的项目产权界定与收益分享机制设计，以及在国家或区域层面进行"收入—分配"结构调整优化等，以保障脱贫主体的可持续发展。

（三）妥善处理扶贫开发治理系统稳定性保持与动态能力提升的关系

共同富裕是社会主义社会的本质要求，扶贫开发工作任重道远，新时期扶贫开发工作面临"三期叠加"（经济新常态下的增长速度换挡期、结构调整阵痛期、以往刺激经济政策副作用消化期）、"四区叠加"（革命老区、民族地区、边疆地区、连片特困地区）、"三难叠加"（多维贫困认知观念转变难、扶贫对象可行能力提升难、扶贫资源减贫边际效益增进难）等诸多挑战，连片特困区扶贫开发工作应积极创新，对传统模式进行"创造性破坏"，开展扶贫业务流程再造，完善系统运行体制与机制设计，提升扶贫治理系统的动态能力。系统动态能力是指组织敏感感知系统危机，有效整合和配置资源并使组织获取较大产出的能力。对于扶贫治理系统而言，系统动态能力主要表现为：感知扶贫开发工作开展过程中的机会与威胁，及时作出符合市场导向和社会需求的管理决策，并在此基础上通过采用任务分解、专业协同、多元参与和知识管理等方式拟合减贫战略，深化实施业务流程再造，有效应对扶贫开发工作的新问题。

（四）妥善处理经济增长与极贫人口脱贫的关系

极贫人口是指区域人口中少部分收入水平始终固化在最低水平区间

的贫困人口。虽然扶贫开发绝不仅仅是收入水平提升问题，精准扶贫政策的提出在一定程度上也可以理解为是对于这种做法的修正，但当前扶贫开发"以收入为扶贫绩效检视标准"确是不争的事实。经济增长有助于推进区域扶贫开发，但是经济增长也有可能带来收入差距过大的负面效应，"收入差距扩大意味着相对于富裕人口，穷人较难从经济增长中获得好处；我国贫困线低于世界平均贫困标准说明，政府的扶贫理念滞后于经济发展水平，扶贫标准亟待提高"。在"后现代社会"发展环境下，随着人们温饱水平的普遍达到，虽然仍有少数人生活在绝对贫困标准以下，但绝大多数贫困人口的生存不再是问题，"收入贫困"（跨越"贫困线"的脱贫）不应是减贫的最终目标，在脱贫以后追求幸福和人类发展成为普遍并且有价值的追求目标，人民追求幸福感与人类全民发展的目标可以理解为我国当前扶贫开发工作的终极目标。另一方面，有可能"在经济发展助于减贫的固化认知视野里，或者考虑到扶贫开发难度与政绩"等出现扶贫工作对于"极贫人口发展扶持"的疏漏，这些贫困人口在基于政策环境存在的"劫贫济富"政策偏向和自身可行能力低下双重作用下，扶贫资源减贫工作的"涓滴效应"式微，使得极贫人口发展受到"忽视"且难以在经济发展中获得"实惠"，极易由此陷入"深度贫困陷阱"，进而影响脱贫攻坚工作的整体推进。

（五）妥善处理精准扶贫与区域发展的关系

要始终把精准扶贫工作放在首位，把脱贫攻坚作为"第一民生工程"和推动发展的重大举措。目前部分片区地方政府在观念上还存在把扶贫开发工作重点放在解决贫困县发展的问题上，工作措施想的还是推进经济发展水平整体提高。这种做法存在一定道理，但要看到贫困县发展和乡镇村整体上水平是长期任务，而且也未必能使贫困人口脱贫，常常是平均数掩盖了贫困数。因此，在今后几年的脱贫攻坚工作中，需要紧紧围绕精准搞扶贫，这与扶贫工作中要做好区域发展并不矛盾，国家的区域发展项目、政策等，各地仍要不折不扣抓落实，但区域发展的目的是给精准扶贫提供更为有利的环境。

五 连片特困区精准扶贫、精准脱贫的政策走向

（一）优化扶贫开发顶层设计，调整扶贫资源配置格局

宏观层面看，精准扶贫是一项系统工程，涉及扶贫开发政策的方方面面，以及财税、金融等相关领域，只有对各项改革系统设计、统筹试验、协同推进，才能取得较好的制度创新绩效。多维贫困视角分析建档立卡扶贫对象的致贫因素，因病、因残、因学、因灾、因规制等，致贫原因错综复杂。较之于经济收入单指标的传统贫困衡量标准，贫困的结构性特征要求精准扶贫工作转变传统思维，全方位解读和界定贫困，并以此为基础实施分类指导、因户施策、多措并举与综合帮扶。消除贫困，改善民生，党心所系，民心所向。顶层设计阶段，应将扶贫开发视为一项民心工程，充分尊重扶贫开发与贫困人口减贫脱贫规律，重视扶贫开发政策体系尤其是"三位一体"大扶贫格局与区域发展战略，产业布局、城乡一体化、公共服务均等化等制度关联，对不同政策制度之间的协同性和耦合性进行科学论证，强化制度政策之间目标的协同以服务扶贫开发工作资源合力获取，推进贫困人口减贫脱贫。

调整扶贫资源的配置格局，可以考虑将专业扶贫部门的资源更多地配置到精准扶贫和精准脱贫项目上，把行业扶贫的资源更多地配置到片区扶贫开发上，把社会扶贫资源根据需要和要求有效地整合到上述两个方面。这样一是可以各有侧重，并保证有适量的资金用于最贫困人群和最贫困地区；二是妥善解决行业扶贫资源整合难的问题；三是能够使专业扶贫、行业扶贫与社会扶贫相得益彰，真正实现"规划在先、统筹安排、各司其职、各负其责、渠道不乱、用途不变、相互配套、形成合力"的扶贫资源整合使用，最终提高片区扶贫开发与精准扶贫和精准脱贫的效果；四是可以调动贫困地区的投入积极性，调动贫困人群的积

极性和主动性，把政府及社会的扶贫开发资源与贫困人群自身的资源有效地整合在一起，不仅提高扶贫开发资源的动员能力，而且提高扶贫开发资源的使用效率①。

（二）促进农村产权制度的改革深化，提高贫困人口资产性收益

农村发展滞后成为全面小康社会目标实现的短板，市场经济条件下发展农村经济的重要途径是改变传统"二元分治"视野下的农村资产收益制度，促进农村产权制度改革深化，盘活农村存量资源，利用市场机制使得农村资源收益显化。一是将扶贫对象既有资源确权，如完善相关法规制度有序开展农村集体资产确权、土地确权、宅基地与房屋确权、乡镇企业经营权和所有权确权等工作，明晰的产权制度有助于资源要素的合理流动，增加贫困人口从事发展脱贫工作的积极性，同时也可为其收益权、处置权等发展权提供坚强保障。二是完善资源（产权）交易平台建设，联通城乡，实现土地、劳动力等农村资源要素的市场价格形成机制，资金、土地和劳动力在内的各种资源要素会根据市场价格的提示，寻求最适宜自身资源禀赋的地区和产业进行结合②，进而减少市场扭曲，提高资源配置效率，提高贫困人口收益水平。三是关注扶贫资源利用的经济学分析，鉴于扶贫资源的公益性，传统扶贫开发强调的是公共产品正向外部性效应的实现，而对于扶贫资源产出尤其是物化产出如基础设施、水电路等项目产出的收益没有考虑，扶贫开发工作成为扶贫资源投入的"无底洞"。对此，一方面要关注扶贫开发服务的市场化改革，以降低成本提高效率，如政府购买扶贫服务、"政银保"多元捆绑结合；另一方面可以将公共资源（如财政扶贫支出、财政支农支

---

① 郑斯元：《调整资源配置格局　促进精准扶贫脱贫》，《云南日报》2015 年 9 月 23 日，第 11 版。

② 彭大鹏：《构建良性的"进入—退出"机制是统筹城乡发展的核心》，《湖湘三农论坛》2011 年第 1 期，第 134～138 页。

出、特惠政策等），以招投标的形式形成资产，再将其股份化并给予贫困户，以增加贫困人口的财产性收入，但资产收益扶持制度主要针对的是自主创收能力受限制的贫困人口；再一方面，对产生效益的经营性扶贫项目采取成本回收或效益分享制度，建立脱贫分享基金，用于扶贫开发经营性项目的滚动支持。

（三）强化扶贫模式协同与政策衔接，注重内源式扶贫

精准对接，强化扶贫模式创新。加强基础设施建设，按照社会主义新农村建设要求逐步改善农村教育、交通、医疗卫生等公共服务提供水平，优化脱贫人口发展环境；基于资源比较优势，提高脱贫人口组织化程度，尤其重视极贫人口脱贫，大力发展产业扶贫，延展产业链条扩大就业，提高技术水平，增强市场竞争力，完善产业发展保险政策，促进脱贫人口增收；强化脱贫人口的发展技能培训，注重科技推广，促进转移就业，鼓励自主创业，提供全方位就业创业指导，重视脱贫人口发展的内生能力增进；加强生态文明建设，健全移民扶贫政策，完善生态补偿政策，防范脱贫人口"因灾返贫"、"因环境保护返贫"；针对发展能力受限的脱贫人口，健全社会保障制度，尤其推进重特大疾病（含慢性病）保障机制，防止因病（老）致贫；转变脱贫人口发展理念，培育良好生活习俗，实现脱贫人口的"物质精神双脱贫"；健全贫困学生就学资助体系，落实城乡教育经费保障政策，防止出现因学返贫问题等。

同时，扶贫开发政策均有其适用对象、适用条件与使用环境的不同要求，利益相关者利益诉求各异，面临着纷繁复杂的风险，应依据"利益即责任"原理，充分激发和调动贫困人口的发展积极性，克服扶贫开发工作中的"风眼效应"，求同存异，构建合理的政策协同机制，这是提升扶贫开发绩效、促进脱贫人口减贫脱贫的关键。

（四）依托区域特色资源，关注新型扶贫模式创新

"互联网+"作为一项新的经济形态，颠覆了传统社会经济系统发

展的产品观、时空观等传统思维，对于传统资源要素与发展整体展开了"碎片化"分解基础上的"重构"，为各领域发展带来巨大的激励和新的思考①。要结合贫困区域特色资源丰裕与基础设施条件约束等典型发展特征，坚持实施电商扶贫工程，全力推进"电子商务进农村"工程，完善物流等电子商务基础设施，支持电子商务平台与农村新型经济合作组织、农业种养基地、农产品营销大户、龙头企业、家庭农场开展合作，帮助扶持贫困人口实现电商就业、创业。

大力推进贫困区域光伏、构树扶贫，主要包括实施分布式光伏扶贫和集中式光伏扶贫，尤其是利用荒山荒坡、符合要求的林地等建设光伏电站，进行林地建设，支持贫困人口以地权入股、出租等方式参与其中，增加贫困人口收入，切实提高贫困群众运用现代科技脱贫、生态脱贫致富水平。

切实加强金融扶贫方式创新，发挥扶贫资金担保贷款的"杠杆"撬动作用，实现扶贫资金成倍放大，解决贫困人口发展生产资金不足的问题等。

（五）加强贫困人口信息动态管理，创新扶贫脱贫区域正向退出机制

动态性贫困在很大程度上增加了扶贫精准落实的困难，强化贫困人口的动态管理，有助于摸清扶贫底数，厘清贫困成因和脱贫路径，靶向扶贫。要依据制定的扶贫对象识别标准，通过科学调查，针对贫困人口建档立卡，运用现代信息处理技术与数据挖掘技术，建立和完善贫困人口管理和服务平台；理顺贫困统计部门与扶贫开发业务部门、公安、民政、教育等机构之间的关系，加强部门间的沟通与协作，充分发挥各部门优势，实现"合作式管理"，克服单一模式，推进管理的整体性与多

---

① 冯雪飞、董大海、张瑞雪：《互联网思维：中国传统企业实现商业模式创新的捷径》，《当代经济管理》2015 年第 4 期，第 20～23 页。

元化；加强扶贫对象"进入—退出"的影响因素分析，及时总结减贫脱贫经验，洞察新型致贫原因并及时创新工作机制与方式，破解精准扶贫难题。

实现我国现行标准下农村贫困人口全部脱贫，贫困县全部摘帽，解决区域性整体贫困是十八届五中全会对现实国情准确研判下做出的科学决策。传统扶贫开发政策赋予贫困区域较多的资金、政策、权利等发展资源，区域利益本位主义限制了贫困区域主动"脱贫摘帽"的积极性，影响国家区域间整体协调发展，也在一定程度上导致了扶贫资源的错误配置与资源浪费（基于当前扶贫开发资源涓滴效应式微和边际效益递减特征推断）。创新扶贫脱贫区域正向退出机制，即是依据"利益及责任"原则，一方面调整现行扶贫开发政策体系，实现"普惠式扶贫向竞争式扶贫"政策建构转变，重视发展中减贫，亦即将扶贫资源利用领域与方向适度调整为既能促进区域发展又可带动减贫的发展领域中来；另一方面在鼓励发达区域承担更多扶贫开发责任的同时，给予其较多的政策、资金及较大的自由裁量空间等支持。

（六）厘清财政扶贫思路，促进财政金融政策联动

政府作为扶贫开发工作的主力军，面对新时期扶贫攻坚的艰巨任务，需要进一步厘清思路，紧紧围绕兜住底线、加快发展两个方面，从转移支付、财税政策、体制调整等方面入手，推动精准扶贫。一是健全完善医疗保障机制和农村兜底保障机制，减少"因病致贫、因病返贫"现象，持续提高贫困认定线标准，做到医疗保障、农村低保与扶贫开发的有效衔接。二是加大财政扶贫资金投入，提高资金使用精准度。改革财政扶贫资金分配方式、支持重点、项目审批权限等管理机制，通过可用财力增量一定比例用于扶贫等方式建立长期稳定的财政扶贫投入机制，严格资金使用与监管，确保资金发挥最大效益，促进贫困地区基础设施建设、富民产业培育、民众能力素质提升等。

促进财政金融政策联动，发挥财政资金杠杆作用，注重金融扶贫的

"裂变效应"，强化金融支撑：一是支持做大金融产业，鼓励金融机构开发服务和创新产品；二是建立以精准扶贫专项贷款、农户小额信用贷款、贫困村互助资金增信计划和小额信用保证保险贷款为主体的精准扶贫金融服务体系，不断满足贫困户发展的资金需求；三是完善投资担保机制，优化扶贫信息共享和绩效考核机制，降低信贷风险。

（七）严格精准扶贫考核，重塑脱贫人口生计空间

扶贫开发监测评估有助于扶贫工作的查漏补缺，并且可为未来的扶贫工作提供方向。但传统扶贫开发项目绩效评估思路尚存在完善之处，如将绩效评估视为一个概念，没有将绩效和评估两个概念区分；仅仅将绩效评估视为效果评价，未对其"扶贫开发全过程进行反思，探讨扶贫开发规律，发现障碍因素，以更好的解决扶贫开发相应问题"的作用给予必要的关注；精准扶贫绩效评估不能仅仅从政府的角度展开，扶贫对象的发展意愿与诉求评估不可或缺等，精准扶贫绩效评估工作必须进行创新和改进。要通过精准扶贫背景下扶贫项目的绩效评估研究，对贫困地区的扶贫开发项目绩效情况进行典型案例分析，掌握扶贫项目提高绩效的规律，发现问题并提出改善建议，减少扶贫"跑冒滴漏"，提高扶贫资源利用效率，为政府部门开展扶贫政策创新、项目管理和绩效评估提供决策依据。

一是改革扶贫开发的考核机制，切实落实《省级党委和政府扶贫开发工作成效考核办法》，把扶贫村整村脱贫、贫困人口数量减少和贫困人口生活水平提高作为重要考核指标，完善扶贫开发绩效评价体系。二是建立贫困区域精准扶贫与贫困识别结果结合机制，健全完善扶贫开发与农村最低生活保障、城乡居民社会养老保险、新型农村合作医疗等社会保障制度和专项扶贫措施与贫困识别结果有效衔接制度，建立区域贫困人口法律援助、教育救助、人文关怀制度，完善库区留守老人、留守妇女、留守儿童扶持措施；优化财政专项资金管理机制，探索贫困区域发展扶持竞争性分配、政府购买公共服务等有效方法，提高资金使用

效率；加强行业扶贫的组织协调，创新社会扶贫参与机制，凝聚社会合力，进一步提高社会扶贫的协同帮扶作用。科学规划，多措并举，进一步优化扶贫开发工作机制与支持环境，针对脱贫攻坚对象聚焦"着力改善生活条件、着力加快增收步伐、着力提高救助水平"三个着力点，使得贫困群众逐步脱贫，减少返贫，与全国人民一起共享全面建成小康社会成果。

扶贫对象陷入生计困境的原因是其拥有的是贫困的生计空间，生计空间的再塑造是从提高脱贫人口生计能力的基础，鉴于贫困人口脱贫之后可能面临的经济空间流失、社会空间断裂、制度空间社会排斥等生计脆弱风险，应将脱贫人口的后期发展扶持纳入精准扶贫工作范畴，精准配置脱贫人口生计资源，重塑贫困人口生计发展空间，出台"脱贫人口后期扶持发展条例"等政策文件，与贫困人口减贫脱贫互为支撑，相互呼应，共同促进贫困地区加快发展，促进贫困人口脱贫致富。

本章研究要点

（1）机制优化。结合扶贫资源传递过程分析，围绕扶贫资源汇聚、协同效应发挥、要素流动、社会参与及贫困人口可行能力提升、扶贫资源配置绩效监测、贫困区域退出机制等内容进行制度优化，提升资源配置效率，助推贫困人口减贫脱贫。

（2）政策创新。考虑政府转型与扶贫资源配置的市场化要求，基于前述配置效率影响因素分析，结合精准扶贫、精准脱贫方略，针对扶贫资源的配置格局与配置模式、资源利用途径与使用方式、改革路径与环境建设、考核与监管等政策内容给出创新建议，服务于扶贫治理的现代化目标实现。

附　录

附录一　精准扶贫:关键问题与推进之策*

2016 年"中央一号"文件明确提出:实施精准扶贫、精准脱贫,因人因地施策,分类扶持贫困家庭,坚决打赢脱贫攻坚战。

较之于传统扶贫政策,精准扶贫是社会大扶贫格局下的认知提升,是互联网时代背景下的技术呼唤,是全面小康目标导向下的路径选择,是协作共赢视野下的资源配置优化。作为新时期我国扶贫开发的战略导向,精准扶贫政策的提出是对接经济新常态要求扶贫资源优化配置和发展质量提升的政策回应,与我国扶贫开发政策从普惠式向适度竞争式转变的精髓一致,旨在重塑扶贫工作在社会系统中的地位以及强化扶贫工作与其他社会工作的关联,重在关注扶贫对象意愿瞄准、理顺扶贫资源作用体系并进行业务流程再造,提高扶贫效率,促进贫困人口脱贫。

一　实施精准扶贫的关键问题

(一) 谁来扶?——扶贫主体意识回归

扶贫开发主体历来有"政府主体"与"多元协作"之争,依据经济学"利益及责任"的权责认定机理和科斯产权定律,扶贫开发行为

---

*　此建议获省级领导批示。

对于提高民众福利和社会发展具有较强的正面效应，但这种效应又具有明确的对象性和区域性。

对于精准扶贫工作主体认定，应该按照"利益即责任"原理针对不同类别、不同区域、不同程度的扶贫开发对象，具体问题具体分析。原则的清晰意味着管理的灵活，政府职责与市场作用的精准、共同的扶贫开发理念认知和良好的扶贫开发工作秩序可以有效降低扶贫开发成本，最大限度保障扶贫开发工作主体各司其职，协作共赢。

（二）扶持谁？——扶贫资源供需对接的基础

一是涉及扶持对象的确定。即贫困程度的衡量和在此基础上的扶贫对象身份识别，关键是对于不同地区、不同类型的贫困生成机理的深度剖析，多维贫困标准的指标体系设计与准确衡量。

二是精准扶贫对象的选择。扶贫开发资源与扶贫对象发展意愿的供需对接是精准扶贫的精髓，扶贫开发工作开展中应关注不同的扶贫开发方式对接贫困水平不同的扶贫对象、相同的扶贫开发方式对应不同类型的扶贫对象等问题。

三是扶贫对象的"进入—退出"动态管理机制。面对人类社会绝对贫困比例下降和相对贫困比例逐步提高的现实，建构于贫困科学测量、依托大数据挖掘与分析基础之上的贫困人口"进入—退出"扶贫开发工作体系的工作机制亟待健全和完善，需要进一步明晰和发现贫困人口动态贫困行为机理，构建扶贫对象正向退出机制和科学合理的贫困风险防范体系，尽可能防止贫困。

（三）怎么扶？——扶贫工作的"业务流程再造"

扶贫资源发挥作用需要与不同的发展方式相结合，结合上述"谁扶持"、"扶持谁"的本质思考，按照"五个一批"工程倒逼发展主体、扶持主体和可能的发展方式是解决"怎么扶"问题的逻辑所在。

依据十八届三中全会做出的"市场在资源配置中发挥决定性的

作用"的决定，当前以政府为主导的扶贫开发政策与机制需要进行调整，基于市场规律构建"政府—市场"双导向扶贫开发机制，切实解决扶贫资源的来源和后续保障问题，尤其要妥善处理好上下级扶贫部门责权与事权的关系、政策严谨性与灵活性的关系、扶贫资金统筹整合与分割使用的关系，针对传统扶贫工作进行业务流程再造，提高扶贫绩效。

精准扶贫工作的"怎么扶"另一考虑重心是发展方式的传承、创新和兼容问题，不同的发展方式对于劳动力、土地、组织、技术及其他发展资源有着不同的诉求，不同时代发展环境下的发展方式转变与跨越均在一定程度上对发展中的弱势群体——潜在的贫困对象产生生计影响，影响其生计策略转变和即将面临的生计风险。

（四）如何落实？——过程监测与效果评估兼顾

精准扶贫贵在落实。依照扶贫开发共富共赢标准，重视扶贫对象参与，开展有效的政策实施评价、精准扶贫开发效果评估以及扶贫对象的政策满意度评价，及时总结经验与教训，并将评估结果纳入利益相关主体尤其是政府、企业与社会组织的考核体系中，切实实现扶贫开发工作"量质双升"，实现扶贫治理能力的现代化。

二　推进精准扶贫的破解之策

（一）把握结构性贫困特征，推进精准扶贫需要系统思维

精准扶贫是一项系统工程，只有对各项改革系统设计、统筹试验、协同推进，才能取得较好的制度创新绩效。多维贫困视角分析建档立卡扶贫对象的致贫因素，因病、因残、因学、因灾、因规制等，致贫原因错综复杂。区别于经济收入单指标的传统贫困衡量标准，贫困的结构性特征要求精准扶贫工作转变传统思维，全方位解读和界定贫困，并以此

为基础实施分类指导、因户施策、多措并举与综合帮扶。

顶层设计阶段，应充分尊重扶贫开发与贫困人口减贫脱贫规律，重视扶贫开发政策体系尤其是"三位一体"大扶贫格局与区域发展战略、产业布局、城乡一体化、公共服务均等化等制度关联，对不同政策制度之间的协同性和耦合性进行科学论证，强化制度政策相互之间目标的协同以合力获取服务扶贫开发工作资源。

（二）促进农村产权制度的改革深化，提高贫困人口资产性收益

农村发展滞后成为全面小康社会目标实现的短板，发展农村经济的重要途径是促进农村产权制度改革深化，利用市场机制使得农村资源收益显化。

一是将扶贫对象既有资源确权，完善相关法规制度有序开展农村集体资产确权、土地与房屋确权、乡镇企业经营权和所有权确权等工作，产权明晰有助于资源要素合理流动，增强贫困人口从事发展脱贫工作的积极性，同时也可为其收益权、处置权等发展权提供坚强保障。

二是完善资源（产权）交易平台建设，联通城乡，实现土地、劳动力等农村资源要素的市场价格形成机制，资金、土地和劳动力在内的各种资源要素会根据市场价格的提示，寻求最适宜自身资源禀赋的地区和产业进行结合，进而减少市场扭曲，提高贫困人口收益水平。

三是关注扶贫资源利用的效率分析，传统扶贫开发强调的是公共产品正向外部性效应的实现，未考虑扶贫资源的产出收益，致使扶贫开发工作成为扶贫资源投入的"无底洞"。对此，一方面可以考虑扶贫开发服务提供的市场化改革，以降低成本提高效率，如政府购买扶贫服务、"政银保"多元捆绑结合；另一方面可以将公共资源（如财政扶贫支出、财政支农支出、特惠政策等），以招投标的形式形成资产，再将其

股份化并授予贫困户，以增加贫困人口的财产性收入，但资产收益扶持制度主要针对的是自主创收能力受限制的贫困人口；再一方面，对产生效益的经营性扶贫项目采取成本回收或效益分享制度，建立脱贫分享基金，用于扶贫开发经营性项目的滚动支持。

（三）强化贫困人口的动态管理，创新脱贫区域正向退出机制

强化贫困人口的动态管理，有助于摸清扶贫底数，厘清贫困成因和脱贫路径，靶向扶贫。可依据制定的扶贫对象识别标准，通过科学调查，针对贫困人口建档立卡，运用现代信息处理技术与数据挖掘技术，建立和完善贫困人口管理和服务平台；理顺贫困统计部门与扶贫开发业务部门、公安、民政、教育等机构之间的关系，实现"合作式管理"，克服单一模式，推进管理的整体性与多元化；加强扶贫对象"进入—退出"的影响因素分析，及时总结减贫脱贫经验，洞察新型致贫原因并及时创新工作机制与方式。

传统扶贫开发政策赋予贫困区域较多的资金、政策、权利等发展资源，区域利益本位主义限制了贫困区域主动"脱贫摘帽"的积极性，影响国家区域间整体协调发展，也在一定程度上导致了扶贫资源的错误配置与资源浪费。创新脱贫区域正向退出机制，一方面调整现行扶贫开发政策体系，实现"普惠式扶贫向竞争式扶贫"政策建构转变，重视发展中减贫，亦即将扶贫资源利用领域与方向适度调整为既能促进区域发展又可带动减贫的领域；另一方面在鼓励发达区域承担更多扶贫开发责任的同时，给予其较多的政策、资金和较大的自由裁量空间等支持。

（四）厘清财政扶贫思路，促进财政金融政策联动

政府作为扶贫开发工作的主力军，面对新时期扶贫攻坚的艰巨任务，需要进一步厘清思路，紧紧围绕兜住底线、加快发展两个方面，从

转移支付、财税政策、体制调整等方面入手，推动精准扶贫：一是健全完善医疗保障机制和农村兜底保障机制，减少"因病致贫、因病返贫"现象，持续提高贫困认定线标准，做到医疗保障、农村低保与扶贫开发的有效衔接。二是加大财政扶贫资金投入，提高资金使用精准度。改革财政扶贫资金分配方式、支持重点、项目审批权限等管理机制，通过可用财力增量一定比例用于扶贫等方式建立长期稳定的财政扶贫投入机制，严格资金使用与监管，确保资金发挥最大效益，促进贫困地区基础设施建设、富民产业培育、民众能力素质提升等。

促进财政金融政策联动，发挥财政资金杠杆作用，强化金融支撑：一是支持做大金融产业，鼓励金融机构开发服务和创新产品；二是建立以精准扶贫专项贷款、农户小额信用贷款、贫困村互助资金增信计划和小额信用保证保险贷款为主体的精准扶贫金融服务体系，不断满足贫困户发展的资金需求；三是完善投资担保机制，优化扶贫信息共享和绩效考核机制，降低信贷风险。

（五）实施精准扶贫开发监测评估，重塑脱贫人口生计空间

扶贫开发监测评估有助于扶贫工作的查漏补缺，并且可为未来的扶贫移民工作提供方向。但传统扶贫开发项目绩效评估思路存在尚待完善之处：将绩效评估视为一个概念，没有将绩效和评估两个概念进行区分；仅仅将绩效评估视为效果评价，未对其"扶贫开发全过程进行反思，探讨扶贫开发规律，发现障碍因素，以更好的解决扶贫开发相应问题"的作用给予必要的关注；精准扶贫绩效评估不能仅仅从政府的角度展开，扶贫对象的发展意愿与诉求评估不可或缺等，精准扶贫绩效评估工作必须进行创新和改进，以掌握扶贫项目提高精准绩效的规律，发现问题并提出改进建议，提高扶贫资源利用效率。

扶贫对象生计困境的原因是其拥有的是贫困的生计空间，生计空间的再塑造是提高脱贫人口生计能力的基础，鉴于贫困人口脱贫之后可能面临的经济空间流失、社会空间断裂、制度空间社会排斥等生计脆弱风

险，应将脱贫人口的后期发展扶持纳入精准扶贫工作范畴，精准配置脱贫人口生计资源，综合运用金融、网络等工具和手段，重塑贫困人口生计发展空间，出台"脱贫人口后期发展扶持条例"等政策文件，与贫困人口减贫脱贫互为支撑，相互呼应，共同促进贫困地区加快发展，促进贫困人口脱贫致富。

（2016 年 2 月）

附录二　政府购买扶贫服务的逻辑推理与
扶贫政策优化思考 *

党的十八届三中全会做出《中共中央关于全面深化改革若干重大问题的决定》，首次赋予市场经济决定性作用，明确提出"推广政府购买服务，凡属事务性管理服务，原则上都要引入竞争机制，通过合同、委托等方式向社会购买"，立足全会精神，鉴于《关于政府向社会力量购买服务的指导意见》（国办发〔2013〕96号）颁布以来的政策实践，系统审视我国财政扶贫政策的重心转变与政策异化现象，着力政府购买扶贫服务的作用机制优化，充分发挥市场资源优化配置作用，对于提高国家治理能力，节约财政资金，改善民生具有重要作用。

一　政府购买服务的问题提出与资源配置效应

（一）政府购买服务的发展演进

政府购买服务源于西方的福利改革，以20世纪70年代英国开始的"撒切尔革命"为标志，作为各国新公共管理运动中影响较大的一项政府职能改革，其先后经历了由传统福利国家逐步向社会服务理念、公共服务理念、社会公共服务理念的转变，实践变迁体现出政府履行公共服务责任、社会部门资源配置效率提升、公众需求满足等三方力量竞合的社会经济发展本质。

---

* 此建议获省级领导批示和有关部门采纳。

　　中国的政府购买服务是在 20 世纪 90 年代计划经济与市场经济转轨背景下，政府探索公共服务市场化以提高效率的过程中逐步发展的。上海浦东新区在兴建罗山市民休闲中心时通过协商方式委托上海基督教青年会对休闲中心进行管理，是我国内地在政府购买服务领域首次进行的实践性探索。继而多个沿海省份在"转变政府职能和提升公共服务效率目标"的指引下，在精神卫生、社会工作、教育培训及扶贫开发等领域陆续开展了政府购买服务，取得了较大突破。在扶贫服务购买方面，较为典型的是 2005 年由国家扶贫办公室等部门与非政府组织合作在江西实施的村级扶贫规划项目，尝试以"政府购买 NGO 扶贫服务"的方式消解传统扶贫管理体制之弊。从 2011 年开始，政府购买服务进入政府推进阶段，尤其是在 2013 年国务院围绕"'十二五'时期构建完善的购买平台与机制，至 2020 年形成完善的购买服务制度"目标明确了政府购买服务改革方向以后，绝大部分公共事业行业已经有了市场化的尝试。

（二）　政府购买服务的资源配置效应

　　提升资源配置效率。国家将市场配置资源调整为决定性地位，使得"市场不再是在政府管控下发挥调节作用，而自主地起决定性作用"。市场配置主要依靠供求机制、价格机制、风险机制、竞争机制等市场机制发挥作用，最主要的是优胜劣汰的选择机制与奖惩分明的激励机制，在完善的市场经济环境下，市场供需双方需求对接，在政府合理规制并保障市场有序运转的前提下提升资源配置效率。政府对于公共服务的计划性资源配置有利于组织层面的整体协调，用统管取代竞争，但面对公众需求多样化、社会主体行权意识日益提升等现实挑战，让更多的社会主体参与到公共服务提供工作中来是大势所趋，政府购买服务就是其中的主要方式之一。有别于西方"市场原教旨主义"，政府购买服务并不代表完全的市场化，政府仍然发挥着主导作用，市场作用的主要领域限于资源配置环节，公平与效率兼顾。"政府购买服务可以发挥耦合政府、市场、社会资源的耦合器、调节器、倍增器作用，有助于引导、鼓励和促进市场、社会等领域的资源和力量投入社会服务，更好地促进社会公平正义、解放和增强社会活力"，实现公共资源配置与社会资源配置的有效结合，进而促进中国良好公共治理局面的形成。

放大财政支出促进发展的乘数效应。公共选择理论指出，政府在提供公共服务时应考虑公私合作，提高服务效率和公众满意度。发达国家在公私合作方面进行了诸多探索，英国、美国等倾向于向私人部门购买，德国、意大利等欧洲国家注重 NGO 组织发挥作用，日本等亚洲国家则强调"政府主体，市场参与"，不论采用何种方式，政府购买服务使得原来由自身提供社会公共服务的方式转为由市场第三方提供，延长了相关产业链条，优化了要素组合，衍生出各种需求，引起了 GDP 成倍数增长，放大了政府财政支出乘数效应。

二 财政扶贫的重心演变与政策异化

（一）财政扶贫的重心演变

减贫是国家与区域经济社会发展的重要任务，政府一直重视农村扶贫工作，特别是 1978 年以来，国家通过"政府推动，群众参与，社会协同"的方式有计划地开展扶贫工作，不断加大投入力度，贫困人口收入有了不同程度的提高，适合我国国情的财政扶贫模式也随之建立：1949～1978 年的救济式扶贫，1978～1985 年的改革经济体制减贫，1986～1993 年的开发式扶贫，1994～2000 年的攻坚式扶贫，2000～2010 年的基本贫困消除扶贫，2011 年至今的同步小康发展扶贫，扶贫手段主要有整村推进、产业扶贫、教育扶贫、基础设施改善、移民扶贫等多种方式，形成不同组合，不同阶段关注的重点不同，扶贫工作总的发展历程呈现出由"关注政策扶贫效果的国家导向"逐步朝着"注重外部环境改善的区域导向"直至"关注贫困人口可持续发展的能力导向"转变，扶贫模式主要由救济式扶贫向开发式扶贫转变，扶贫主体亦开始跳出行政区划走向具有区际合作效应的连片扶贫开发，扶贫方式由原来的"撒胡椒面"的普惠性扶贫逐步转变为精准扶贫、竞争性扶贫。如当前作为贫困地区同步小康抓手的"整村推进"工作，多是通过竞争择优，选择一些发展条件和产业基础相对较好的贫困村开展帮扶，被当作一个竞争性发展政策（或激励手段）来对待。

随着扶贫工作理念创新，鉴于"开发式扶贫边际效益递减与扶贫资源越来越难以惠及扶贫对象"的扶贫背景，面对扶贫工作中出现的贫困区域连片、贫困人口可行能力水平不高、要素市场发展滞后、贫困人口扶持意愿多样等现实挑战，政府财政扶贫需要提供的发展扶持服务品种与数量越来越多，实现有效的供需对接，提高扶持效率与维护社会公平，需要改变传统的政府"单方供应，自我评估"的状态，引入市场主体，创新"政府规控，部门购买，市场提供，群众参与"的扶贫服务提供模式。

（二）财政扶贫的政策异化

按照是否涉及公权力行使的标准，政府公共服务一般可以分为涉及公权力行使的公共服务（与行政执法相关）与不涉及公权力行使的公共服务两类。财政扶贫本质上属于基于社会公平与人权保障的社会资源再分配，是政府公共服务的主要内容。

现实扶贫实践中受到扶贫服务主体单一且管控水平限制，扶贫政策出现异化：一是项目资金上的规模排斥，项目扶持资金规模主要依据贫困人口数量，难以形成规模效应；二是项目需求排斥，常由帮扶主体的发展扶持措施与贫困人口自身发展意愿的脱节引起；三是发展项目入门排斥，尤其是生产项目的帮扶常捆绑资金配套条件，使得原本收入不高或积蓄较少的贫困人口被排斥出帮扶之列；四是市场排斥，帮扶主体重生产轻市场，贫困人口综合素质不高、市场意识不强、风险意识薄弱、组织能力不强等导致其在生产发展过程中遭遇排斥，收益受损；五是发展模式排斥，绝大多数的帮扶措施依然侧重传统的种植业，很少根据贫困人口所处的实际环境和优势，尝试和支持新兴产业和新型减贫手段，部分贫困人口可能永远也无法实现发展致富的目的。

财政扶贫涉及资源配置效率与民众发展权保障，兼顾政策绩效考量。考虑市场第三方服务主体在提供咨询、技术、信息、组织等发展扶持服务的"精准性、专业性、低成本、重服务"等特征，有效消减财政扶贫工作中的"政府失灵"现象，"政府更好发挥扶贫作用的基本路径是政府作用机制要同市场机制衔接，政府配置公共资源同市场配置市场资源结合进行"，由原来的包办模式变为协作模式，逐步开展并规范政府购买扶贫服务，充分发挥政府与市场的各自作用与优势。

三　政府购买扶贫服务的政策优化

（一）政府购买扶贫服务政策框架设计

扶贫服务是一个涵盖内部组织管理与外部贫困人口发展服务的系统工程，政府购买扶贫服务的重心为针对贫困人口发展的服务提供，亦即扶贫部门的本质职能表现是：由原来的政府直接为扶贫对象提供扶贫服务，转变为由社会服务主体围绕扶贫目标开展相关服务提供活动，政府财政购买并在此过程中进行超脱性的监督与控制，使得扶贫资金直接作用于扶贫对象，同时支持社会组织发展，提升社会治理水平。

政府购买扶贫服务框架完善需要加强顶层设计，重点考虑"谁来买、买什么、怎么买、谁来卖、结果如何评价"的问题，理顺环节关系。系统审视，一是明确政府购买服务的合理性。政府购买扶贫服务旨在提高政府扶贫公共服务水平，提高财政资金使用效益，为贫困群众提供优质的公共服务。二是界定政府购买扶贫服务的主体。依据国办发〔2013〕96号文件，各级政府扶贫管理职能部门是各类扶贫服务的购买主体。三是理清扶贫服务的内容。扶贫服务从服务发生时点可分为前期扶贫规划制定、中期实施、后期评估、全过程监测，从扶贫主题角度可分为技术咨询、专题问题调研、扶贫项目开展（技能培训、产业发展、危房改造、移民扶贫等）等诸多内容，也可围绕《中国农村扶贫开发纲要（2011－2020年）》专项扶贫设定的易地扶贫搬迁、以工代赈、整村推进、就业促进、扶贫综合改革试点等扶贫服务内容，进一步细化政府购买扶贫服务的清单。四是规范政府购买服务流程。借鉴西方国家政府购买服务经验，结合我国政府购买服务的前期实践，逐步规范政策采购、项目资助、合同委托、公开招标等方式，建立以项目申报、项目评审、组织采购、资质审核、合同签订、项目监管、绩效评估、经费兑付等为主要内容的规范化购买流程，有序开展工作，保障政府购买扶贫服务的有效性。五是发展扶贫服务提供主体。鼓励、支持社会组织、个人等扶贫服务提供主体发展，提高其扶贫服务水平，拓展扶贫服务领域，创新扶贫服务模式。六是完善扶贫管理机制。建立扶贫服务购买资金保障机制，明确扶贫管理服务评估与验收标准，加强扶贫服务全过程监管，强化扶贫服务后续管理，实现扶贫服务效用持续性发挥。

（二）政府购买扶贫服务政策的关键问题

注重政府购买扶贫服务系统建构与完善。政府购买扶贫服务不是"一买了之"，政府购买扶贫服务更是一个新型扶贫系统的营造过程，涉及购买主体项目识别、服务提供主体培育扶持、良性交易环境创建、清晰的责任划分、扶贫服务购买流程与规范的设定与优化、扶贫对象信息反馈与权益保障机制健全等多个方面，

纠正政府购买扶贫服务的观念偏差。政府购买扶贫服务是职能履行方式的调整，将政府扶贫服务的分配者角色与生产者角色剥离，政府应树立正确的政绩观，研判扶贫对象服务需求，明确界定购买服务的内容，防止出现"甩包袱"现象，克服官僚制下的权力寻租意识，政府在购买扶贫服务时应遵守市场秩序，秉承国家社会契约与市场契约精神。

关注扶贫服务领域的科学选择。财政扶贫兼顾效率与公平，考虑贫困成因，应统筹考虑普惠性的扶贫服务（如基础设施建设改善贫困区域发展环境）与竞争性的扶贫服务（如产业发展促进贫困人口增收），在关注扶贫资源利用效率的同时力争实现均等化，保证政府购买公共服务的基本走向，从而较好地体现公平与效率的统一。

强化扶贫对象参与。扶贫服务购买的公共财政支付属性决定了扶贫对象集"扶贫服务的提供者、扶贫服务的受益者、扶贫服务的监督者、国家的主人"等多重身份，应保障其在政府购买扶贫服务活动中的参与权、受益权、监督权等合法权益，充分考虑服务对象的满意度，避免政府购买扶贫服务过程中的"道德风险"、"质量风险"与"政府—服务提供者合谋风险"等问题发生。

四　政府购买扶贫服务的制度保障

一是依法依规推进政府购买扶贫服务。发达国家关于政府购买服务的法规、规范比较细致、全面，针对可能发生的问题均有明确规定，具有较强的可操作性。《国务院办公厅关于政府向社会力量购买服务的指导意见》对于我国政府购买服务行为进行了较为原则的规定，政府购买扶贫服务的规范尚处于空缺状态，亟须制定并在实践的过程中加以规范，明确政府购买扶贫服务过程中的利益相关者权责、行为流程、权益保障与追责机制，调整政府购买服务的法律体系，优选适用公权规控后者私权保护的制度措施，强化监管体系建设，保障政府购买扶贫服务行为有据可循，高效、规范运行。

二是鼓励扶贫服务内容与方式创新。区别于当前政府自主提供扶贫服务的模式，作为一种新型扶贫服务系统的政府购买扶贫服务模式，其创建与完善的核心在于扶贫服务的内容能够有效对接扶贫对象的意愿。鼓励扶贫服务提供主体准确把握扶贫对象需求，明晰各地发展要素资源禀赋差异，促进要素流动，突破传统经济发展路径，在更高层面进行发展要素的有效配置，开展扶贫服务内容与提供方式的创新，有效解决传统扶贫服务过程中的扶贫资源渗漏、扶贫对象瞄准困难、扶贫方式陈旧等不足，提高扶贫服务水平。

三是培育扶贫竞争性市场结构。政府购买扶贫服务模式的有效实现，需要市场优化资源配置作用的有效发挥，培育竞争性市场结构，构建"政府—市场—社会组织—贫困人口"互动激励机制：明晰政府权力边界，加快行政审批制度改革，强化资金使用审计，准确定位并有效扮演监管者角色；完善市场竞争机制，建立政府购买扶贫信息平台，形成信息公开制度，维护市场秩序；大力培育作为扶贫服务提供者的各类社会组织与个人，明确扶贫服务提供者资质要求，规范社会组织登记政策，提升社会组织服务能力；强化贫困人口参与，加大贫困人口脱贫可行能力提升的扶贫服务提供力度，多方协同，提高扶贫治理能力。

（2015 年 1 月）

附录三　关于提升扶贫资源配置效率的政策建议*

改善民生和扶贫攻坚是江西同步全面小康必须完成的硬任务。针对赣南等原中央苏区扶贫绩效调研、扶贫移民生计可持续发展调研、连片特困区扶贫资源配置效率比较等的调研发现，江西扶贫工作存在"扶贫政策异化现象明显，扶贫资源边际效益递减；普惠式扶贫政策对接多维致贫因素困难，中间力量的利益阻隔突出；特殊贫困群体边缘性特征显著，发展不平衡带来贫困群体社会剥夺感增强；贫困主体对接能力不足，资源配置机制亟须调整"等问题。"十三五"期间要提升扶贫资源配置效率，建议重点做好八个方面的工作，以切实做到"扶真贫、真扶贫、治本扶贫"，实现我省扶贫工作稳中有进，量质双升。

一是把脉意愿，精准扶贫。

准确把脉贫困人群发展意愿，明晰贫困区域发展要素资源禀赋差异，清晰测度已有生产发展资源利用效率，实施精准管理与精准考核，确保扶贫资源得到有效利用。

二是更新理念，实施普惠式扶贫向适度竞争式扶贫战略转变。

实施适度竞争式扶贫战略，设计并完善扶贫项目竞争申报、实施与管控制度，推进扶贫工作专业化，逐步建立起"贫困主体全过程参与、发展项目竞争择优，政府普惠扶贫托底"的扶贫工作长效机制。

三是注重扶贫治理机制创新，优化扶贫资源运作与传递。

建议由省人大制定"江西省扶贫条例"，加强扶贫法制化建设。优化扶贫资源传递系统，保证项目管理和具体操作到村、到户。

---

*　此建议获得有关部门采纳。

四是供需对接，注重"组合式"发展扶持模式创新。

按需定供，探索"产业链式扶贫"新机制，构建扶贫信息服务网络平台，实施"组合式"发展扶持，有效对接多维致贫因素。

五是强调产业结构优化升级，提升贫困区域自我发展能力。

六是推进"五化同步、镇村联动"，提高贫困人口资源承接水平。

完善"贫困区域产业协同化、农村资源资本化、基础设施信息化、贫困人口组织化与自治化"的五化同步政策，按照"城镇村联动、产镇村融合"要求，拓展发展空间，统筹城乡发展。

七是关注"支出型贫困"家庭救助，进一步健全社会保障体系。

逐步完善基本福利保障救助、自我循环救助、组合式模式救助等救助模式，明确资金保障，优化动态监管机制。

八是整合扶贫资源，强化发展扶持政策衔接。

以项目为载体，坚持"顶层要统，资源要合，权力要放，过程要管"原则，有效解决扶贫政策"纵向承接缺位，横向协调模糊"的衔接问题，发挥扶贫资源汇聚效应与协同效应，促进贫困人口安稳致富。

（2016 年 2 月，此建议获得江西省"十三五"规划"建言献策"二等奖）

附录四 "领跑脱贫攻坚"调研报告

——江西"领跑脱贫攻坚"的典型扶贫实践调研与政策建议

脱贫致富是一个系统工程，扶贫开发既是资源配置过程，也是扶贫对象"资源基础上的可行能力形成与提升"过程。精准扶贫是基础，领跑脱贫攻坚是目标，扶贫开发模式创新是载体，"领跑脱贫攻坚"的更高要求是实现扶贫治理的现代化。"十三五"期间，江西省扶贫攻坚任务依然艰巨：204万贫困人口，25个贫困县，2900个贫困村，且主要分布在集中连片特困地区，自然条件差，贫困程度深，增收难度大，是扶贫开发最难啃的"硬骨头"。围绕省委省政府提出的"全省提前两年基本消除绝对贫困现象；到2020年努力成为全国扶贫攻坚的样板区"扶贫开发目标，"十三五"期间要打赢脱贫攻坚战，实现"领跑脱贫攻坚"更高要求应将"精准"与"领跑"兼顾。

藉此，课题组选择赣州市石城县（罗霄山集中连片特困地区县、专项扶贫特色县）、瑞金市（罗霄山集中连片特困地区县、江西精准扶贫工作先进县、扶贫资源富集区）和抚州市广昌县（国家扶贫开发工作重点县）3个县（市）作为调研样本，在通过与县（市）政府、扶贫办座谈充分掌握样本县（市）区域层面扶贫开发整体工作推进情况的基础上，深入石城县琴江镇（大畲旅游扶贫示范点）、县城工业园区（蓝鱼鞋业、中国鞋材网）、丰山乡（丰山乡薏仁合作社）、小松镇（镇就业服务中心、江西恒丰食品有限公司），瑞金市叶坪乡（田坞村、朱坊村、黄沙村）、沙洲坝镇（洁源村社区活动中心）、绿野轩生物科技有限公司、红都新城移民安置点，以及广昌县驿前镇（贯桥村同心·振兴原中央苏区示范点）、头陂镇（西港村华润集团援建点、羡地村大棚蔬菜基地）共8个乡（镇、园区）16个示范点进行了实地调研，总结各地脱贫攻坚典型经验，探寻扶贫开发问题，凝练扶贫开发模式，健全扶贫开发体制与机制，以扎实推进精准扶贫工作，优化脱贫攻坚顶层设计，提高我省扶贫开发治理水平，进而为实现我省"十三五"脱贫攻坚战略目标提供对策参考。

一 典型扶贫开发工作实践与探索

（一）理念引领：全域扶贫、分类施策与差异化扶贫相结合

领跑脱贫攻坚，理念先行。各地将"专项扶贫+行业扶贫+社会扶贫"的传统扶贫开发格局与现代精准扶贫方略有机整合，正确处理区域发展与扶贫开发二者关系，立足区域资源禀赋优势，通过实施"扶贫开发为点，主导产业转型升级为线，现代服务业发展带动为面"的"全域扶贫"战略，将扶贫开发嵌入区域发展整体工作，"变负担为资源"，促进二者良性互动。如石城县基于全域扶贫理念和当地特色旅游资源提出了"打赢六大扶贫攻坚战，打造全域旅游示范区，大力发展现代服务业引领全域发展战略"，取得了较好成效。

强化精准识别，做细做实扶贫工作。精准识别是实现"真扶贫、扶真贫"工作目标的保障，也是因户施策的基础，瑞金市"五个一"（一室、一橱、一袋、一牌、一卡）工作法、广昌县"精准扶贫信息管理系统"以及石城县的"八不评"、"十三步程序"、"四步识别法"等探索为各地扶贫对象精准扶贫、扶贫人口"进入—退出"的管理信息动态控制提供了良好借鉴。在精准识别的基础上因户施策的同时，各地强调对于致贫原因不同的扶贫对象给予不同的扶持措施、处于不同贫困程度给予同类政策下的不同程度的资源扶持，如瑞金市依据有无发展能力将贫困户分为创业型、脱贫型和保障型三类，有针对性地选择产业扶贫、就业扶贫、社会保障兜底措施精准帮扶，切实做到"活用政策，用实资源"。

（二）组织引领：党建立基于产业，资源整合定位于项目

党的领导是扶贫开发的关键，扶贫开发是检验党建成效的主战场。各地坚持把党建扶贫作为助推大扶贫战略行动的有效抓手，最大限度凝聚精准扶贫正能量，努力探索出一条党建扶贫新路子，如石城县在扶贫攻坚过程中认识到"贫困人口增收致富不能单打独斗，融入并依托'风险共担、收益共享'的农村经济合作组织或者将农户与企业发展捆绑是实现贫困人口生计可持续的重要发展思路"，但合作组织和企业等经济主体在发展过程中都有逐利特征且政府不能强制其服务扶贫开发工作，而将党组织建构于合作组织（如丰山乡薏仁合作社专门成立了党支部）和企业，党建立基于产业，则能够很好地发挥党组织的发展协调、联通和凝聚作用，有效整合经济组织的逐利目标和社会责任履行目标，助力扶贫开发。

同步小康目标指引下的扶贫开发，多元主体参与其中，扶贫资源形式多样、数量各异，各地按照"渠道不乱、用途不变、各负其责、各记其功"的原则，"各炒各的菜，共成一桌席"，以项目为载体，将扶贫开发资源与其他部门、渠道的支农惠农资源整合捆绑起来，统一规划、共同实施，使贫困群众从中受益。如瑞金市叶坪乡黄沙村整合新农村建设、土坯房改造、产业扶贫等多项资金，依托红色资源和"文革"历史遗存大力发展旅游业，围绕"农家旅馆＋山乡旅游＋红色教育"的扶贫开发思路，逐步实现了生产富足、身体健康、生活富裕的"黄沙梦"。

（三）创新引领：健全多元参与扶贫开发协同机制，强化"组合式"扶贫模式创新

提升扶贫开发工作绩效，重在提高资源配置水平，关键在于扶贫模式创新。

一是体制机制创新方面。坚持高位推动，结对帮扶，"一手抓能

人,一手抓扶贫",发挥单位挂点、干部驻村优势,加强脱贫外力支撑;强化基层民主,健全村级民主管理制度,完善村民理事会和基层党组织,充分尊重村民自治,如瑞金市沙洲坝洁源村民理事会骨干成员实行"脱产管理",切实服务群众,以一流的服务得到了民众认可,赢得了民众信赖,也为扶贫工作开展营造了良好氛围;动员社会力量,利用老区建设促进会、红十字会等平台,通过实施对口帮扶、"四进四连"、"同心工程"等项目,凝聚帮扶合力;坚持"利益即责任"原则,明确扶贫治理过程中各利益相关者的利益关联和多维扶贫目标,基于"扶贫对象可行能力提升"这一共同目标强化产业、教育、社会保障、异地搬迁和生态补偿等多元扶贫模式的协同机制创新,如广昌县以提高贫困人口发展能力为目标,着力组织"生活扶贫歼灭战、产业扶贫攻坚战、政策兜底阵地战和社会扶贫突围战"四大战役,效果明显。

二是扶贫模式创新方面。产业扶贫变原来"阶段瞄准的短平快帮扶"为"全产业链帮扶",按照"选准一个产业、打造一个龙头、撬动一笔贷款、创新一套机制、提供一套服务"的五位一体模式,推进"政府+公司+合作组织+银行+贫困户"的模式扶贫,拓展扶贫新路,如石城县赣江源农业发展有限公司推动的分户式光伏发电项目;安居扶贫关注发展规划,坚持政府主导和群众自愿相结合,以进城进园安置为主、圩镇安置和中心村安置相结合的梯度安置模式,避免出现移民"二次搬迁",重视移民社会适应与社会融入,从根本上改善贫困移民群众的生存环境,如瑞金国家经济技术开发区移民小区建设项目;金融扶贫模式创新体现在创新担保方式、创新贷款品种和创新协作机制等方面,从源头上解决农民贷款难问题,为贫困地区重塑具有成长性的经济增长模式,在技术、信息、融资等方面形成合力支持;社会保障扶贫实施动态控制,随着社会经济发展水平的提高不断提升最低生活保障水平,并针对"因病返贫、因学返贫、因老返贫"等致贫原因,构筑大病救助、社会救助与教育支持等脱贫最后防线。

（四）保障引领：统筹农村改革，完善脱贫人口生计发展长效机制

统筹农村改革，有助于显化农户财产性收益，为贫困人口资产性收益增进奠定基础。各地聚焦农业供给侧结构性改革、农村集体产权制度、农业经营制度、农业支持保护制度、城乡发展一体化体制机制和农村社会治理等领域，尤其是关注农村产权制度交易平台建设，如瑞金市叶坪乡油茶合作联社与油茶企业联合，实施油茶林"回购返租"，既能够为贫困人口提供效益分红，又能为其提供就业岗位，帮助其提高技能、增加收入，远近结合，一举多得。

脱贫人口的返贫问题成为蚕食扶贫开发工作成果和阻碍扶贫目标顺利实现的顽疾，各地健全脱贫攻坚考核机制、精准脱贫退出机制、改革投入分配管理机制和脱贫人口生计可持续发展扶持机制，以创新激发动力活力。如瑞金市专门对精准扶贫工作制定了严格的考核办法，将扶贫攻坚工作纳入各单位、各乡镇综合考评体系和干部选拔任用评价体系，健全完善定期调度、定期督查制度，对精准扶贫不达标的，实行"一票否决"；再如广昌县对于脱贫人口实施"脱贫不脱政策"、"扶上马再送一程"的工作方式，持续跟踪，以尽可能减少贫困脱贫返贫风险，实现脱贫人口的生计可持续发展。

二 调研问题发现与政策建议

（一）强化扶贫资金管理，注重扶贫资源优化配置

脱贫攻坚任务完成需要大量扶持资金支撑，调研发现，目前80%以上的扶贫资金为财政资金，使得扶贫资金在使用管理上受到配套、程序、数量和投向方面的制约。

表现一：配套资金门槛过高

由于发展水平不高，贫困区县自身在财政支出方面捉襟见肘，中央

和省级部门在划拨财政支农项目资金时，往往要求地方财政进行资金配套，且多数产业项目要求按1∶1比例配套，虽然这种要求有防范资金挪用、放大资金杠杆效应等考虑，但多地表示由于地方财力不足，配套资金吃紧，无力提供配套。

政策建议：考虑各地区的财政收支实际情况，合理安排配套资金分配比例。对于经济实力较弱的地区，合理下调地方配套的比例。

表现二：扶贫资金拨付迟缓且相对分散

财政扶贫资金下拨需要经过项目规划、年度计划、预算、审批等多个程序，走完一套程序一般要2~3个月，且很多项目资金是分年支付，同步小康的脱贫攻坚工作时限要求，给实际工作带来了资金到位时间长、资金支付分散致使项目进展迟缓、资金利用效率低下等问题。

政策建议：提高前期科学规划水平，注重规划、计划的合理性审批，减少资金管理的审批环节，将项目资金管理风险防范重心前置，以提高资金拨付效率；强化资金使用过程监管，有效防范资金管理风险；按照对应任务种类针对不同扶持资金分类管理，常规性、时序性任务的扶贫资金年度支付，时间敏感性任务（如产业项目）则要考虑项目投入的前期、中期、后期的资金投入比例安排支付计划，真正发挥"救急济困"的作用。

表现三：引发非贫困户攀比与扶贫资金投向主次关系模糊

按照精准扶贫方略要求，依据"五个一批"扶贫工程推进思路，各地的扶贫资金投向主要分布于产业、搬迁、教育、生态补偿和社会保障兜底等领域，精准帮扶的同时一方面有可能会引发非贫困户的攀比意识，增强其相对剥夺感，一方面有可能模糊资金分配重心，难以对接"精准扶贫助力于贫困人口可行能力提升的核心要义"。

政策建议：贫困地区农村面貌虽然有了较大改变，但农村住房、交通、医疗、教育、饮水等基础设施薄弱的问题依然存在，建议精准扶贫推进过程中，一方面考虑贫困人口生计可持续发展目标，加大产业扶贫帮扶力度（部分省区规定产业扶贫资金在总资金规模中的比例不得低于 50%），虽然产业扶贫存有较大的市场风险，但在改变人们的发展意识、贫困人口持续增收等方面具有无可替代的地位；一方面考虑贫困户与非贫困户关系的协调，扶贫过程中仍然要重视区域基础设施建设投资，充分发挥公共投资的乘数效应，改善区域发展环境，尽可能使得区域民众共享发展成果。

（二）协调政府与市场作用发挥，提高扶贫开发治理水平

精准扶贫，领跑脱贫攻坚需要重新审视传统扶贫业务，实施流程再造和创新。针对当前政府过度包揽扶贫开发工作的现状，有必要明晰经济新常态背景下的政府与市场的作用边界，注重多元主体参与和多方利益诉求最大化实现，实现扶贫开发治理的现代化。

表现一：政府过度干预状况亟待改善

自《关于打赢脱贫攻坚战的决定》、《省级党委和政府扶贫开发工作成效考核办法》颁布实施后，扶贫开发、脱贫攻坚成为各地政府的"1号工程"，从扶贫开发规划编制、年度计划审定、扶贫方式选择到项目推进实施与调度、各个贫困户家庭发展决策乃至产品市场开发等都亲力亲为。调研发现，虽然在短期内确实大大推动了扶贫开发工作进程，但这种做法的长效作用在一定程度上也颇受微词。

政策建议：扶贫助困是政府职能体现，资源开发与区域发展则是市场选择和激励机制作用的结果，故政府在扶贫开发工作中，应避免大包大揽的做法，重在贫困人口帮扶和扶贫长效机制设计；政府针对贫困的多维特征，应在帮扶贫困人口经济脱贫的同时，关注民众的发展权益保障、社会的公平正义以及良性社会秩序的建构与维护，加之充分发挥市场在资源配置过程中的决定作用，才能有效实现区域发展和贫困人口从"资源基础"到"可行能力"提升的跃升。

表现二：结对帮扶部分流于形式

干部结对帮扶具有"先进带动后进、优势带领劣势"的作用，是各地普遍采用的"政府下沉、条块联结"的重要方式。由于观念、资

源约束，结对帮扶仍存在部分沉不下去、流于形式，缺乏保障、考核困难，帮扶能力有限、难以脱贫等不良现象。

政策建议：结对帮扶是一个双向选择的过程，不能简单地行政指定，不能扭曲其自愿性行为特征；各地在推进扶贫开发工作过程中，强令政府工作人员结对帮扶，于法无据，且在一定程度上可能遭到部分干部的抵触，尤其是本职工作较为繁重的岗位人员，既影响了本职工作效率，又使得结对帮扶流于形式，造成资源浪费，建议通过修订工作人员的考核办法（重在经费保障、业务考核指标和考核期限），使其成为政府机构和工作人员履行组织公民责任的一种模式，引导结对帮扶走向社会扶贫方向。

表现三：扶贫资金金融撬动规范化程序

推动贫困人口脱贫，促进贫困人口持续增收是重点。各地普遍做法是将贫困农户与龙头企业、农村经济合作组织捆绑，关联纽带是将财政下拨的扶贫资金用于银行贷款，采用金融撬动方式，交由企业、合作组织使用和管理，政府担保甚至贴息，贫困人口从企业和合作组织中获得持续收益（主要为利益分红和就业岗位收入）。调研发现，部分贫困人口对于捆绑做法存有抵触思想，主要原因是资金捆绑使用可能带来机会损失（部分贫困人口提出如果交由个人处理，进行创业或其他投资的收益有可能更大，且在一定程度避免了贫富差距加大）。

政策建议：资金捆绑使用，放大金融杠杆效应，取得较好市场收益和扶贫效果的做法值得提倡，但鉴于财政扶贫资金公共属性及其使用对象的特定性特征，建议资金捆绑使用时，一要采集扶贫对象的资金使用意愿，二要在选择企业和经济组织等资金使用主体时注重扶贫对象的参与，三要区别扶贫资金投资收益与其他种类投资资金收益分量比例（调研发现，这条建议各地普遍赞同，尤其是要加大扶贫资金投资收益的比例）。

（三）健全脱贫人口长远生计可持续保障，优化扶贫开发绩效考核机制

要进一步完善县乡综合考核评价机制，将精准扶贫攻坚实绩和扶贫

规划实施作为重要内容，用实用好考核扶贫实绩的"指挥棒"，切实保障"领跑脱贫攻坚"更高要求顺利实现。

表现一：部分考核指标脱离实际

国家、省对贫困县脱贫摘帽、贫困村退出的考核验收标准要求过高，如 25 户以上自然村的道路硬化率达 100%、新农村建设率达 100%、饮水安全达标率 100% 等，短期内完成的压力非常大，完成后也会有欠账。

政策建议：针对区域自然环境、社会发展水平、风俗文化等特征将贫困区域划分为人口分散区、相对集中区、密集区三类，进一步梳理、优化扶贫开发考核指标，实施针对性考核，以避免出现考核指标中的"一刀切"、"资源投入收益严重不对称导致扶贫资源浪费"、"扶贫开发唯考核指标论"等手段与目的倒置的不良现象，扭曲扶贫开发工作。

表现二：精神扶贫仍需常抓不懈

贫困的发生，既有客观原因，也有主观原因。相比于交通闭塞、自然条件恶劣、灾害疾病丛生等致贫因素，观念陈旧、信心缺失、道德失衡等主观因素滞碍脱贫进程更为突出，调研发现部分地区在扶贫开发过程中仍然存在"重经济轻文化、重物质轻精神"的状况。

政策建议：针对"观念滞后、主动脱贫的干劲不足，惰性作祟、存在等靠要的思想，精神空虚、容易偏离正路，风气不纯、乡村治理难度加大"等亟待解决的精神贫困问题，建议积极开展"精神扶贫"，在整合农村现有宣传文化、党员教育、图书出版、电影放映、体育健身、科学普及等方面资金、项目、场所、设施、人才等资源的基础上，充分利用乡文化站、村社文化室、党员活动室、农家书屋、乡村体育健身工程等阵地，挖掘各乡村自然景观和优秀传统文化资源，突出自身特色，大力开展群众喜闻乐见的文化活动，将精神扶贫、文化扶贫有机嵌入其他扶贫方式，不断激发贫困群众求知、求美、求乐的热情，帮助贫困群众既富口袋又富脑袋，同步推进物质脱贫与精神脱贫。

表现三：脱贫返贫长效机制亟待优化

由于农村发展资源与环境、脱贫人口的市场适应能力与生计脆弱性等因素的综合影响，农村有相当部分的脱贫人口又重新陷入贫困，且随着贫困标准的提高返贫率会逐步上升。脱贫人口的返贫问题如影随形，成为蚕食扶贫开发工作成果和阻碍扶贫目标顺利实现的顽疾，应采取有效措施治理农村返贫现象，巩固扶贫开发成果。

政策建议：针对不同类型脱贫人口返贫特征，剖析返贫风险传导机制，系统设计脱贫人口返贫风险预警指标体系，建立多元主体风险预警机制，强化社会稳定风险评估，健全脱贫人口返贫动态风险防范体系；规范财政扶贫资金投资项目的收益回收制度，形成"扶贫互助资金自我积累"的良性循环机制；建议国家管理机构出台"脱贫人口后期扶持条例"，明确扶持对象、扶持方式、扶持期限与扶持责任等内容，切实保障脱贫人口生计可持续发展，最大化消减脱贫人口返贫。

（2016 年 5 月）

附录五　"整村推进"工程开展调研报告

——贵州省移民小康村建设"整村推进"工程研究评估报告 *

一　概述

（一）贵州省水库移民安置概况

贵州省位于我国西南部，处在长江和珠江两大水系上游交错地带，辖内河流水系发达，河网纵横分布。贵州省河流均属山区雨源型河流，落差大，水能资源丰富。全省水能理论蕴藏量 1874.5 万千瓦，可开发量 1780 万千瓦，居全国第六位，平均每平方公里蓄能 108.06 千瓦，居全国第三。作为"西电东送"的重点省份、西南重要的能源基地，贵州省水电开发始于 20 世纪 60 年代，但真正大规模开发是在世纪之交的"西电东送"战略实施时期，截至 2013 年底，全省已建和在建的大中型水电站有 30 多座，开发规模约 2500 万千瓦，开发利用率已达 80% 以上。

对贵州省而言，电力既能促进区域经济社会发展又能支援国家建设，对促进地方经济发展，推进工业化和城镇化、促进经济结构调整、缩小城乡差距、改善农村生产生活条件、推进地方农业生产、增加移民收入、加快脱贫步伐、促进民族团结、维护社会稳定发挥了不可替代的作用。

---

* 此建议获有关部门采纳。

贵州省水库移民工作最早始于 1958 年建设猫跳河水电站,截至 2013 年底(含《贵州省水利建设生态建设石漠化治理综合规划》涉及工程移民),贵州省已建有大中型水利水电工程 110 多座,涉及全省 9 个市(州)83 个县(市、区),经核定的后期扶持人口有 60 余万人,连带影响人口 120 余万人。

水库移民是水利水电工程建设的重要组成部分,移民安置的成效随着国家政策的不断完善而逐步提高。1985 年以前,受国家政策和移民安置指导思想的局限,农村移民安置主要采取就地后靠安置的方式,库周后靠移民达 80% 以上,移民安置后耕地面积减少,质量下降,人多地少的矛盾非常突出。加上对移民安置区基础设施建设重视不够,农村移民搬迁后生产生活难以恢复到原有水平,老库区移民遗留问题较多,如乌江渡、东风、普定等,库区移民遗留问题比较突出,引起了党和政府的高度重视和关注。从 20 世纪 80 年代初期,国家开始陆续出台解决水库移民遗留问题的相关政策,开展水库移民遗留问题的处理工作。

2006 年以来,贵州省认真贯彻落实《国务院关于完善大中型水库移民后期扶持政策的意见》(国发〔2006〕17 号),加大了水库移民后期扶持工作力度,结合全省实际,出台了一系列水库移民后期扶持政策,加大各类后期扶持基金征收力度,大力改善水库移民安置区基础设施建设,培养移民产业项目,推进水库库区和移民安置区经济发展,增加移民收入,移民的生产生活条件得到了明显改善,生活水平有了明显的提高,部分库区移民的收入已达到或超过当地移民平均水平。但在部分水库库区和安置区,仍然存在基础设施落后、产业结构不合理、库周地质灾害隐患导致部分移民生产生活困难。

(二)移民小康村建设"整村推进"工程历程

鉴于水库移民发展现实状况,为抢抓机遇,解决好移民的长远生计问题,贵州省水库和生态移民局在总结中央直属水库 6 年后期扶持规划实施经验的基础上，提出了把解决移民当前温饱问题与长远发展相结合的工作思路，从根本上解决移民的脱贫致富问题；把移民后期扶持与新农村建设结合起来，推动移民工作由难点向亮点转变；把扶持治穷与提高移民素质结合起来，多渠道增加移民收入；把改善移民生存条件与生态移民政策结合起来，实施移民二次搬迁，缓解库区人地矛盾；把实施移民后期扶持与解决连带影响人口问题结合起来，维护库区和移民安置区社会稳定，重点提出了"把移民安置、后期扶持与新农村建设结合"起来，在全省范围内开展移民示范村建设"整村推进"工程，集中解决移民困难问题，实现全面小康目标。

2007年9月，省人民政府办公厅印发了《关于移民示范新村建设有关问题的通知》（黔府办发〔2007〕105号）。2007年10月，省移民开发办公室印发了《贵州省移民开发办关于上报移民示范新村有关情况的通知》（黔移办发〔2007〕40号），首次规划了50个移民示范新村，编制了《2008~2012贵州省大中型水库后期扶持移民示范新村规划》，全面启动了50个移民示范新村建设工作。

在实施移民示范村建设工作过程中，各地以规划为引领，以产业发展、移民增收为核心，以村庄整治、改善人居环境为重点，以提高素质、完善文化设施为补充，以整村推进、全面实现小康为目标，认真开展项目建设工作。经过5年的移民示范新村建设，贵州实现了规划建设目的，主要表现在：一是提高了移民群众收入；二是提高了移民综合素质，增强了移民生存和发展的技能；三是提高了社会保障能力；四是提升了移民示范村民主管理水平，切实维护移民的民主权利；五是提高了示范村乡风文明程度，营造了和谐、稳定、安居乐业的库区和安置区社会环境；六是起到了示范带动作用，引导周边非移民区和其他移民区经济社会快速发展。基本使移民新村达到"生产发展、生活宽裕、乡风文明、村容整洁、管理民主"的要求，为建设社会主义新农村做出应有的贡献。

为全面推进此项工作，帮助移民群众改善基础条件，尽快脱贫致富，2012 年 4 月，省水利水电工程移民局印发《关于进一步做好水库移民示范新村建设"整村推进"工作的通知》（黔移发〔2012〕18号），将移民"整村推进"工程推广到移民集中安置 500 人以上的重点村。为突出重点，以点带面深化整村推进移民小康村建设，省水库和生态移民局与省财政厅印发了《关于印发全省 30 个"整村推进"移民小康村建设省级重点示范村的通知》（黔移发〔2014〕40 号），组织专家从各地上报的 53 个基础条件较好的村中审查评选出 30 个村作为省级重点示范村，一次性投入资金重点打造，突出示范带动作用。

目前，全省 30 个省级重点移民示范村、150 个非重点移民小康示范村正按照规划紧张有序地开展建设工作。

（三）研究评估工作简介

1. 研究评估目的

结合《关于委托开展移民小康村建设"整村推进"工程研究评估的函》（黔移函〔2014〕90 号）文件要求，准确选点，从思想认识、组织建设、项目推进、后续管理方面全面评价全省尤其是遵义市的移民小康村"整村推进"工程实施现状，综合考虑移民小康村建设过程中所面临的机遇与挑战，解读移民小康村"整村推进"工程中面临的问题及成因，归纳总结发展中可资利用的资源和需要规避的风险，比较借鉴其他市（州）移民示范村建设经验，研究提出移民小康示范村"整村推进"下一步的工作思路、重点领域与推进机制，进行有效的政策完善与风险规避，促进移民小康示范村产业发展、社会和谐、环境优美与移民增收，实现和谐移民安置的目标。

2. 研究评估过程

课题组进行了充分的前期准备，研究制定调研大纲，并根据工作内容要求设计了调查表格。

本次调查采用典型社会调查与抽样调查、访谈调查相结合的方式开展。

典型社会调查：课题组在各地移民管理机构和人员的配合下，按照分布区域、新老库区、发展水平、"整村推进"村发展资源等标准科学选点，样本点涉及贵州省遵义市、铜仁市、黔东南苗族侗族自治州、贵阳市、黔西南布依族苗族自治州、毕节市等6个市（州），9个县（市、区），9个库区，10个乡（镇、社区），10个移民小康村建设"整村推进"村。在每个样本点，调研组按照实地查看、与当地干部及移民代表座谈、社会经济问卷调查三个步骤开展工作。

附表5－1　贵州"整村推进"工程典型研究评估样本村样本户设置情况

区　域	选点依据	样本村	涉及库区	小康村批次
遵义市	位于贵州省北部；移民大市；"四在农家"与小康村建设衔接紧密；"整村推进"工程进展良好；具有前期研究基础	遵义县乐山镇浒洋水村	浒洋水水库	第二批
		正安县安场镇瑞濠村	石峰水库	第二批与省级重点示范村
		湄潭县马山镇新建村	湄江湖水库	第二批与省级重点示范村
		习水县二里乡观摩村	杨家园水电站水库	第二批
铜仁市	位于省东部；新库区建设与发展机遇有机集合	碧江区漾头镇九龙村	漾头水电站水库	第二批与省级重点示范村
黔东南苗族侗族自治州	位于省东南部；发展资源（尤其是土地等自然资源）缺乏；受移民后扶政策转变影响较大，基础设施建设基础差	剑河县革东镇（城关社区）展架村	三板溪水电站水库	第二批与省级重点示范村
贵阳市	位于省中部；城乡一体化发展程度高，工业反哺农业力度大；区位优势明显	观山湖区百花湖乡三堡村	百花湖水电站水库	第二批与省级重点示范村
黔西南布依族苗族自治州	位于省西南部；移民大州且少数民族聚集；产业发展特色明显	兴义市南盘江镇南龙村	天生桥水库	第二批
		兴义市三江口镇安沙村		第一批

续表

区 域	选点依据	样本村	涉及库区	小康村批次
毕节市	位于省西北部；社会经济发展水平低；"先行先试、封闭运行、风险可控"的国家级改革试验区	金沙县岚头镇茅岗村	乌江渡水电站水库	第二批与省级重点示范村

数据调查：涉及贵州省遵义市、铜仁市、黔东南苗族侗族自治州、贵阳市、黔西南布依族苗族自治州、毕节市、六盘水市等7个市（州），12个县（市、区），13个乡（镇），15个村，12个库区，共发放各类数据表格262份，收回数据表格262份，其中移民管理机构治理能力建设调查表19份，村级社会经济信息、发展资源表59份，样本户社会经济调查表96份，各级（县移民局、乡镇、工作站）干部访谈表16份，移民小康村建设"整村推进"工程研究评估满意度调查问卷55份，新型经营主体表（种养大户、合作社理事长）等9份，并且在市级层面收集整村推进相关政策文件8份。

　　课题组依据调研所获信息与资料，结合省水库和生态移民局有关"整村推进"移民小康村建设要求，坚持"依法依规，客观公正和实事求是，研究评估指标统一、连续系统评价，重点突出，点面结合"的原则，科学评估"整村推进"工程实施情况，理性总结并系统提出了下一步工作思路。

二 移民小康村建设 "整村推进" 工程推进环境分析

（一）整村推进理论启示

　　"整村推进"是一项综合性发展与扶持工程，以村级社会、经济、文化的全面发展为目标，坚持开发与发展并举，精细规划，分步实施，突出重点，整体推进。在建设内容上以发展经济和增加移民收入为中心，力求山、水、田、林、路综合治理，教育、文化、卫生和社区精神文明共同发展；在资金投入和扶持量上，以政府投入为引导，以村级物质资源和劳动力资源为基础，充分调动政府各部门和社会各界的力量，使各方面的资金相互配套、形成合力，集中投向需要建设的项目，达到"集小钱办大事"的目的。

"整村推进"模式运作的主要理论基础有：一是对贫困主体赋权能确保整村推进的顺利实施；二是可持续发展理论能够建立贫困主体发展的长效机制；三是内源发展理论使发展和保持优秀传统有机结合；四是参与理论能够满足贫困主体的发展需求。

"整村推进"的发展举措主要应用于扶贫开发领域。当"整村推进"工程被纳入移民小康村建设工作过程中时，其内涵已经发生了些许变化：移民小康村建设"整村推进"工程更多的是被当作一个竞争性发展政策（或激励手段）来对待，区别于"撒胡椒面"式的发展扶持方式。诸多移民村由于受到各种发展扶持尤其是 2006 年以来的后期扶持政策落实，基础设施等发展条件出现较大改善，适时通过竞争择优，选择一些发展条件和产业基础相对较好的移民村开展整村推进工作，坚持发展过程中移民与非移民群体并重，给予其政策、管理与物质支持，有助于整合发展资源、增进移民村及所属地区发展积极性，促进移民增收和维护区域社会稳定。

（二）移民小康村建设"整村推进"工程环境分析

1. 外部环境分析（O—T）

（1）同步小康发展契机优越，移民发展短板明显

小康社会建设的系统考量。党的十八大提出了 2020 年全面建成小康社会的战略目标，但受中西部地区发展滞后、城乡居民收入差距明显、城镇化建设过程中的农村经济塌陷等关键因素影响，全面建设小康社会任重道远。当前及今后一段时期，全面建设小康社会的重点在后发优势明显的中西部地区，难点在农村，关键是移民增收，核心在对弱势边缘群体的发展扶持，作为当地主要贫困群体且因可持续生计受到水利水电工程建设影响的水库移民则是其中的重要组成。

据中央水利工作会议精神，水利建设在"十二五"、"十三五"期间将面临战略机遇期，2010～2020 年国家将投资 4 万亿用于水利事业

发展，水利水电开发与建设将会持续快速发展，势必带来更多的土地占用与移民安置，尤其是更多涉及西部水电资源富裕但社会经济发展水平较为落后的西部地区、少数民族集聚区，为移民安置与发展致富带来更大压力。

中国大力开展水利水电建设助推国民经济发展的同时，水库移民的总数也在不断攀升。截至 2013 年，全国农村水库移民约 2500 万人。一方面由于原住区域发展资源贫乏、交通不便、社会经济发展滞后，另一方面受制于搬迁安置补偿标准低、安置后生计资本损失较大等因素，原生贫困与次生贫困交织，移民生计发展的脆弱性明显。据水利部水库移民局 2014 年初统计数据，农村水库移民的平均纯收入约为农村人均纯收入的三分之二，且多数安置后的移民纯收入低于安置区原住居民。贵州全省大中型水库移民约 60 万人，贫困或低收入人口约占 40%。

水库移民群体因其贫困面大、程度深、范围广等特征已经成为全面建成小康社会短板中的短板，没有移民群体的小康，就没有真正意义上的全面小康。如何在短时间内推动水库移民实现跨越式发展，使其增收致富、脱贫致富并与全国、全省一道实现全面小康，已经成为当前移民工作的重点和难点问题，也是当前亟须攻克的重要课题。

区域发展资源的优化配置要求。区域贫困成因多种多样，因地因时而异，但最根本的原因则是生产要素缺乏或不能有效地实现组合，资源未能得到合理利用和有效配置。受制于有土安置、就近安置等移民安置模式，水库移民安置区常表现出劳动力资源丰富、土地等生产资料紧缺、信息与交通较为闭塞、移民市场意识与风险意识薄弱、组织经营水平低、产业特色不明显等特征，多数居民将务农和外出务工作为主要收入来源，产业空心化、发展模式行政化与发展链条低端化并存，资源利用效率低下，移民增收与区域发展受限。

党的十八届三中全会审议并通过的《中共中央关于全面深化改革

若干重大问题的决定》提出健全城乡一体化建设、转变政府职能等举措，将对水库移民工作产生深远影响：鼓励移民安置区的产业发展与规模经营，加大基础设施建设力度，推进新型城镇化、新农村建设，关注移民市民化，且在上述工作推进过程中要注重政府职能转变，强化市场资源配置作用，提升资源配置效率和效益。水库移民同步小康目标实现，既要立足安置区资源存量，又要着眼安置区与其他区域的区际要素共融，逐步获取比较优势与市场竞争优势。因此，实施整村推进工程，关注市场机制要素动员与资源配置作用，强调政府体制改革的发展释放效应，开辟解决资源稀缺的有效途径，强化生产要素的区际交流，建立区域资源的吸收机制和消化机制等举措应为水库移民同步小康的发展方向依循。

（2）发展扶持受到关注，政策与举措仍需创新

发展是解决移民问题的根本，移民发展受力于自身可行能力提高与政府及社会力量的多重作用，受制于发展环境。思路决定出路。经济新常态环境下扶贫工作凸显信息技术革命发展背景中关注市场引领、要素融合、政策衔接与机制创新的特征。要在短时间内实现水库移民全面小康，就必须突破传统的工作思路，对当前移民发展扶持方式进行改善与创新，实施移民小康村建设"整村推进"工程。

移民后期发展扶持。为帮助移民发展生产，促进移民增收致富，提高移民福利水平，国家从1981年出台库区维护基金起，相继在1986年、1996年、2002年分别出台了库区建设基金、库区后期扶持基金、中央直属水库移民遗留问题处理等移民发展扶持政策，针对水库移民发展过程中面临的制度、环境、资源等诸多挑战，国务院于2006年颁布了《关于完善大中型水库移民后期扶持政策的意见》（国发〔2006〕17号），提出了"以国家统筹资金对大中型水库农村移民进行补贴为特征"的新时期大中型水库移民后期扶持政策。该政策有助于稳定移民心理、注入生产活力，对于水库移民生计水平恢复和提高，以及和谐库区构建意义重大。但作为一项帮助水库移民解困的公共

财政转移支付形式，单靠政府财政难以继续提高扶持标准和扩大扶持范围，因此，关注水利水电建设中的受益群体与受损群体分析，健全后期扶持资金来源多元化机制，构建社会化服务体系，鼓励移民参与项目建设，保障项目效果与受益群体权益公平则是推进水库移民后期扶持走向深入的关键。

移民发展与新农村建设结合。为了服务于新农村建设，国家出台了一系列惠农支农政策，加大了对解决农业、农村和农民问题的投资，农村整体工作出现良好势头，对于水库移民工作也产生较大影响，广大水库移民从中得到较多实惠，生计水平提高：思想上由原来的"等、靠、要"意识转变为重视增收创收，生活有了基本保障，农业机械化等生产水平提升，收入出现较大增幅。但由于移民文化水平不高、综合素质不强、土地等生产资料缺失、安置区基础设施建设落后、传统农业尚未完全向现代农业过渡等现实问题，突出以片为单位，打破乡、村、组界限，配套实施基础设施建设，扩大产业规模与深化产业分工水平，辅之以移民技能培训将是解决好移民长远生计问题的重要举措。

移民发展与新型城镇化建设结合。移民发展与新型城镇化发展的结合应是一个自然历史过程，因势利导，水到渠成。考虑到生态环境脆弱的库区移民环境容量的限制，加大水库移民非农安置力度解决库区农村环境脆弱与移民生计衰微问题成为不可多得的选择。城镇化意味着水库移民必须由传统向现代转变，考虑到市民化成本限制、移民社会适应与经济发展能力的先天不足等问题，当前移民发展与新型城镇化结合发展的模式探索主要有：移民进园，着力推动移民向城镇二、三产业转移集聚，逐步实现市民化；移民入社，着力推动深山移民、边远移民向中心城镇集聚，建设移民社区；移民赋能，着力提高移民在城镇化进程中的就业创业技能，实现增收致富。

扶贫生态移民。扶贫生态移民工作，涉及了一个发展资源优化配置或者配置效率的选择问题：是通过大量的基础设施建设投资改变原来恶劣的发展环境，还是对生产、生活、生存条件恶劣的移民实施"扶贫生态移民"，彻底改善他们的生存与发展环境。实施扶贫生态移民是一项重大民生工程，有助于城乡一体化建设，有助于迁出区农村土地资源规模经营，有助于生态环境保护，有助于提高移民综合素质和促进移民增收。扶贫生态移民也不是"一移了事"，仍然需要政府采取一定的措施，通过促进扶贫生态移民立法，建立健全移民参与和申诉制度，依托乡村旅游、集镇商贸、园区服务建立扶贫生态移民保障机制，依据移民发展层次与能力特征打造移民梯度安置综合平台等确保移民"搬得出、留得住、可发展、能致富"目标的实现。

2. 内部环境分析（S—W）

（1）小康村起步条件改善，基础较好

基础设施条件明显改善。通过对水、电、路等基础设施建设，全省库区和移民安置区的基础设施已基本完善，再投入产生效果不大。下一步发展扶持的投入将重点转向促进生产发展和改善移民人居环境两个方面，以切实增加移民收入，同时有的放矢地继续完善配套设施，夯实移民生存与发展的基础。

移民示范新村的"一村一品、一村一特"发展进程加快。近年来贵州省已逐步将移民专项资金更多地投入移民生产扶持，围绕移民增收，结合库区特色产业，培育"一村一品、一村一特"的产业结构，移民同步小康的产业发展具有一定的物质条件和客观基础。截至2013年底，贵阳市清镇市60个移民村组都有自己的特色主导产业，形成了种、养、加、建、商、旅游等"一村一品"的发展格局，移民人均收入水平大幅提高，开始走上致富道路。

移民收入水平明显提高。通过产业结构调整，产业化经营，移民示范新村人均收入水平从2007年的1900余元，提升到2013年底的5800元左右，物质生活水平得到了明显的提高。收入水平的提高、物质资源的丰富也为移民村后续各项事业（尤其是建立在经济基础之上的精神文化事业）的全面发展，实现小康目标奠定了坚实基础。2013年遵义市水库移民后扶年报显示，全市移民平均纯收入达 5043 元，其中扶持效果明显的湄潭县移民人均纯收入已达到 8500 余元，余庆县移民人均纯收入达 6763 元，两县移民人均纯收入均高于全市农民人均纯收入，其余县、区（市）移民人均纯收入同比也有不同程度的增加。

移民现代公民意识逐步形成。物质生活的改善，使得移民的思想意识发生了积极的变化，移民的现代公民意识尤其是主体意识（自由意识、独立意识和自主意识，以及主动精神和创造精神）、市场意识（竞争意识、合作意识、契约意识和法律意识、风险意识、权利意识等）与政治参与意识正在逐步形成。移民群众开始以主人翁的姿态，说出谋求发展的思路和心声。

（2）移民长远生计保障水平不高，任重道远

常规思维束缚严重，竞争意识亟须建立。仍有一定数量的移民甚至还有个别移民干部认为整村推进与其他移民后期扶持政策一样，是一种普适性发展帮扶政策，使得整村推进工作中主体意识不足、竞争意识不强、自我管理意识不明，主要表现为工作开展过多依赖外力支持，发展规划、中期实施与后续管理脱节，发展中自我管控能力不强，移民村群众增收的良性循环机制尚未健全等，使得"整村推进"工程成效不好。

部分移民村基础设施薄弱，发展环境仍需改善。部分移民村进村公路以泥石路为主，硬化路面较少；水利设施多年久失修，且农田水利配套大多无法满足农业耕作的需求。尤其是老水库库区，移民贫困面大、贫困程度深，村内公益设施缺乏，医疗卫生、饮水安全等基本保障不到位，发展难的问题仍然十分突出：村内连户路未硬化，排水沟、排污沟建设滞后，卫生室、村活动室缺乏，移民缺少看病、活动的场所。部分人饮工程供给不足，不少移民存在饮水难问题。如黔东南州剑河县 2 个"整村推进"重点村与外界联系的桥梁尚未建设，形成发展孤岛，严重影响了经济发展，同时也增加了其他项目建设的成本。

产业化水平低，缺乏竞争力。移民主要以传统粮食作物种植为主，未形成多品种经济作物的规模种植；移民收入来源单一，主要靠出售农业初级产品创收，缺少加工增值环节，人均收入低。同时库区移民经济发展缓慢，缺乏市场竞争力。库区多数移民村种植业、养殖业规模小，发展慢，且缺乏市场化服务体系支撑，未能形成风险共担，利益共享的产、供、销一条龙生产经营体系，移民进行产业结构调整缺少必要的信息和资金，结构调整缓慢，市场竞争力不足。

发展资源匮乏，移民外出务工层次低。受喀斯特地形地貌的影响，不少移民村耕地等发展资源匮乏，移民只能靠外出打工谋生。但受自身文化素质和技能水平的限制，加之思维定式，移民自主创业意识和能力不强，又缺乏致富门路和外出打工的技能，谋生手段和技能单一，劳动力就业渠道少，就业面窄，大多从事层次较低的苦力活，收入低、效益差、增收难，致富能力不强，单纯通过外出务工的方式来解决移民的收入增长问题不符合实际。移民有了产业发展载体，融入产业链分工，移民增收的问题才能从根本上得到解决。

因此，作为竞争性发展政策的移民示范村建设"整村推进"工程应该进行深入的探索和实践，结合现实，更新观念，调整思路，把工作方式由此前的"政府主导、移民参与"逐步转变为"政府服务，移民主体"，着力发挥市场经济条件下的"行政吸纳资源"与"市场机制促进资源配置效率提高"作用，找准发展抓手，对接市场需求，形成系统的发展策略，实现移民小康村群众安稳致富。

三　移民小康村建设　"整村推进"　工程实践现状

（一）移民小康村的确定与规划编制

1. 移民小康村选择标准

根据《贵州省移民开发办关于上报移民示范新村有关情况的通知》

（黔移办发〔2007〕40 号）要求，"各地要根据库区和移民安置区实际，着重在新建水库选择移民人口占全村人口比重 70% 以上，具有代表性的移民村作为示范新村"，贵州省在全省库区和移民安置区选取了 50 个村，作为移民新农村建设示范村试点，开始探索建立大中型水库移民后期扶持长效机制。

按照《关于进一步做好水库移民示范新村建设"整村推进"工作的通知》（黔移发〔2012〕18 号）要求，在近几年移民示范新村试点建设的基础上，移民"整村推进"工程推广扩大到移民集中安置 500人以上的重点村。经统计，全省 500 人以上的村 285 个，涉及移民连带影响人口 142 万人，其中移民人口 36 万人，连带影响人口 106 万人，通过认真分析研究，除 50 个移民示范新村总体达到新农村建设标准和 55 个集中安置在城镇中心和城镇周边的村基本与当地发展同步外，需要重点突破的村尚有 180 个，共涉及人口 98 万人，其中移民 20 万人，连带影响人口 78 万人。

为突出重点，以点带面深化整村推进移民小康村建设，省移民局从各地申报的 500 人以上整村推进的规划村中，选择了 30 个发展基础条件比较好的村作为省级重点示范村进行重点建设，以突出示范带动作用。

调研发现，部分地区对按照"移民人数"（政策的部门属性）指标选定移民示范村的做法有些疑惑：作为一项竞争性发展政策，更多地应该考虑该村是否符合"整村推进"工程进一步促进移民增收的条件要求，关注点在于全体移民福利提高与小康村发展带动效应。

2. **移民小康村发展规划编制**

在规划编制的过程中，各地坚持"以人为本，注重实效；因地制宜，科学规划；突出重点，分类指导；政府主导，移民主体"的原则，根据群众意愿和各地发展实际，立足当前，着眼长远，围绕"三建"、"三改"、"五提高"，科学编制示范新村总体规划及其他专项规划，着重在现有基础上开展缺什么补什么，实行综合整治，形成一村一策，一村一特的新村格局，确保移民受惠。并在此基础上形成了省级移民小康示范村规划汇总本，作为移民小康示范村工作推进的总纲。

（二）规划实施情况

1. 项目实施情况

（1）第一批移民小康村建设规划实施情况

依据全省第一批 50 个移民示范新村规划，2008 年为规划基准年，2012 年为规划水平年。规划实施项目共计 1025 个，总投资 26912.4 万元。一是实施基本口粮田建设项目 103 个，总投资 4316.6 万元；二是实施基础设施项目 311 个，总投资 9973.2 万元；三是发展种植业项目 177 个，总投资 5953.9 万元；四是发展公益事业项目 104 个，总投资 1654.2 万元；五是实施移民培训项目 53 个，总投资 310.4 万元；六是改善人居环境整治项目 252 个，总投资 4369.7 万元；七是实施生态建设及环境保护项目 8 个，总投资 82.5 万元；八是实施移民示范新村其他项目 17 个，总投资 251.95 万元。

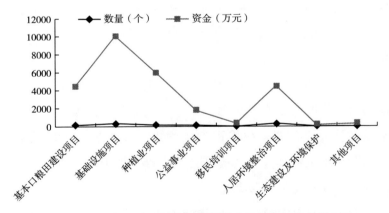

附图 5-1　贵州省第一批移民小康村建设项目与资金分布图

对遵义市第一批 5 个移民小康村建设"整村推进"工程实践的调研发现，本着"先生存，后发展"和"结合产业结构调整，发展优势产业"的基本原则，2008 年至 2012 年，5 个移民示范新村共实施各类大小项目 46 个，其中省级批复下达的项目 21 个，整合资源（其他部门）实施的项目 25 个，完成投资 2400 余万元，其中整合项目投入资金 1800 余万元，示范村基础设施得到了很大改善，移民的生产生活水平有了较大提高，起到了良好的示范和带头作用。

（2）第二批移民小康村建设规划实施情况

第二批移民小康村建设"整村推进"工程规划实施项目共计 4152 个，总投资 332933.055 万元，其中中央后期扶持结余资金 159095.005 万元，地方配套 173838.05 万元。建设内容主要包括基本口粮及农田水利项目、基础设施项目、社会事业建设项目、生态及环境项目、技能培训与职业教育项目、生产开发项目等。

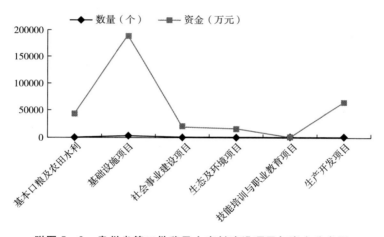

附图 5 – 2　贵州省第二批移民小康村建设项目与资金分布图

对各地第二批移民小康村建设"整村推进"工程实践的调研发现，全省第二批移民小康示范村建设工作正紧张有序地开展。以遵义市湄潭县为例，2013 ~ 2017 年移民示范新村建设"整村推进"整合资源共涉及项目 35 个，计划整合资金 3420.42 万元。其中：产业发展项目 18 个，投资 1421.77 万元，基础设施配套项目 12 个，投资 1613.96 万元，文化教育推进项目 3 个，投资 210.5 万元，生态环境建设项目 2 个，投资 174.19 万元。项目涉及财政、水利、扶贫、农牧、供电、交通、发改委等部门。到目前已实施完成项目 16 个，投资 773.46 万元，其中涉及发改委 1 个（公路建设），投资 230.27 万元；财政 8 个（公路建设、文化教育及生态环境），投资 160 万元；水利 3 个（人饮工程、农田水利及水土保持），投资 110.79 万元；农牧 1 个（人居环境整治），投资 50 万元；供电 1 个（供电线路改造），投资 25 万元；扶贫 1 个（公路建设），投资 67.4 万元。

调研也发现，由于整村推进规划时间较长，分配到每个年度的资金投资额度较小，加之仍有部分库区基础设施较薄弱，亟须解决的困难又较多，导致实施效果不明显，移民群众反应较强烈。

2. 项目管理情况

各地在进行项目扶持管理时，均依据移民小康村建设"整村推进"工程相关政策要求和后期扶持项目管理办法（黔府办发〔2011〕72号）进行规范管理。

（1）项目管理规范

项目选择上主要围绕五大工程进行项目规划，一是移民产业扶持工程。二是基础设施配套工程。三是文化建设推进工程。四是素质提升工程。五是社会保障工程。

项目实施中坚持"县为基础，分级负责"、尊重移民群众意愿、让移民群众直接受益的原则，逐级报批，层层把关；项目实施实行合同管理与分级管理；且经批准的年度项目计划不得随意调整，严格按照批准的计划组织实施。

项目竣工后，由施工单位向县移民局申请竣工验收；项目资金管理原则上应采用县级报账制；项目交付使用后应于当年或下一年对该项目开展效益评估；每个五年规划实施完毕后应进行规划实施的效益总评估；同时省局和省财政厅根据实际需要不定期开展专项稽查或督查。

（2）典型社会调研情况

依据课题组对于遵义市、黔西南州、铜仁市等地移民小康村建设

"整村推进"工程项目管理情况的实地调研，整村推进村项目开展基本上符合项目规定，项目申报符合规划要求，管理主体明确，责任分工明晰，实施程序规范，项目验收及时，确保了项目质量。部分地区也有突破和探索，如贵阳市将整村推进工作与美丽移民乡村建设结合，形成了涵盖产业工程、基础设施工程、环境工程、精神文明工程、素质提升工程、社会保障工程等内容的《贵阳市"美丽移民乡村"建设考核指标体系》，为移民小康村建设"整村推进"工程按照既定方向实施提供了方向保障。又如毕节市在整村推进项目管理时先行先试，以地区、县为单位，每年将移民小康村年度资金整合集中用于一村项目建设，整体推进，依次轮换，初步解决项目资金分散、划拨时限较长等问题，凸显集中力量办大事的效应。

（三）政策实施保障

1. 组织建设

为确保移民小康示范村"整村推进"工程落实到位，切实加强移民小康村建设工作的组织领导，多地专门成立了水库移民小康示范村"整村推进"工程领导小组，以贯彻文件精神，执行并落实政策。如黔西南州成立了由州长任组长、州政协副主席任副组长，州直相关部门主要负责人任成员的领导小组，为移民小康示范村的全面推进提供了组织保障。

调研也发现，随着水库生态移民建设任务越来越重，根据形势发展需要，各地普遍存在充实移民部门人员特别是技术干部的需求。

2. 政策完善

一是各地移民管理部门结合本地移民小康村特点和工作实际，制定了旨在推进移民小康村建设"整村推进"工程的一系列配套政策。配套政策涵盖了项目选择、资金使用、项目管理等领域，全面系统地对水库移民小康村建设"整村推进"工程的原则、范畴和方法进行了规定，进一步顺了移民小康村建设"整村推进"工程管理体制，健全了工作机制，落实了各级管理部门的责任，明确了移民的责、权、利等内容，代表性的有：《贵阳市人民政府办公厅关于印发贵阳市整合资源开展整村推进建设"美丽移民乡村"实施意见的通知》（筑府办函〔2013〕138 号）、遵义市移民局《关于开展移民示范新村验收工作的通知》（遵移通〔2012〕8 号）、《贵阳市关于美丽移民乡村重点示范村项目调整指导意见》等。

二是在完善配套政策的基础上，为了让基层移民干部和广大移民群众知悉、理解、掌握相关政策，支持移民小康村建设"整村推进"工程，省、市各部门加大政策宣传力度，强化移民干部和移民群众政策培训，尤其在政策推进过程中，将各项政策原原本本地向移民群众公开，教育和引导移民群众学懂、善用政策，正确处理利益关系，正确维护自己的合法权益。

三是抽调政策业务熟、思想素质好、善做群众工作的干部组成若干工作组（队）深入基层开展政策宣传教育工作，如铜仁市有效利用驻村工作队的"贴近群众，贴近实际，有很高的群众威信"的资源优势，有针对性地答疑解惑，给移民群众稳定的预期，最大限度地化解矛盾，赢得绝大多数移民群众的理解、信任和支持。

四是坚持正确的舆论导向，坚持正面宣传，通过制作标语牌、进村入户宣传等方式向移民宣传，把握好宣传口径，严肃宣传纪律，努力营造良好的舆论氛围，形成"各级移民干部明白、广大移民群众拥护、全社会了解支持"的良好局面，有力地促进了移民小康村建设"整村推进"工程顺利开展。

3. 经费支持

调研发现，移民小康村建设"整村推进"工程作为移民后期扶持工作的组成部分，各地管理部门都表示为保障移民后期扶持工作顺利开展，给予了一定的工作经费倾斜与物资支持，因没有明确的专项经费政策要求，没有单独列支专项工作经费。

（四）规划实施效果

1. 移民收入的影响

通过移民小康村建设"整村推进"工程有关农田整治和中低产田改造、实用技能培训等项目的实施，移民的增收渠道拓宽了，特别是通过产业结构调整，产业化经营，移民示范新村的移民人均收入水平大幅提升，物质文化生活水平得到了明显的提高。依照各地调查数据，移民收入与当地居民的一般收入差距逐步缩小，移民收入正在赶超当地农民收入。

附表5-2　贵州"整村推进"工程实施前后各地移民人均纯收入水平对照

区　　域	年　　份	收入（元）
黔西南州兴义市万峰林纳录村	2012	7600
	2013	8260
遵义市正安县安场瑞濠村	2012	2300
	2013	3890
遵义市湄潭县马山新建村	2012	4800
	2013	6200
黔西南州兴义市南盘江田寨村	2012	3780
	2013	4350
遵义市习水县二里观摩村	2012	3127
	2013	3774
遵义市遵义县乐山新华村	2012	5800
	2013	6200
遵义市遵义县乐山浒洋水村	2012	6800
	2013	6800
铜仁市思南县塘头穿硐村	2013	3534
	2012	2849
铜仁市碧江区漾头九龙村	2012	2700
	2013	5928
贵阳市观山湖区白花湖三堡村	2012	8000
	2013	9208

续表

区　　域	年　份	收入（元）
黔东南州剑河县革东展架村	2012	6800
	2013	6800
毕节市金沙县岚头茅岗村	2012	4500
	2013	6000
贵阳市清镇市红枫湖大冲村	2012	10160
	2013	11421
均值（不含大冲村）	2012	4921
	2013	5912
均值（含大冲村）	2012	5324
	2013	6335
全省农民年均收入	2013	5434

第二批典型移民小康村移民人均收入由 2012 年的 4921 元提高至 2013 年的 5912 元，增幅达 20%。各地干部与移民也表示移民小康村建设"整村推进"工程实施不仅必要、及时，群众支持，且希望政府能够继续加大扶持力度，助推移民同步小康。

同时，基于遵义市"整村推进"村移民户社会经济调查所得信息，运用 C－D 生产函数对扩展后的移民家庭收入模型进行 OLS 回归估计，可以得出移民收入的约束性因素。

附表 5－3　贵州移民小康村移民家庭收入模型 OLS 回归估计结果

变量符号	Coef.	Std. Err.	t	P > t
LnL	0.601 ***	0.057	10.490	0.000
LnS	− 0.005	0.032	− 0.140	0.887
LnK	0.046 ***	0.007	6.280	0.000
LnE	0.328	0.212	1.540	0.123
LnT	0.067 ***	0.009	7.390	0.000
LnW	0.063 ***	0.006	10.400	0.000
_ cons	7.533 ***	0.440	17.110	0.000
Number of obs			F (6613) = 71.760	
Adj R − squared = 0.407			Prob > F = 0.000	

注：***、**、*分别表示在 1%、5%、10% 的显著水平显著。样本中存在土地面积、家庭经营支出、转移性收入、务工收入等变量最小值为 0 的情况，在求对数的过程中将 0 值修正为 1 值。

可以看出，家庭劳动力数量、生产经营性支出、转移性收入、务工收入对移民家庭收入存在显著的影响，即在其他条件不变的情况下，移民家庭的相关投入越多，移民家庭收入将越高。耕地面积和家庭成员平均受教育年限在结果中并不显著，即总体而言耕地面积和受教育程度对移民家庭收入的影响不大。

为进一步解释各个影响因素对不同收入层次的移民家庭收入影响情况，运用 Stata12 列出移民家庭收入分位数回归的系数变化情况。

附表 5 - 4　贵州移民小康村移民家庭收入模型分位数回归估计结果

变量符号	$\theta = 0.25$		$\theta = 0.5$		$\theta = 0.75$	
	Coef.	P > t	Coef.	P > t	Coef.	P > t
LnL	0.586 ***	0.000	0.582 ***	0.000	0.457 ***	0.000
LnS	0.087 *	0.060	− 0.023	0.666	− 0.033	0.193
LnK	0.024 **	0.039	0.050 ***	0.000	0.032 ***	0.000
LnE	− 0.156	0.367	0.518	0.209	0.540 *	0.057
LnT	0.070 ***	0.000	0.069 ***	0.000	0.056 ***	0.000
LnW	0.111 ***	0.000	0.060 ***	0.000	0.045 ***	0.000
_ cons	7.776 ***	0.000	7.183 ***	0.000	7.959 ***	0.000
Pseudo R^2	0.352		0.196		0.165	

*** 、** 、* 分别表示在 1%、5%、10% 的显著水平显著。

可以看出，各因素对不同收入层次的家庭影响存在明显差异：（1）随着移民家庭收入的增加，家庭劳动力数对其家庭收入的影响在逐渐减小；（2）土地面积对于较低家庭收入移民的家庭收入影响较大，对中高家庭收入移民家庭收入影响不大；（3）家庭经营性支出对移民家庭收入的影响呈倒 U 形，对中等家庭收入的影响最大；（4）家庭成员平均受教育年限对中低家庭收入移民的影响不大，但能够提升较高家庭收入移民的收入；（5）转移性收入对低收入移民存在较大的影响，对中高家庭收入移民的影响下降；（6）务工收入对低收入移民存在较大的影响，对中高家庭收入移民的影响下降。

2. 生产生活条件的影响

通过对全省移民小康村抽样调查及数据的分析可知，移民户生产、生活的现状总体上明显优于扶持政策实施前的状况，移民生活水平有一定的提高，困扰移民日常生产生活的行路难、饮水难、就业难等问题得到一定程度缓解。移民村道路交通、文化教育、人畜饮水等基础设施得到了较大改善，有力地促进了当地经济的稳定发展，村容寨貌明显改善，民主管理水平明显增强。如遵义市正安县安场镇瑞壕村以水库移民小康村建设"整村推进"工程为移民安置区小康建设的重要载体，截至 2014 年 10 月，共实施道路交通项目 3 个、供水项目 1 个、供电项目 1 个，项目的实施大大改善了移民的生产生活条件。

3. 库区和移民安置区社会稳定的影响

绝大多数"整村推进"村通过移民小康村建设"整村推进"工程项目扶持，基础设施条件改善，不仅移民收入增加，生活水平提高，其他群众也因此得到了实惠，缓和了移民和原住民的矛盾，改变了过去的一些片面认识，进一步维护了库区和移民安置区的稳定。

4. 生态效益

调查也发现，环境整治、改水改厕、公路建设、饮水、生态扶贫移民等项目的实施有利于美化移民小康村环境，减少土壤流失，改善土壤结构，合理利用自然资源，提高土地利用率，提高生态环境质量，维持生态平衡。

另通过实施规划项目，移民村基础设施明显改善，移民村群众发展条件明显好转，生活居住水平逐年提高，大大减少了对山林、土地等生态环境的掠夺式破坏，让生态环境得以休养生息，促进人与自然的协调可持续发展，生态效益显著。

（五）实践探索与经验总结

1. 领导重视，组织有力

调研组通过调查认为，全省各级移民管理部门对水库移民小康村建设"整村推进"工程高度重视,省政府主要领导多次就移民"整村推进"工程做出重要批示。各地为加强"整村推进"工程的领导,均成立了"整村推进"工程领导小组,制定了工作推进方案,针对整村推进具体工作和整合资源方式等内容进行了统一要求和部署,加之各级各有关部门大力支持,部门之间通力合作,形成了水库移民小康村建设"整村推进"工程的强大合力。同时充分发挥村级组织(或村民理事会等)的战斗堡垒作用和移民群众的积极性,有力保障了移民小康村建设的顺利实施。总体来看,省水库移民小康村建设"整村推进"工程基本形成了"党委政府高度重视、移民机构具体负责、各部门积极配合、社会各界关心支持、移民群众主动参与"的良好工作格局。

2. 强化调研,超前谋划

各级移民机构在制定"整村推进"村扶持规划时,充分尊重了移民意愿。各地按照先自下而上,再自上而下的程序和方法,结合实际,深入调研,通过深入细致的思想解释和政策宣传工作,积极争取当地群众最广泛的理解和支持,在倾听真实意愿、充分吸纳各方面的意见和建议的基础上,结合小康村自然资源及区位优势,因地制宜,超前谋划,科学论证发展目标,细化功能分区,妥善处理移民与原住村民的矛盾。尽管个别移民安置区原住居民对实行的整村推进项目有看法,但通过有效的思想解释工作,以及实施扶持项目让当地群众从中受益等措施,最终取得了当地群众的理解和支持,移民群众普遍满意。

3. 多措并举,重点推进

一是健全推进机制。服务"整村推进"工程开展,各地在管理体制理顺的基础上,创新性地提出"一帮一"挂帮、"干群连心、同步小康"、目标管理、调度督查、"部门、社会、移民、群众自筹"资金四整合、"四在农家、美丽乡村"、现场推进和联席会议等工作方式,建立健全工作机制。

二是加强项目监管。项目建设是民心、民生工程，质量事关项目建设成败。各地始终把质量监管贯穿于小康村建设的各个环节，落实市、县、乡、村四级监管责任，强化项目建设、资金管理等督促检查，建立部门联动管理机制，有效推进项目实施。

三是注重产业发展与提高移民群众自我发展能力。积极调整产业结构，引导移民进行产业发展，重点培育壮大龙头企业和移民村特色产业，努力构建"一村一品"的产业发展格局，拓宽移民群众增收渠道。大力实施适用技能、农村劳动力转移等培训工程，增强移民群众自我发展能力。

四是创新扶持方式。结合新农村建设、新型城镇化建设等政策，精心打造整村推进点，以精准扶贫方式落实发展扶持政策，以模式创新加快整村推进步伐，如（1）在项目扶持资金的导向上建议以完善基础设施为主，引导移民因地制宜以贷款方式从事多种产业开发；（2）针对移民特殊困难户（无劳动力、无技能），移民部门可以每年进行一定的现金扶持，也可与民政部门整合资金适当加大移民特困户的低保金额；（3）通过"五先"（探索先修路再发展产业，集中连片发展产业上百亩，拉通产业公路，并且逐步硬化公路，改变以往"上千亩"才是产业的政绩观念；探索先规划后发展，先零星后连片发展模式，移民先在耕地发展产业，当发展产业带来效益后，再向荒山开发，零星发展自由模式逐步走向连片格局；先发展产业后建设产业配套设施；先开展产业发展技术培训再发展产业，做到发展一户致富一家，带动一片影响一方）转变思想，发展现代产业；（4）针对主导产业发展工作基本完成的示范村，将下阶段的工作重点初步定位在主导产业后续扶持和管理以及村寨环境治理上，先行先试调整了"整村推进"重点村下阶段工作方向，以争取尽快全面实现"基础设施基本完善、产业体系基本建成、移民生活水平明显提高、村容村貌明显改观、乡风文明程度明显提升、村级组织凝聚力明显增强"的"美丽移民乡村"建设目标。

附表5-5 贵州移民小康村"整村推进"工程实施前后典型社会发展指标对比

区 域	时 间	人均住房面积（平方米）	砖混结构比例（%）	水 质	供电保证率（%）	村内道路硬化率（%）	村整体卫生状况	适龄儿童入学率（%）	体育设施	宽带
黔西南州兴义市万峰林纳录	2012	31	90	好	100	90	好	100	否	有
	2013	31	90	好	100	90	好	100	否	有
遵义市正安县安场瑞濠村	2012	40	60	中	100	30	一般	80	否	有
	2013	50	80	好	100	70	好	100	有	有
遵义市湄潭县马山新建村	2012	18	60	中	100	0	较好	100	否	无
	2013	23	80	中	100	50	较好	100	是	有
黔西南州兴义市南盘江田寨	2012	20	45	差	100	50	一般	100	否	有
	2013	20	55	差	100	50	一般	100	否	有
遵义市习水县二里观峰村	2012	20	30	差	90	0	较差	98	否	无
	2013	25	40	差	95	0	较差	98	否	无
遵义市遵义县乐山新华村	2012	32	50	中	60	50	一般	98	否	有
	2013	32	60	中	60	60	一般	99	否	有
遵义市遵义县乐山浒洋水村	2012	25	60	差	100	70	好	100	否	无
	2013	25	60	中	100	75	好	100	否	有
铜仁市思南县塘头穿硐村	2012	21	12	中	90	25	一般	95	否	无
	2013	35	45	中	100	52	一般	100	否	有
铜仁市碧江区漾头九龙村	2012	20	35	中	100	60	较好	100	否	无
	2013	22	45	好	100	85	较好	100	是	有

续表

区 域	时 间	人均住房面积（平方米）	砖混结构比例（%）	水 质	供电保证率（%）	村内道路硬化率（%）	村整体卫生状况	适龄儿童入学率（%）	体育设施	宽带
贵阳市观山湖区白花湖三堡	2012	25	100	中	100	90	好	95	否	有
	2013	25	100	中	100	90	好	95	否	有
黔东南州剑河县革东展架村	2012	0.07	55	好	100	100	好	100	否	有
	2013	0.07	55	好	100	100	好	100	否	有
毕节市金沙县岚头茅岗村	2012	20	80	好	100	20	较好	100	是	有
	2013	20	80	好	100	65	较好	100	是	有

四 移民小康村建设 "整村推进" 工程模式与关键问题

(一) 整村推进发展模式

调研组实地调研走访,结合与各市(州)、县(市、区)、乡(镇)移民干部及村(组)移民代表的座谈发现,全省水库移民小康村建设"整村推进"工程模式可谓各具特色,成效明显。

1. 实践应用模式

(1) "企业 + 移民户" 模式

该模式是通过培育和发展涉农龙头企业,走"资本雇用劳动"与"企业整合小农"的发展道路,是通过各种利益联结机制与移民户结成利益共同体,以农业产业化龙头企业带动为平台,规模带动农产品加工和流通,从而使农产品生产、加工、销售有机结合,相互促进,达到移民户与企业共赢的良好效果。如贵阳市观山湖区百花湖乡三堡村为发展精品农业,与企业合作,引资 200 多万元,建成 2000 平方米的两个兰花园大棚,对于促进三堡村特色村域经济、乡村休闲产业发展和实现同步小康将起重要的支撑作用。

但"企业 + 移民户"模式也有不完善之处,双方难以形成真正的利益共同体,资本与移民户争利的现象广泛存在。要引导好合作模式,防止"扶持资金垒大户、穷项目富老板"现象。

(2) 乡村旅游模式

乡村旅游模式是以农村的自然地理环境、田园景观、乡土文化、农业资源和农业生产内容为基础,通过强化移民劳动力技能培训,提高移民致富增收的本领,拓宽移民就业渠道。是通过整体合理规划布局及设计,加上一系列的配套服务,供人们休闲、观光、旅游、养生、了解并体验乡村民俗文化生活的一种旅游活动形式。

该模式突出生态环境的保护性和持续性、与生态农业的关联性和依赖性、旅游活动的参与性和体验性、对乡土文化的传承性和结合性，是生态文明建设和美丽乡村建设的有效手段，是解决"三农"问题的重要方式，有助于缓解人与自然环境的矛盾。不足之处是受规划开发不合理以及大众生态环保意识薄弱等因素的影响，乡村旅游发展中存在特色不明显，同质化现象严重；管理方式落后，产品层次低；规划开发不合理破坏了生态环境等问题。

　　要解决农村生态旅游发展中遇到的问题，需要对农业生态旅游进行合理规划，突出产品特色，找准定位，根据自身的资源条件和优势，选择合适的发展模式，错位开发，综合发展，这是破解当前农村生态旅游发展问题的主要举措。现阶段，乡村旅游根据其资源特点及所开展的旅游活动内容可总结为以下几种模式：农庄休闲度假模式、观光采摘与购物休闲模式、教育农园修学观光模式、田园租赁模式、民俗村模式、农村俱乐部模式，目前多数移民村的实践只是表现为其中的一个方面或者几个方面的综合。

　　发展乡村旅游，要树立"大农业、大旅游、大生态"的指导思想，改变传统落后的或封闭的农业旅游经营模式，主动积极调整农村产业结构，根据各地的地理环境和生态资源特色，建立各具特色的农村生态旅游模式。发展大生态、大农业，同时要着眼于大区域，把农业生产、民俗文化和旅游活动深度融合，塑造新形象，发展大旅游。只有这样，才有可能保持农村旅游资源的持续利用和不断创新。如遵义市遵义县乐山镇浒洋水村、湄潭县马山镇新建村通过培育一村一品，大力发展精品水果种植的同时，对项目点房屋进行改造，村居房屋旧貌换新颜，高标准建设基础设施，建设家庭旅馆和"农家乐"，吸引重庆游客到当地避暑（避暑期达 3 个月），结合当地旅游优势带动群众发展庭院经济，为群众寻找到一条新的致富道路，实现良性发展。又如遵义市习水县二里乡观摩村立足杨家园电站库区自然风光，发展经果林种植等产业，着力营造"花的海洋，果的世界，水上乐园，野钓天堂，浪漫之旅"库区生态旅游休闲乐园，带动移民就业增收。

（3）合作经济组织引领模式

该种模式是以集体资产为抓手，盘活了移民资金资本、土地资本等社区性资源，将分散的、潜在的生产力要素整合起来，形成乡村社区合作经济组织，推进要素集约化、组织化、社会化发展，吸引城市资金、信息、技术、人力等优质要素流向农村，使本地和周边地区经济得到快速发展，成为现实的、活跃的创业要素，创造了大量创业机会，产生极化效应和扩散效应，激活了移民的创业动力。

依托乡村（社区）合作经济组织发展，可减少移民致富的盲目性、滞后性和无序性，提高成功率。传统型农村社区要引导移民采取合作制为主的组织形式引领发展，有条件的社区可以引入股份合作制形式。如安顺市哨上种植农民专业合作社采用由村集体入股（20%）、出资人资金入股（40%）与农民土地入股（40%）的股份合作模式；又如黔西南州兴义市南盘江镇南龙村围绕本村甘蔗种植传统产业，成立合作社，为社员提供农用品采购、技术服务、统一销售等社会化服务，增强了移民创业的组织性和抗风险力，也大大提升了移民小康村建设"整村推进"工程实施过程中"一村一品、一村一特"发展方式的市场竞争力。

（4）"技能培训+外出务工"模式

贵州省多数移民小康村劳动力资源优势明显，劳动力就业以体力为主，缺乏职业技能，劳务合作的层面依然是以转移就业为主。本次调查显示：30%的被调查者表示根本没有接受过技能培训，接受过劳动力培训者占45%，培训覆盖不足半数。其原因主要有两方面：一是培训方的问题。地方财政培训经费投入不足，培训资金无法满足农村劳动力培训需求，培训机构为了节省开支，采用快进快出的培训方式，受访移民谈及参训过程是"走过场"、受益小。政府培训前宣传不到位，不少移民对劳动力培训不知道或不了解，因此未参加培训。二是移民自身的问题。移民文化素质普遍较低，难以适应劳动力技能及转移培训，参加培训的主动性不强。

如何进一步拓宽合作区域和业务范围，做大做强劳务产业，促进移民增收致富，是劳务输出产业进一步发展所要解决的主要问题。为此，首先应加强职业技能培训，培育劳务特色品牌，要针对地域特点、个人特长和职业技能要求，打造具有地域特色的"能工巧匠"，培育具有民族特色的劳务品牌。其次根据劳动者的就业意愿、个人特长和当地农村产业特点，制定培训规划，明确培训方向，统筹培训资源，开展分类培训。再次开展"定向"培训和"订单"培训，提高培训的针对性。开展校企合作，根据企业用工需求，强化实际操作训练，提高培训的实用性。如遵义市遵义县乐山镇浒洋水村在开展移民技能培训时，实施"移民培训拿证才能得到补助"的做法，提高了移民参与的主动性和培训实效。最后要按照公开、公平和公正的原则，实行培训机构的社会化和动态管理，制定统一规范的培训规程，实现培训管理的制度化和规范化。加大培训资金投入，充分用好国家补助资金，统筹安排人社、农业、扶贫、教育等部门投入的资金，最大限度地用好移民各类培训项目资金。同时应注意加强公共就业服务，推广农村劳动力转移就业示范地区"培训、就业、维权服务三位一体"工作模式和经验，实现公共就业服务各项业务的全程信息化，保障劳务人员权益。

（5）"返乡创业"模式

返乡农民工有知识、懂技术、会经营、思想观念不断更新，他们通过在家乡创办小型企业，在实现个人理想的同时，改变了农村经济结构，创造了本地农村劳动力就业岗位，有效推动了当地新型城镇化建设，是一股具有较强活力的、重要的力量，也是以工促农的重要载体。随着中西部地区建设的加快和不断承接东部地区产业转移，中西部地区发展环境改善，移民回乡创业的人数不断增加。地方政府部门应当抓住这个有利时机，将鼓励移民返乡创业与新农村建设有机结合起来，解决当地移民就业问题，活跃县域经济，加速农村产业结构调整，开创新型城镇化建设的新局面。如铜仁市碧江区漾头镇九龙村以"五先"为抓手，以增加移民收入为主线，不断做强特色优势产业，产业的发展可以使当地移民直接就业，不用外出打工，且约有 8% 的外出务工人员返乡创业种起了葡萄、开办了农家乐。

但移民返乡创业也面临着资金缺乏、经验和技术不足、配套服务不完善、服务水平不高等问题，政府相关部门除了在小额贷款、税收减免、土地流转、工商管理方面给予支持外，还应成立返乡农民工创业服务窗口和创业基地，提供创业咨询，改善创业环境，从而形成移民积极创业的良性发展机制。如遵义市湄潭县马山镇新建村将提升群众综合素质摆在首位，围绕生态观光、休闲旅游的定位，着重从农村实用技术、乡村旅馆环境和庭院布局、乡村旅游礼仪、乡村旅馆客房布置及服务、乡村旅游安全、卫生知识、菜品搭配等方面进行专题培训，拓宽群众视野，提高服务水平，提升综合素质。

（6）扶贫生态移民模式

贵州省从 1986 年开始即围绕扶贫生态移民开展了探索与实践，为生态移民工程的深入实施积累了不少成功的经验，提高了扶贫攻坚的综合效益，改善和恢复了贫困地区生态环境，促进了贫困地区小城镇建设与发展，增进了民族团结和社会和谐。

实施扶贫生态移民工程，是加快扶贫脱贫攻坚、实现全面建设小康社会宏伟目标的迫切要求，是解决集中连片特困地区贫困问题、促进区域协调发展的重要抓手，是加强生态环境保护、实现可持续发展的有效途径，对推动科学发展、实现后发赶超具有特殊重要的意义。但应把握好"四条原则"：移民自愿、先易后难、突出重点、鼓励探索。

（7）农村建设用地市场化模式

党的十八届三中全会通过的《中共中央关于全面深化改革若干重大问题的决定》提出："在符合规划和用途管制前提下，允许农村集体经营性建设用地出让、租赁、入股，实行与国有土地同等入市、同权同价。"新型城镇化背景下，集体建设用地市场化能促进集体建设用地的存量释放和增量供给，将优化建设用地供给结构，降低供给成本，提高供给效率，满足新型城镇化必要的土地需求，同时农村集体建设用地市场化符合所有权平等保护的物权法原则，有利于充分实现集体土地所有权的占用、使用、收益和处分的权利。因此，必须明确集体建设用地市场化的法律原则，明确界定"农村集体经营性建设用地"；借"增减挂"思路，捆绑使用，突破空间分布零散的制约；规范和加快农村集体经营性建设用地的确权工作，同步完善农村集体经营性建设用地的再次流转机制；充分利用农村理事会等民间组织，构造公平、公开、公正、透明的流转决策机制。

（8）集贸市场综合带动模式

在具有发展区位优势的移民小康村建设集贸市场壮大村集体经济，带动移民发展：一是通过建设综合集贸市场，促进发展资源区域集聚，形成增长极带动区域发展；二是将修建好的摊位租赁给移民使用，交给移民自主经营，融入市场，增加收入；三是由集贸市场管理委员会统一收取市场管理费，部分用以解决未租摊位移民户的生产生活困难问题。如遵义市正安县安场镇瑞濠村集贸市场综合开发项目，充分利用项目所在地地域、区位、人气优势，通过市场规划，将集贸市场建成商贸、物流集散交易中心，以功能带动人气，突出优势，更好地促进区域经济发展，有效解决移民安置后就业和长远生计问题。

（9）"四在农家·美丽乡村"整合推进模式

"四在农家"是贵州省在"三农"工作中创造的成功做法，也是贵州省社会主义新农村建设的一张靓丽名片。贵州同步小康，重点在农村，关键在农民。推进基础设施向乡镇以下延伸、公共服务向农村覆盖，是广大农民群众最期盼、最普遍的民生需求。围绕建设富裕、和谐、文明的社会主义新农村，全省兴起了以"四在农家·美丽乡村"为主要内容的创建活动浪潮。发端于遵义市余庆县（2001年）的以"富在农家、学在农家、乐在农家、美在农家"为主题的"四在农家"活动，是全面推进我国农村政治建设、经济建设、文化建设、社会建设以及生态文明建设五大建设的好形式，历经不断探索、创新、推广、丰富、提升，成为促进农村经济社会科学发展、提升农民生活品质、加快城乡一体化进程的有力举措，也是移民小康村建设"整村推进"工程的有效载体。

"四在农家·美丽乡村"内涵十分丰富："富在农家"，就是通过开发资源，培育产业，发展农村先进生产力，让老百姓富起来，夯实物质文明基础；"学在农家"，就是发展农村先进文化，组织农民学习科技、法律、市场经济以及党的方针政策等方面的知识，提高农民的综合素质，增长农民的智慧和致富本领；"乐在农家"，就是不断满足农民群众日益增长的精神文化生活的需求，加强基层民主政治建设，丰富农民的精神文化生活，从而激发农民的活力和发展的动力；"美在农家"，就是以人为本，处理好人与自然的关系，把心灵美、生态美、环境美结合起来，通过"五通三改三建"，建设和谐文明的新农村。"四在农家"，"富"是基础，"学"是条件，"乐"是动力，"美"是目标。经过 10 多年努力，贵州各地"四在农家·美丽乡村"创建点已达 1.6 万多个，覆盖 9000 多个村，占全省行政村的 50% 以上，受益群众 1500 多万人。

遵义市移民小康村建设"整村推进"工程以"四在农家·美丽乡村"为载体，围绕"三改三建五提高"示范村建设标准，稳步推进。如习水通过"抓致富增收产业、抓基础设施建设、抓民风教育引领助推'四在农家·美丽乡村'建设"、余庆在"升级创建中赋予'富学乐美'新内涵"、湄潭"以'四在农家'创建活动为载体，以农业产业化发展为支撑、以村庄整治为重点、以黔北民居新村建设为标志"通过创新工作举措，在移民小康村建设"整村推进"工程中均取得了较好效果：推动了经济的发展，推进了农村民主政治的进程，促进了农村文化的繁荣，提高了农村的社会管理水平，同时党和政府也获得了民心。调研发现，多地移民干部和群众均认为移民小康村建设"整村推进"工程与"四在农家·美丽乡村"创建本质要求一致，二者有效结合可以带给移民群众看得见、摸得着的实惠，推动移民村社会和谐稳定。

结合省委、省政府"力争5~8年，将我省广大农村建成生活宜居、环境优美、设施完善的美丽乡村、幸福家园，促进城乡经济社会一体化发展"的战略要求，兼顾移民小康村建设"整村推进"工程要求，"四在农家·美丽乡村"创建应与时俱进，拓展和提升"四在农家"内涵，深刻认识和理解城镇化与"四在农家·美丽乡村"建设的关系、移民与新农村建设的关系、移民致富与产业结构调整的关系、移民安居乐业与社会管理之间的关系，注重组织领导、规划先行、资金筹措、发动群众、机制建设与政策支持，最大化整合各种资金、组合相关项目、融合功能要素、集合各方力量，不搞"政绩工程"，扎扎实实地为群众把实事办好、好事办实，确保整村整寨统筹推进，整合资源，提升品质，结合本地民族风情、地方特色打造独具特色的"四在农家·美丽乡村"示范建设点。再以贵州省"西电东送"标志性工程——装机容量300万千瓦的构皮滩水电站所在地的余庆为例，截至2013年底，余庆县级财政共投入资金1.3亿元，社会赞助和部门帮扶6000万元，拉动群众投资达19亿元，累计建成"四在农家"创建点852个，修建黔北民居3万余栋，惠及24.5万人，覆盖全县农村人口的94%，为推动"四在农家·美丽乡村"持续深入发展奠定了坚实基础。2014年度该县又以产业发展为支撑，以"六项行动"为抓手，以"标准化"体系和"旅居农家"为引领，以"全景余庆·全域旅游"为目标，按照"政府补助、部门帮助、社会赞助、群众自助"的投入机制、"着眼点远、着力点小、切入点实、操作性强"的建设机制和"领导挂帅、单位包村、城乡互动、优势互补"的帮扶机制，全力推进"四在农家·美丽乡村"升级工程，超额完成了年度建设任务，成为积极探索农村经济社会转型发展的新路径，也成为寻求破解"移民发展"难题的好载体。

2. 调研探讨模式

（1）"家庭农场+合作社"模式

以适度规模经营的家庭农场为基础，组建合作社，是创新农业生产经营组织体制的有效途径，有助于提升移民的综合收益，发展现代农业。

"家庭农场＋合作社"模式在农业经营中具有以下优势：保证单位面积农田的最大产量，提高农业经营效益；吸引青年移民居村务农，发展现代农业；改善农业生产基础设施条件，提高移民抵抗旱涝灾害的能力；提高移民的市场主体地位，提升市场竞争能力。这样的发展模式还能培育并不断壮大农村中间阶层，产生积极的正面社会影响效应，有助于推进农村和谐社会及生态文明建设。

为了能够有效推进"家庭农场＋合作社"模式的发展，首先有必要构建节制资本、抑制资本下乡的政策体系。其次应鼓励土地在村庄内部不同移民之间流转，鼓励青年移民以承包、转包等方式经营适度规模的土地，大力发展家庭农场。最后应探索构建完善的扶持合作社发展的政策体系，对以家庭农场为基础的合作社给予财政、税收等方面的重点扶持，引导各种不同类型移民合作社健康发展。

（2）"飞地经济"与对口支援模式

飞地经济是指两个互相独立、经济发展存在落差的行政地区打破原有行政区划限制，通过跨空间的行政管理和经济开发，实现两地资源互补、经济协调发展的一种区域经济合作模式。即在发展过程中，甲乙双方打破行政管辖关系，甲地把引入的资金和项目放到行政上隶属乙地的工业园，通过税收分成、政绩考核等利益分配机制实现互利共赢。

与传统招商引资或经济园区建设相比，飞地经济由单个企业点对点转移变为区对区转移，由单纯的资金承接变为管理与项目的复合承接，是发达地区镶嵌在不发达地区的"嵌入式"经济发展模式；对于飞出地而言是产业转移模式，对飞入地是承接产业的招商引资模式。合作共赢是决定飞地经济（产业援助）是否可持续的关键；同时要遵循政府引导、企业参与、市场运作的原则，发挥企业的主体作用；走向区际合作是飞地经济发展的最终方向。

（3）智慧乡村建设模式

互联网思维是相对于工业化思维而言的，是在移动互联网、大数据、云计算等背景下，对整个商业生态进行重新审视的一种思维方式，是充分利用互联网的精神、价值、技术、方法和规则来创新生产和生活的思维方式。运用互联网思维推进农村新型城镇化，最主要的路径就是发展农村电子商务，建设智慧乡村。

运用互联网思维推进新型智慧乡村建设，更具有可复制性和扩散性：一是不依赖于当地原有的产业基础。二是不依赖于特别稀缺的资源，不仅为推进新型城镇化提供了一种新思路，同时也为信息化时代解决"三农"问题，提供了一个新的方向。在过去"公司＋农户"的模式下，农户往往是被公司牵着鼻子走的弱势群体，公司控制农户，与农户争利的一个重要原因就是信息不对称。市场信息大部分掌握在公司的手里。现在农村电子商务呈现"公司＋农户＋网络"的结构。农户在自己家中，通过市场化的公共电子商务平台，可以直接对接市场。运用互联网思维推进小康村建设，也是对当前产业转型升级的一种新尝试，那就是农业互联网化探索，建设智慧乡村。

用互联网思维推进智慧乡村建设，需从以下几个方面着手：其一，增加资金投入，加强农村信息化网络覆盖。其二，普及互联网知识与应用技能。其三，大力发展农村电子商务（网络营销）。制定农村电子商务发展战略并出台相关扶持政策，成立农村电子商务协会，协会负责指导、培训以及资源的整合等工作。

（4）移民合作区建设模式

该模式主要是针对两种情况而设计的：一是对应移民小康村建设"整村推进"工程"一村一品、一村一特"的产业发展要求，是否可以将这些特色村统筹考虑，提高加工水平，打出品牌，增加附加值，提升整体市场竞争力。二是针对发展主要依靠区位优势的部分"整村推进"村，是否可以考虑与周边县区（乃至于省区）形成移民小康村建设合作区，在更高的层面上推进区际发展合作，降低社会交易成本，增加发展机会，促进移民增收致富。如建立遵义库区（黔北—成渝）生态旅游协作区，以此为平台，承接更多的发展机会与资源。

（二）关键问题分析

1. 产权归属、收益分享与发展村级集体经济的考量

"整村推进"项目扶持资金属性为公共财政支付，长远来看，政府不可能为移民村提供持久的发展支持，移民的长远生计保障需要依靠自身发展能力的形成与提高，即形成村级发展的良性自循环。目前"整村推进"项目扶持突出了扶强、扶优，但忽略了项目产权主体的明确，如落实到户的产业发展项目产权主体是个别移民户还是村集体，产权主体不明随之带来收益分享难以理清的问题。

完整产权作为权利束，由产权主体收取相应的收益既合法又合理，故是否可以出台相关政策将"整村推进"项目的产权主体明晰，进而在此基础上以村级为主体进行扶持项目尤其是产业发展项目的收益分享，在公共财政支持下，逐步发展壮大村级集体经济，最终实现村级自我发展、自我管理的可持续发展，进入良性自循环状态。

2. 移民劳动力非农就业能力受限

调研发现，大多数劳动力没有经过系统的农业实用技术和务工技能培训，素质低下，直接制约着农业产业化进程和劳动力的有序转移。由于移民户资本积累有限，人力资源素质相对较低，市场信息不灵，群众市场意识淡薄，不懂市场经济运行的规律，信息接收和反馈能力差，很难准确把握市场动态和适应社会化大生产的经营、管理、组织，协调能力不强，缺乏经营观念、科学管理方法与勇于承担风险的创业精神和敢于竞争与善于竞争的素质。

考虑到部分"整村推进"村产业结构逐步由第一产业向二、三产业调整的发展趋势，如遵义市正安县安场镇瑞濠村因工业园区、市政建设被征用耕地3000余亩，现人均耕地不足0.3亩，移民多以经商、加工和外出务工为主要收入来源，必须在就业前和就业中开发和提升农村劳动力非农就业能力，增加其人力资本积累，提升其市场与风险意识。

3. 土地流转的辩证理解

移民之间或移民与企业之间通过耕地承包经营权流转，推进农业规模经营，是农业转型的题中应有之义，也是提高中国农业竞争力和分享规模经济的关键举措。但是，移民不仅关注规模效益，也关注分享规模效益的风险。他们不愿意为了分享规模效益而承担可能引发的土地权益风险，这是很多地方规模效益无法形成的主要原因。此外，移民进入城市和非农产业的障碍尚未完全消除，农村社会保障体系尚未完全建立起来，也是制约农村土地流转的重要原因。如何确保移民没有丧失土地权益的风险，转移到非农产业的移民有稳定的就业机会和收入来源，并完成社会保障对土地保障的替代，是推进土地规模经营必须应对的挑战。在这些事情尚未做好之前，不应高估土地规模经营的好处并低估土地规模经营的实现难度。现实中的土地流转大多与耕地使用的非粮化有关，即土地规模经营并不等同于粮食生产的规模经营。更为重要的是，农业经营规模必须与经济发展水平和农业形成基础相适应，而不宜以其他国家的农业经营模式为标杆。

当前农村的土地流转多属于自发式的土地流转，对于这类形式，大多数人认为这种"不正式"的土地流转不能被视为市场交易，当前农村土地流转市场仍处于非常初级的阶段，仍然很不规范。不过，虽然从经济学理论上看，这种"缺乏法律规范与制度保障"的自发流转，导致了土地流转基础的非市场化，土地流转内容的不完整性，土地流转价格的随意性，以及土地流转格局的不稳定性，很难培育出符合市场要求的经营主体，但熟人社会内生的地方性规范等一整套行为规则仍然能够保证流转各方的权益，即转出方不会随意把土地收回，造成转入方的经营受损，后者在前者要回土地时，也不会占着不给，双方总能通过协商取得一个双赢的结果。

4. 移民发展扶持政策的异化

实践中"整村推进"项目扶持在实施过程中可能存在以下异化现象：一是项目资金上的规模排斥，项目扶持资金（包括移民两区发展基金）划拨主要依据移民人数，如果移民人数较少，资金规模受限可能致使发展项目难以为继；二是移民项目需求排斥，成因主要为帮扶主体的发展思路与水库移民自身发展意愿脱节；三是移民发展项目入门排斥，尤其是生产项目的帮扶常捆绑资金配套条件，使得原本收入不高或积蓄较少的移民被排斥出帮扶之列；四是市场排斥，帮助主体重生产轻市场、移民综合素质不高、市场意识不强、风险意识薄弱、组织能力不强等导致移民生产发展过程中遭遇排斥，收益受损；五是发展模式排斥，绝大多数的帮扶措施依然侧重传统的种植业，很少根据水库移民所处的实际环境和优势，尝试和支持新兴产业和新兴减贫手段，包括乡村旅游、休闲农业、产品加工甚至碳汇产业等，由于帮扶模式的排斥，水库移民只能在传统产业中挣扎，部分移民可能永远也无法实现发展致富。

5. 区域发展社会化服务水平提高

传统的农业家庭生产方式具有细碎化、规模小的特点，现代农业已发展为社会经济再生产的一个基本环节，其再生产过程需要依赖其他产业部门的配套服务活动，才能实现农业生产经营活动的科学和高效；加之在农业劳动力大量外流的现实背景下，农业生产经营主体迅速流失，随着"整村推进"项目的开展，移民小康村产业发展水平的提高，剩余的移民对农业社会化服务有着持续增长的市场需求，并呈现多元化、专业化的趋势。因此应当以移民需求为中心改善农业社会化服务供给状况，充分考虑不同地区、不同类型移民的需求差异，并注重具有共性的需求，充分保证农业社会化服务供给的有效性、科学性和真实性，为移民提供更为全面专业的服务，从而不断完善农业社会化服务体系，为现代农业的进一步发展注入活力。

6. 惠农政策的衔接

国家在全面小康建设过程中对于三农支持力度很大，涉及危房改造、扶贫搬迁、交通补助、创业优化等惠农支农政策近40项，涉及财政、民政、移民、农业、交通、教育等部门约25个。惠农支农政策为移民及安置区其他村民带来大量发展机会与发展资源的同时，也出现了各项惠农支农政策的衔接、移民与惠农支农政策的有效对接不够两个突出问题。

一方面，由于各项惠农支农政策在目的、工作对象、工作手段和性质、资金来源、项目管理等领域存在差异，加之政策执行主体对于政策宣传力度与实施能力的不同，移民在享受相关政策时可能不是很清楚各项政策的规定与要求，不能及时、有效协调政策之间的冲突，导致惠农支农政策相互独立、规模效应不强。另一方面，移民自身可行能力的限制，使其对于惠农支农政策的信息接收、资源承接、持续利用等水平较低，影响了水库移民后期扶持效果。"由于移民缺少自己有组织、有力量的代言人，且绝大多数的移民缺少与之地位相应的话语权，很难起到对惠农政策执行者的有效监督作用，甚至很难有对惠农政策本身不足之处表达自己想法的机会，移民非同质化、农村低组织化使得在惠农政策落实过程中存在不同移民对惠农政策接受程度不同、移民缺乏对政府的监督制约能力的现象。"

7. 集体建设用地市场化的理性审视

新型城镇化背景下，集体建设用地市场化具备可能性、必要性和合理性。首先，新型城镇化能促进集体建设用地的存量释放和增量供给；其次，集体建设用地市场化将优化建设用地供给结构，降低供给成本，提高供给效率，满足新型城镇化必要的土地需求；最后，新型城镇化目标中涵盖着土地权利平等理念，农村集体建设用地市场化符合所有权平等保护的物权法原则，有利于充分实现集体土地所有权的占用、使用、收益和处分的权利。但推进过程中也存在着对农村集体经营性建设用地的认识比较模糊；流转潜力小，预期功效不高；融资等土地功能不完整，对用地企业的吸引力不够；流转触动的利益群体众多，易引发新的社会矛盾等不足，需明确界定"农村集体经营性建设用地"；利用土地"增减挂"政策，通过村庄整治，捆绑使用，突破空间分布零散的制约；规范和加快农村集体经营性建设用地的确权工作，同步完善农村集体经营性建设用地的再次流转机制;充分利用农村理事会等民间组织,构建公平、公开、公正、透明的流转决策机制等。

8. 基础设施完善与产业突破协同发展

区域基础设施建设是发展的基础与前提,产业突破是移民增收的途径与抓手。经济发展水平低,基础设施欠账多,自身"造血"功能弱,农业产业化程度不高,移民持续增收难是多数移民村发展的真实写照。是先发展基础设施还是先进行产业突破,还是将产业发展与基础设施完善同步考虑?多地就此问题对调研组进行了反映,他们普遍认为对此问题不应"一刀切",应针对移民小康村的发展现状与可利用资源统筹考虑,因地制宜,着力加强道路、水利、电力、社会事业和文化基础设施建设,着力村容村貌改变、生态环境保护与环境综合治理,切实推动产业体系建设与完善,逐步实现"基础设施完善基础之上的产业突破,产业发展反哺基础设施建设"协同发展。

五 移民小康村建设"整村推进"工程发展策略

(一)发展目标

围绕一个核心,突出两个重点,坚持三个解决,做到四个结合,实现五个促进,落实六项举措,紧张有序开展工作,积极推进"移民安稳致富、城乡协调发展"新局面的形成。

1. 一个核心

一个核心:突破库区移民小康村孤岛经济,使移民增收。当前移民工作的重心与诸多问题得以解决的基础既是移民发展与增收,也是水库移民同步实现小康的关键衡量指标。

2. 两个重点

两个重点:产业发展与基础设施建设。产业发展关注资源配置效率提高与移民增收能力的可持续,基础设施建设强调发展环境的改善与社会稳定的维护。

3. 三个解决

三个解决：山上的问题山下解决、安置区内的问题区外解决、面上的问题点上解决。正确思维，辩证理解发展难题，秉承区际共融思想，坚持政府统筹，合理确定项目载体，强调区际劳动力、资本、信息等发展要素的流动与整合，充分发挥好政策、项目、人才、资金等要素对整合资源开展"整村推进"村建设的聚合效应，实现撬动、转移与跨越发展。

4. 四个结合

四个结合：移民发展与城镇化建设、新农村建设、农业综合开发与扶贫开发、产业结构调整相结合。统筹规划，有机衔接各项发展政策，搭建平台与组织载体，整合资源，协同发展。

5. 五个促进

五个促进：促进资源合理配置，促进基础设施建设，促进移民素质提高，促进农村产业化，促进移民收入增加。以"三改、三建、五提高"的小康村建设标准为指针，多措并举，实现移民安稳致富与区域协调发展。

6. 六项举措

一是人口内聚外迁工程。坚持走新型城镇化和集聚集约发展道路，打造各类人口集聚平台，因地制宜，实施生态移民与村庄整治等项目，形成区域统筹、城乡一体的协调发展格局，优化人口布局。

二是基础设施改善工程。进一步提升基础设施建设水平。加快基础设施的网络化、智能化建设，加强城乡联动，强化省际互联，为移民小康村经济发展提供有力保障。加大投入力度，加快制度创新，统筹资源配置，推进城乡一体化发展，着力提升公共服务水平。

三是产业集聚转型工程。关注移民经营方向转型，围绕大平台、大产业、大项目、大企业建设，围绕产业结构调整和优化提升，加快推进一批产业集聚重点平台建设，加快实施一批产业转型重点项目，加快建设一批高效生态农业重点基地。

四是生态旅游发展工程。依托移民小康村生态、文化等资源优势，强化区际协作，着力构建红色、绿色、民族特色等三大特色旅游带，加快形成以重点景区、旅游度假区为龙头，以骨干景点为支撑，以农家乐休闲旅游村点、古村落等为特色的发展格局。

五是人才科技支撑工程。加大移民素质培训与政策扶持力度，促进移民解放思想，更新观念，提高综合素质和闯市场的能力，变被动为主动，变要我发展为我要发展，同时坚持在政策和资金方面大力吸引和支持龙头企业和外出务工人员回乡创业，不断强化移民小康村发展的科技支撑，增强发展的内生动力，提高移民发展过程中的风险防范能力。

六是特色园区开发工程。充分发挥山区资源特色优势，大力发展特色优势农业和特色制造业，加快推进一批重点特色农业精品园和协作产业园建设。

（二）发展思路

总体思路：坚持因地制宜推进改革，以清晰的逻辑思路推进移民小康村建设"整村推进"工程实践逐步深入，抓住产业结构调整契机，以"企业引领，四化同步，五方联动，组合式发展模式推进"为主线，关注市场活力激发和发展潜力释放，提升开放水平，拓展发展空间，促进移民增收，提升资源配置效率，统筹城乡发展，保障区域社会经济可持续发展，逐步形成推进城乡一体化制度创新与区域扶贫开发的移民小康村建设"整村推进"工程新模式。

1. 抓住产业结构调整契机，实现移民小康村内生发展

衡量产业结构是否合理的关键在于判断产业之间是否具有因其内在的相互作用而产生的一种不同于各产业能力之和的整体能力。比如"整村推进"村第一产业的富余劳动力并没有转移出来，说明区域工业化并没有推动劳动力从第一产业向第二产业转移，它一方面表明社会资源没有得到充分利用，另一方面也表明地区产业结构外生于本地区的要

素禀赋与比较优势，产业与企业同本区域比较优势、要素禀赋以及经济发展没有紧密关联，产业结构的成熟度不高。

实现区域经济均衡不仅注重经济、政治与社会并重发展，而且需要基于地区要素禀赋进行区域专业分工，特别是移民小康村所在的后发地区要形成基于地区要素禀赋的合理产业结构，充分利用本地区的劳动力、资源以及其他的比较优势与竞争优势。作为经济发展水平较低地区，首先应该清醒地认识到"潜在"与"现实"的区别，进而使自己具有把"潜在"变为"现实"的能力。这种能力需要后发地区政府的正确决策，选择正确的产业与发展路径，政治制度改革和社会文化发展。后发地区必须根据本地区的要素禀赋与比较优势，再通过本地区的努力与创新，根据自身的实际，选择有别于发达地区的发展道路和发展模式。最主要的是，区域经济发展关键在于后发地区在政治、社会与文化革新条件下形成基于本地区要素禀赋的内生性的产业结构，形成赶超发展动力。

从产业政策来看，需要在今后的发展过程中，着力于发展基于地方比较优势与资源禀赋的特色与经济结构是内生的产业发展形态，重点扶持在本地区市场需求大、产业关联效应高的产业，并把其作为主导产业加以培育，如遵义部分地区发展生态旅游；同时需要确定主导产业的合理数量和规模，协调各产业之间在数量和比例上的关系，避免出现恶性竞争。

2. 关注企业引领，优化产业发展链条

龙头企业在农村产业化经营中起着内联千家万户，外联市场的纽带作用，带动当地移民、农业市场化建设，根据市场需求，规范移民的生产行为，组织移民进行专业化、标准化、规模化生产，实现资源的合理利用，促进规模经营，有效降低移民发展风险；通过合理的利益分配机制，调动各方面的积极性。同时，区域龙头企业紧跟市场变化，积极实施"走出去"战略，踊跃参与市场竞争，加大了农业对外开放程度，是实施农业产业化的核心，决定着产业化的层次、水平。

要实现移民小康村产业化经营发展，必须培育和扶持龙头企业，要

进一步落实国家、省、市相关政策,加大投入,建立农村产业化发展的长效机制,重点扶持龙头企业,特别是骨干龙头企业,要帮助其争取政策、资金、税收等方面的支持,以生态理念引领企业转型升级,推动产业化全面发展。

3. 四化同步,推进移民小康村跨越式发展

移民小康村建设"整村推进"工程开展,应坚持"产业协同化、农村资源资本化、农村信息化、移民组织化"四化同步政策。

产业协同化:产业和项目是小康村发展的重要支撑,是吸纳移民就业、促进移民增收的有效途径。要依托自身优势,注重三大产业协同发展,促进工业提质增量,农业发挥特色,服务业集聚壮大,逐步形成布局合理、规模集聚、层次提升、特色鲜明的产业体系。工业方面,以生态贵州建设为主线,倒逼转型升级;农业方面,以农业示范园区和特色产业基地建设,提升规模化、设施化、效益化水平;服务业方面,重点抓好市场、物流产业,补长短板,提升占比。

农村资源资本化:以促进农村资源资本化为突破口,增强农村自身的内生动力,实现农业农村持续良性发展。当前重点要在两个方面加强探索:其一加强对村集体经济发展研究,探索完善集体经济发展等模式,拓宽村集体增收渠道,增强农村自我完善、自我提升、自我发展功能。其二积极探索农村建设用地价值开发。

农村信息化:农村信息化服务是农业信息化建设和发展的重要内容,是满足移民生产生活信息需求和科学技术需求的基本方式,要开展移民小康村"数字乡村"建设工程,进一步完善基础设施建设,建立和完善农村信息服务体系,培养和引进信息化人才,提高信息化率和开展示范区建设,促进移民小康村信息化发展跃升新台阶。

移民组织化:就是以合作经济组织的形式将移民的利益、目标都统筹起来,让移民将彼此的市场竞争力联合在一起,以整体的形式进入市场竞争,实现经济利益最大化。本质就是组织主体将生产规模过小、经营程度不集中、经济实力较差、市场化程度不高、科技落后的移民转变

为现代新型经济主体。

4. 五方联动，化解资源配置效率难题

区域内外联动：为巩固整村推进成果，开展"镇为基础、县级统筹、整合资金、整村推进、连片开发"试点，以期达到通过政策统筹和机制创新，探索整村推进与连片开发相结合、后期扶持与区域经济发展相结合的新路子，促进移民安置区经济发展和移民稳定增收的目标。

上下联动：县（市、区）、乡（镇）、村相应机构实行"三级联动"，明确项目主体，形成省市监管，县级负责，任务到乡镇，工作到村，效益到户的整村推进工作局面。

部门联动：各部门按照"项目跟着规划走、资金随着项目走、效益带着移民走"的要求，坚持"渠道不乱，用途不变，统筹安排，配套建设，各负其责，各记其功"的原则，按照"缺什么、补什么"和"综合开发、全面发展"的要求，以实施整村推进项目为平台和契机，探索财政扶贫资金与其他涉农资金整合使用的新路子。

要素市场联动：水库移民同步小康需要劳动力、资本、土地等生产要素在市场作用下优化配置。农村要素市场是一个农村劳动力市场与农村金融市场围绕农村土地市场相互联动的交易网络体系。农村土地市场的局部制度改革可以驱动其他要素市场的制度联动，农村土地流转滞后或者过剩可能产生劳动力流动的单向性与不稳定性以及金融资本流动的阻隔，因此农村土地市场的局部制度改革（土地的财产化、资本化与商品化）可以驱动其他要素的制度联动，辅以有效的土地财权赋予、劳动力可行能力提升与系统规制设计，最终促使农村要素市场体系的健全与完善。

城乡（镇村）联动：移民小康村建设必须打破城乡二元结构，建立以工促农、以城带乡、城乡联动发展的新机制。坚持以人为本，积极推进公共服务均等化，将民生改善作为统筹城乡发展的切入点，以小城镇为城乡联动的载体、以农村专业合作经济组织为城乡联动的纽带、以长效利益机制为城乡联动的保障、以政府为城乡联动的牵引力、以制度

创新为城乡联动的推动力。

5. 依托"四在农家·美丽乡村"创建载体，组合式发展模式推进

以"四在农家·美丽乡村"创建为切入点，围绕"富、学、乐、美"创建内容，面对新形势、新任务、新要求，借鉴遵义等地的成功经验，进一步提高创建水平，打造"四在农家·美丽乡村"升级版。既抓设施建设也抓产业发展，既抓环境整治也抓素质提升，既抓典型也抓普及，按照因地制宜、城乡统筹、整合资源、突破常规的原则，坚持与危房改造相结合、与村庄整治相结合、与新村建设相结合、与农村改革相结合、与乡村旅游相结合，依托既有生态、人力、文化等资源，深化六项行动建设，突出"四在农家，美丽乡村"升级版规划的科学性和人文性，坚持在规划、标准、速度等方面因地制宜，把规划作为龙头，严格按规划建设；量力而行，根据各地实际确定不同的创建标准；尊重客观规律，循序渐进。要通过模式、体制、机制等方面的创新，提升创建层次。要充分尊重移民的主体地位，发挥移民的主体作用，引导移民变"要我干"为"我要干"。要广泛凝聚各方合力统筹推进，抓好系统谋划、资金整合、长效管理，为移民群众谋福祉。

引导"多样化组合"移民小康村建设"整村推进"发展模式创新的理念主要包括参与式发展理念和移民生产发展方式的按需定供理念。首先坚持"区位优势明显、有较好的产业发展基础、村支两委基层组织战斗力强、群众积极性高"的原则抓好示范村选点工作。其次在考虑移民建议和需求的前提下，设计多种发展方式和扶持政策，进而在总成本控制的前提下将这些发展模式根据移民安置对象群体特点与需求特征形成多样化组合，然后由移民自主选择适合自身的安置模式的"按需定供，依供取需"方式，以最大化对接移民的需求，推进移民安置实施，服务于移民小康村建设"整村推进"工程。最后，抓好示范村经验总结推广，充分发挥其示范带动与辐射作用，形成移民小康村建设"整村推进"工程长效工作机制。

（三）主要任务与重点领域

1. 继续提升基础设施和公共服务设施水平

围绕加快生产发展、改善生活环境、建设生态文明幸福家园等重点工作，继续加强基础设施建设：一是完善村组路网体系，解决移民出行难、运输难的问题；二是进一步改造人畜饮水工程，切实解决好移民群众的饮水安全和生产发展用水问题；三是加强农业基础设施建设，提高产业化项目效益，促进移民增收；四是注重文教卫生等基础设施建设，改善和提高移民精神文化生活质量。

2. 完善移民增收机制

一是调结构促增收，家庭经营收入是移民收入的第二大来源，而种植业又是家庭经营收入的主要构成，调结构，首先要优化种植业结构，在稳定粮食生产的前提下，调整产业布局，把更多的要素资源用于发展能够凸显各地资源优势、促进农业增收的特色产业。二是抓产业促增收，积极发展农产品加工，延长产业链，增加农产品附加值，大力发展新型经营主体，建立和完善企业与移民的利益联结机制，使移民能够更多的从农产品的生产、加工、销售、物流等多个环节获取利益，实现增收。三是推广科技促增收，加大农业科技创新力度，积极推进农业成果转化应用，加快农技推广体系建设步伐，着力打通最后一公里。四是发展乡村旅游促增收，积极拓展农业功能，将现代农业与休闲产业结合起来，推进现代农业与美丽乡村建设、旅游业的有机融合。五是强化培训促增收，整合现有各类移民培训资源，以市场需求和移民需求为导向，开展订单式、定向式、定岗式培训，提高移民务工专业技能，大力推进农村劳动力转移和现代农业发展。六是深化改革促增收，大力推进土地承包经营权确权颁证与土地流转，农村土地制度改革与农村集体产权制度改革已在试点，这将大幅度增加移民财产性收入。七是精准扶持促增收，提升扶持标准，创新扶持方式，扎实推进产业、智力帮扶，着力提高移民收入和生活水平。

3. 全力推进现代农业发展

关键是抓好两个方面的工作：一是农业生产力的现代化，包括机械化、规模化、集约化、设施化、科学化、信息化等。二是建设与现代农业生产力相适应的生产关系，包括资源配置、分配关系、社会服务等。

从调研来看，发展现代农业，要突出抓好六个环节，即抓规模、抓特色、抓加工、抓组织、抓服务、抓品牌。具体实践中，要重点把握三点：一是要抓好产业体系，推动产业发展升级，努力促进产业集群在近期内有较快的发展。二是要进一步健全新型农业经营体系，加快构建以家庭经营为基础、以合作与联合为纽带、以社会化服务为支撑的立体式复合型农业经营体系，加快培育构建服务主体多元化、运行市场化的新型农业服务体系，使移民享受到低成本、便利化、全方位的社会化服务。三是要大力推进农产品精深加工，结合当地资源禀赋，重点朝旅游商品的标准去打造。这方面，台湾的经验值得学习借鉴，台湾农业强调规模适度，精品至上，注重农产品的深度研发和精深加工，已经从单纯的卖农产品转型为卖精美食品、保健品以及旅游纪念品等，有力地促进了旅游观光农业与休闲农业的发展，实现了农业与二、三产业的高度融合。

4. 提升整村推进项目管理效率

一是简政放权，扩大市（州）一级管理部门调控权。增加市（州）层面的监督管理权，强化市（州）管理部门的项目指导与审查作用，避免管理机构的虚设与资源浪费现象。二是精简、规范后期扶持项目建设程序。三是实施产业发展项目竞争性申报政策，由省、州移民管理部门联合金融机构设立"贷款基金"，由移民户自行申请贷款，制定移民产业发展贷款审批制度，可采取全额贴息的方式进行扶持，增强移民主体参与的积极性，解决产业发展项目"易建难管"现象。四是关注社会文化事业发展，以实施文化惠民工程为载体，提升移民小康村信息化水平，提高移民精神文化生活质量。五是进一步加大移民小康村建设"整村推进"扶持力度，提高扶持标准，助推移民整村推进村实现跨越式发展。六是先行先试，将规划资金集中统一于某个"整村推进"村一次性实施规划项目。七是规范项目资金使用，避免国库统一支付（尤其是县级层面）时出现"有账无钱"现象。八是完善项目评审机制，在市（州）级设立专家库，在县级设立专业人才库，保障项目实施。

5. 深入推进镇村联动建设

一是在规划编制和管理上下功夫，各地要按照"城镇村联动、产镇村融合"的要求，实现城乡同步设计、镇村同步考虑，把集镇、乡村作为一个整体，进行统筹谋划、全域规划，着力构建重点突出、梯次合理、功能明显、特色鲜明的镇村布局体系。通过镇村规划的衔接、产业的互动、要素资源的流通、基础设施的共建、公共服务的延伸，形成良性互动的发展局面，提升集镇对周边村庄的辐射带动能力，打破城乡行政管理界限，实现公共服务均等化和全覆盖，吸引移民逐步由以农为主转化为农商结合或以商为主。二是针对产业扶持、资金投入、土地政策、人口集聚、社会保障、投融资机制、扩权强镇等方面进行机制创新和制度设计，通过向移民集体赋权实现政府管理转型，完善移民小康村基层管理制度，构建一体化的社会保障制度，清除劳动力转移与就业的制度障碍，建立农村金融新体系，提供资金保障，重点运用市场手段在筹集资金、利用增减挂钩政策盘活土地等方面进行制度创新与突破，让城市资本和农村土地资源互惠共享。

（四）发展机制与环境优化

1. 把脉意愿，精准扶持

高效实现"整村推进"工程目标，除了现行自上而下确定水库移民发展帮扶思路外，还要通过开展社会经济调查，准确把握水库移民及所在村组发展意愿，明确其发展资源，清晰测度移民生产发展资源与配置效率，在此基础上创新"组织引领＋就地创业、技能培训＋劳务输出＋市民化、技能培训＋劳务输出＋返乡创业、扶贫生态移民进社区入园、移民户＋网络＋公司、中产阶层＋老年农业"等发展扶持模式，提升管理干部提供发展服务的能力，利用"整村推进"契机，发展现代农业、休闲旅游等生态与增收共赢的项目，同时注意购买独立第三方的技术服务与独立监测（如社会企业、科研院所等），建立水库移民发展项目决策责任追究与决策主体责任分担机制，提升移民小康村发展帮扶效果。

2. 发展主导产业，助推移民致富

坚持把培育致富产业、促进移民增收作为整村推进的重要环节，立足乡情村情，按照"适应市场，因地制宜，发展优势，突出特色"的原则，大力培育重点村的优势产业。明确"农村抓产业、产业抓特色、特色抓龙头、龙头带农户"的工作思路，安排资金，大力扶持龙头企业，加强基地建设，培育移民经纪人和能人大户，推动农业生产的规模化和产业化。安排财政贴息资金、互助资金和移民专业合作组织资金，采取"小额信贷、适度规模、协会牵头、产业联动"模式，通过"项目覆盖、产业带动、科技培训、资金支持"等途径，为移民发展生产提供资金支持，大力支持移民专业合作组织发展，发挥引领带动作用，努力做到村村有致富产业、户户有稳定收入来源，为重点村的可持续发展提供强有力的产业支撑。通过实施整村推进，调整和优化农村产业结构，使得移民小康村逐步形成"一村一品"产业格局，建成一批畜牧、茶叶、粮食、蔬菜、食用菌、旅游等特色产业村。

3. 着力金融机制创新，实施产业项目竞争性申报

水库移民同步小康过程中不管采取后期扶持、新农村建设、新型城镇化、扶贫生态移民等何种方式，基础设施建设、产业推进等发展帮扶项目开展均需大量投资，融资成为水库移民同步小康不可或缺的条件与环节，融资难成为地方政府与经济组织面临的瓶颈约束。借鉴国际经验，有条件的水库移民发展帮扶应建立收费、税收、债券三位一体的融资机制。强化水库移民同步小康融资管理，强化监管，加强全过程风险防范，逐步形成"政府主导、社会参与及市场运作的多元化融资体系"。

同时，实施产业发展项目竞争性申报政策，由省、市（州）移民

管理部门联合金融机构成立"贷款基金",由移民户自行申请贷款,制定移民产业发展贷款审批制度,采取全额贴息的方式进行扶持,增强移民主体参与的积极性,解决产业发展项目"易建难管"问题。

4. 整合扶持资源,衔接相关扶持政策

调研发现,对于整村推进中的资源整合问题,受访移民干部普遍认为"想法是好的,但很难实现,原因是我们移民整村推进资金比起交通、水利等项目资金数量少,按照每年60万计算,5年300万,一条难修的路基本用完或者还不够用;其次,移民部门由于其业务领域稍窄,虽都是为村民服务,但在部门影响力上弱于发改、交通、财政等部门,难以协调各部门的扶持工作;再者,每个部门所处系统对于项目的验收程序与评价标准不一,所以资源很难整合"。调研组认为,这种观点有失偏颇,整村推进中的资源整合不能狭隘地理解为资源的捆绑使用,或者项目开展程序的整齐划一,而应该理解为这些发展资源是否得以发挥整合或汇聚效应,也即目标更高远,要有顶层设计。移民后期扶持资源整合是对于与移民身份具有连带关系的资金资源、政策资源、行政资源的优化组配。

同时,移民小康村的建设与发展要切实做好与各种制度与政策的衔接,比如移民小康村建设"整村推进"工程与贵州"五个一百"工程推进政策的结合、与国家连片特困区发展扶持政策的衔接、与财政支农政策的对接、与美丽乡村建设政策的衔接、与农村低保制度的衔接等,以便积极争取各种配套资源,形成资源合力,产生规模效应与范围经济。

5. 关注扶贫生态移民,优化移民进城进园安置模式

综合考虑小康社会建设目标,城乡一体化建设目标要求,贵州省基础设施薄弱、人多地少的现实发展困境等,生态移民依托乡村旅游、集镇商贸、园区服务安置将成为今后一段时期的扶贫生态移民主要模式,该模式对于快速减少贫困人口、推进人口城镇化、破解工业园区招工难题、推进现代农业发展、扩大内需和促进消费、保护生态环境等诸多目

标实现具有推动作用。

6. 强化可行能力建设，提升移民组织化水平

鉴于移民自身可行能力限制，除通过技能与素质培训提升个体生计资本与政策资源承接能力外，应关注组织创新，优化整合资源。产业化专业合作组织的构造目的是要建立"利益共享、风险共担"的产业价值链，承接和整合不同领域、不同层次的发展资源，为增收创造产业组织条件。按照"生产经营规模化、经营主体职业化、发展方式集约化、经营模式多样化"的现代农业经营组织作用和要求，针对当前的移民专业合作组织合作水平偏低、扶持力度不够、发展资金不足、市场风险较大、缺乏管理和技术型人才、管理不规范等问题，建议移民专业合作组织在发展过程中坚持本质属性，落实相关优惠政策，强调推进适度规模经营，实现专业合作组织产权结构股份化与实体经济化，推动专业合作组织健康稳步发展。

7. 开展农村集体资产产权改革试点，推进土地流转和适度规模经营

农村集体资产产权改革试点的目标在于探索赋予移民更多的财产权利，明晰产权归属，完善各项权能，激活农村各类生产要素潜能，建立符合市场经济要求的农村集体经济运营新机制。这是我国农村改革一项重要的顶层设计，是我国农村集体经济改革的重大制度创新。保障移民集体经济组织成员权利，积极发展移民股份合作，赋予移民对集体资产股份占有、收益、有偿退出及抵押、担保、继承权，是试点方案的重要内容。可通过试点，依法保障集体经济组织成员享有的土地承包经营权、宅基地使用权、集体收益分配权，落实好移民对集体经济活动的民主管理权利。

促进土地流转是优化土地资源，推进适度规模经营，发展现代农业的客观需要。在推进土地流转的过程中，必须把握三点：一是关于流转要求，各地在推进土地流转的过程中，必须做到依法、自愿、有偿、坚决保护移民合法权益，绝不能把流转的数量和比例作为追求的目标。二是流转的规模，发展现代农业需要土地规模经营，但也不是

越大越好，如果流转规模太大，就会在资源配置上造成新的不公，从而剥夺其他人的就业机会，损害公平正义；而流转规模太小了，又不利于集约经营，难以有效提高农业经营效益，因此，土地流转规模要把握一个度，符合产业发展实际。三是流转质量，要与发展现代农业相结合，符合本地产业发展规划与发展方向，要坚持农地农用，流转农地的用途性质不能变，防止出现"非农化、非粮化"现象，同时也要适当兼顾集体利益。

8. 完善移民小康村建设动态管理机制，加大监管力度

建立动态管理机制。各级移民小康村建设管理部门应向群众公开整村推进的目标任务、资金渠道、项目内容、项目责任人等情况，设定科学的评价指标，选择合适的评价方法，定期对整村推进工程实施情况进行检查、验收、考核和评比，及时发现与总结移民小康村建设"整村推进"工程的经验与不足，查缺补漏，及时跟进，完善移民小康村建设动态管理机制，建立健全定期督查、情况通报等制度，工作无论好坏，都要进行通报；同时进行不定期的暗访和督查，对存在的问题及时纠正。

建立固定监测点。明确监测点并开展跟踪监测，是全面了解移民小康村真实情况的重要信息渠道，是贯彻移民小康村建设"整村推进"工程不可缺少的监测体系和评价体系之一。因此，在设立相应标准确定监测点的基础上，要认真开展调查工作，着力确保调查数据质量，强化调查数据的开发利用，探索数据反映出来的移民小康村建设"整村推进"工程规律、发展趋势及重要情况，形成高效适用的调研报告，供决策参考。

总之，移民小康村整村推进工作，不仅涉及关键性制度，还涉及要素性制度以及关联性制度，各种制度相互依赖、相互促进，要坚持全面推进与重点突破相结合；关于移民小康村发展策略的研究要从制度体系的整体出发，通盘考虑，即使就其中一个问题进行探讨，亦要放在一个制度分析框架中理解和把握，系统考虑不同制度间的相互影响。

　　未来移民小康村建设"整村推进"工程的顺利开展，需要以更大的政治勇气和智慧进行顶层设计和长远规划，结合省级同步小康发展规划，强力整合资源，将移民小康村建设"整村推进"工程融入分县同步小康规划，合理选择主攻方向和优先顺序，创新推进方式，有序有效地推进移民小康村建设。

（2014 年 12 月）

附录六 "农业经营组织"调研报告

——山东、江苏、湖北三省农民专业合作社发展经验及对江西省的启示[*]

自 2007 年国家颁布《农民专业合作社法》以来,我省农民专业合作社从 2007 年的 1600 多家发展到现在的 2 万多家。截至 2013 年 6 月底,全省农民合作社总数为 22320 家,比 2012 年底增加 3246 家、增长 17%;实有社员总数达 52.7 万户,近 20% 的农户加入了合作社。项目组通过对省内外农民专业合作社调研后认为我省农民专业合作社在"组织规模、制度建设、合作方式与内容、人才队伍、资金运作"等方面仍然有许多不足和需要借鉴省外成功经验的地方。

为此,江西省农业厅牵头成立了"江西省农民专业合作社发展课题组",课题组 6 位专家分别来自江西省农业厅、江西农业大学、江西省社科院、江西省委党校、江西省农科院。课题组先后到江西省宜春市、南昌市和赣州市,山东枣庄地区,江苏徐州地区,湖北孝感地区对 30 余个农民专业合作社的发展进行了深入调研。调研组发现省内外典型的农民专业合作社在"降低生产成本、抵抗市场风险、提高经济效益、提高农民素质、促进科技推广、实现规模经营、加快特色产业发展"等方面发挥了重要作用。

一 省外农民专业合作社发展的主要经验

山东枣庄市是"国家农村改革试验区",农民专业合作社发展较

---

* 此建议获省级领导批示。

快，枣庄市职业化农民在农业生产经营合作的基础上，大胆探索农民土地要素的合作，从解决制约土地规模经营的关键问题入手，以盘活土地资本为突破口，开展了农村土地使用产权制度改革试点探索。至2012年6月，枣庄市土地流转面积27.8万亩，占当地耕地面积的16.9%，高出我省同期2个百分点，出现了一批以土地为纽带的农民合作经济组织，土地专业合作社达294家，规模经营土地6万亩，取得了较好成效，在全国引起较大反响。

江苏徐州市委、市政府坚持把发展农民专业合作社作为建设现代农业、促进农民增收的一个重要措施，组织各地认真贯彻落实促进合作社发展的各项法律政策，切实加大扶持力度，有力地调动了基层干群组建和参加合作社的积极性。截至2012年底，徐州市八成以上农户加入了各类农民合作社，工商登记成员数在江苏省位列第一，并于2007年成立了江苏省第一家真正意义上的农地股份合作社（沛县潘庄土地股份合作社），目前该市农村土地股份合作社已发展到400个，入股土地面积超过30万亩；农村社区股份合作社已组建23家，折股量化集体资产总额近5.7亿元。

湖北孝感市农民专业合作社总数位居湖北省前列。截至2012年底，孝感市注册登记农民专业合作社带动农户超过20万户，占农户总数的近三分之一。并在当地大力推进农村土地流转，发展规模经营，积极推广"春晖模式"的农村土地合作制度，当地政府要求每个县市区至少办一家土地股份合作社。在提出"春晖模式"的同时，湖北孝感市、安陆市大胆实践，探索出土地股份合作的"禾丰模式"，其核心是"三制运转"：一是土地股份合作制，分村组建土地股份合作社，农户以土地承包经营权入股，土地交给合作社统一对外租赁。二是土地租赁制。市、镇两级政府和经管部门牵线搭桥，合作社将平整后的土地，连片租赁给禾丰公司统一经营。三是土地承包管理制。禾丰公司以镇为单位成立农场，以村为单位聘请协管员，每年每亩支付10元服务费；以组为单位聘请田管员，从事生产管理，每年每亩支付210元劳务费。

从山东、江苏、湖北三省农民专业合作社的发展历程和探索实践中，课题组调研总结认为，主要有以下经验值得借鉴。

（一）政府部门把发展农民专业合作社作为新时期深化农村经济体制改革的主要工作抓手，切实依法促进合作社发展

调研组所到的各地农业部门都把推进和帮助农民专业合作社建设作为工作的重中之重，并且当地干部普遍认为发展农民专业合作社是解决过去农户家庭小生产与社会需求大市场矛盾的有效举措，是发展现代农业规模化经营、市场化运作、标准化生产、社会化服务的最佳路径。各地农业部门坚持每年开展《农民专业合作社法》"宣传周"、"宣传日"活动，定期组织县镇合作社指导员、合作社理事长辅导培训，组织农民专业合作社的评选表彰，及时宣传当地新出台的合作社优惠扶持政策和各地好典型、好经验，引导各类合作社规范建设、加快发展。

（二）全方位构建和落实农民专业合作社的扶持政策，切实保障合作社健康发展

山东、江苏、湖北等地从财政、金融、农业保险、税收、农业用地、农业项目、工商等方面全方位构建和落实农民专业合作社的扶持政策。如江苏徐州市近三年共有 283 个合作社获得省合作社财政专项项目资金 5713 万元。在积极申报省级财政项目的基础上，2012 年市财政专门列支 300 万元用于农民专业合作组织建设发展，为切实发挥项目资金的效益，市农委会同市财政局联合制定了《徐州市农民专业合作组织专项资金使用管理办法（试行）》（徐财规〔2012〕9 号），规范项目资金管理，确保专款专用。2010 年，山东枣庄市人民政府就联合当地中国人民银行支行出台了《枣庄市市级农村土地使用产权制度改革试点合作社贷款贴息管理办法》（试行）和《枣庄市农村土地使用产权和经营收益权质押贷款管理暂行办法》，从而从财政、金融等多方面构建了扶持农民专业合作社的发展环境。2011 年底，山东枣庄市被国务院批

准为"全国农村改革试验区"，中国人民银行枣庄市各区（市）支行又针对农民专业合作社建立评信、授信、用信的金融制度，支持农民土地专业合作社的新模式，助推农民土地专业合作社融资发展，促进农村土地使用产权制度改革的深化，加快现代农业发展。

（三）实施农民专业合作社辅导员制度，帮扶合作社规范管理制度建设

调研地农业部门向各农民专业合作社派出了"专职辅导员"，帮助合作社规范内部管理制度，指导合作社开展工作，同时，各地通过树典型、抓示范来推进合作社建设，这一做法起到了很好的作用。辅导员帮助合作社按照法律规定实行民主选举、民主管理、民主决策、民主监督，建立健全成员（代表）大会、理事会、监事会等"三会"制度，在省级层面建立农民专业合作社名录库，进入省里名录库的合作社全部按《农民专业合作社财务会计制度（试行）》规定建立财务制度，健全成员账户，同时要求合作社必须将可分配盈余的60%以上返还给成员，返还的具体比例由成员大会或成员代表大会讨论决定。在辅导各地全面加强章程制度建设的同时，会同工商局在政策允许范围内最大限度地简化登记手续。江苏徐州市2011年还在全市大力推广全省统一开发的财务管理软件，目前该市进入合作社名录的1000余家合作社全部使用该软件建立了配套财务制度。

（四）围绕当地农业特色优势产业开发，引入龙头企业助推农民专业合作社发展

调研地围绕本地农业特色优势产业发展，大力引进农业龙头企业，较普遍地采用了"龙头企业＋合作社＋基地＋农户"的产业运行模式，龙头企业与合作社链接解决了合作社资金不足、技术短缺、产品销售难、经营风险大、管理不规范等一系列发展短板问题，实现了龙头企业、合作社、农户三方的共赢。如江苏常州市立华红旗养殖合作社与立

华畜禽有限公司合作，形成了较稳定的"公司、合作社、专业养殖户"的利益共享、风险共担的良性诚信合作机制。公司负责新品种、新技术开发，苗鸡、饲料生产，市场开拓和销售；合作社负责生产技术推广、技术培训、技术服务，按标准组织农户开展肉鸡生产，平衡公司与农户的利益关系，管控风险基金的使用，维护农户长期稳定，保障农户的合理收益；农户负责肉鸡饲养，参与合作社的专业养殖户年利润达到 8 万~10 万元。

（五）引导农民专业合作社做大做强，提高农民专业合作社自身的生存和发展能力

调研地政府管理部门鼓励和引导合作社社员以资金、实物认购股金，鼓励二、三产业资本投入合作社，提高合作社的资金筹集能力，增强合作社的经营实力。引导农民专业合作社跨区域扩建基地，发展成员，扩大和增强合作社的辐射面和带动力；鼓励农民专业合作社创办自己的加工企业，组建自己的营销网络，拓展经营服务内容，促进合作社由单一的产销领域向产、供、销、运、加等多领域发展。引导和支持农民专业合作社之间、合作社与农业加工、流通等龙头企业之间加强合作，实现资源的合理配置和优化组合，促进合作社向联合经营和集团方向发展，鼓励创建农民专业合作社联合社。如 2011 年由邳州宏志果蔬种植专业合作社等 13 家合作社注册成立的江苏省邳州宏合农产品销售服务专业合作联社，固定资产 4600 万元，联社分社社员 8639 人，带动农户 1.8 万户，基地面积 21 万亩，成员 2012 年上半年人均增收 6600 元。

（六）尊重农民意愿和创造，引导合作社运行体制与机制创新

调研地围绕当地特色农业产业发展，适应市场竞争的需要，在农民自愿基础上，自主、自发地开展了多种形式的联合与合作，采取资金、

土地、技术入股等方式，探索发展不同类型的专业合作社，实现适度规模经营，促进了农村资源要素的优化配置和合理利用，提高了农业生产经营的集约化程度和组织化水平。各地在政府引导下，积极探索发展专业合作社之间的横向联合与纵向协作，成立合作社联社；有的地方为了打破土地规模和资金瓶颈约束，成立了农村土地股份合作社、农村金融互助信用合作社；组织合作社积极开展各类对接活动，如农校对接、农超对接、农社对接、农银对接、农企对接等。实现资源共享、功能互补、合作共赢，提高了专业合作社的市场竞争力。如江苏徐州市已组建以产品销售为主要服务内容的联社43家。其中，徐州市苏合农产品销售专业合作联社，在市区建立了3家直营店和1个直销专区，农社对接直销已经进入41个居民小区；沛县广源畜禽专业合作社联合山东、安徽农民专业合作社成立了徐州市首家跨省区域性合作联社——江苏省德健源生态农业专业合作联社。大力推进农地股份合作，目前江苏徐州市累计建立土地股份合作社384个，入股面积30.02万亩，吸纳农户11.7万个。湖北省也在积极探索土地合作新模式，产生出农村土地流转股份合作的"春晖模式"和"禾丰模式"。

（七）规范农民专业合作社党支部建设，切实发挥合作社党员作用

为切实加强和规范农民专业合作社党建工作，徐州市委组织部于2009年制定下发了《关于创新农村基层党组织设置的实施意见》，对农民专业合作社建立党组织、充分发挥党组织和党员作用提出明确要求，推行支部建在产业上，扎实开展"党建强社、合作富民"创先争优主题实践活动，深入开展"双培双带"活动，把有文化、懂技术、会经营、善管理的农民党员培养成合作社理事会成员，与贫困农户，采取"一对一"、"一对几"或"几对一"的形式结成帮扶对子，帮助他们转变思想观念，切实发挥了合作社党员模范带头作用。

二　省外经验对我省农民专业合作社发展的启示

（一）强化社会各部门和各阶层对农民专业合作社发展重要性的认识

农民专业合作社是发展现代农业的重要组织载体，是稳定完善农村基本经营制度、创新农业经营体制机制的有效形式。要在全省定期定时宣传并真正落实贯彻《农民专业合作社法》和《江西省农民专业合作社条例》，在全社会形成重视和支持农民专业合作社发展的政策环境氛围，把农民专业合作社的发展作为考核当地政府业绩的一条硬指标，让广大干部群众对合作社发展的认识到位，从而形成合力推进合作社的建设。

（二）大力推进农户生产要素合作，探索农村土地股份合作的新机制

在不改变农村土地集体所有制性质、不改变土地用途、不损害农民土地承包权益的前提下，支持和鼓励合作社农民成员以土地承包经营权、林权等要素，出资入股农村土地股份合作社。但要进一步完善土地入股流转后的"保、扶、补、贴"等政策措施，创新农户土地合作的新机制，探索建立土地流转风险保障金和流出农户社会保障制度，保障流出土地农户的合理收益和生存与发展权，为发展农村土地股份合作社提供制度保障。

（三）以农业产业市场为导向，围绕特色优势产业发展推进合作

各地要以市场为导向，根据当地农业产业规划和特色产业，选准选好一个具有优势能带动广大社员致富的特色产业，结合当地一村一品建

设、专业乡镇建设，大力发展优质稻米、绿色蔬菜、生态畜牧业、生态渔业、生态果业、苗木花卉、林业等合作社，有选择地围绕特色产业产前、产中、产后开展合作经营，将农民专业合作社经营范围延伸。

（四）创新农民专业合作社经营方式，增强农民专业合作社市场竞争力

推进产销衔接，减少流通环节，降低流通成本。鼓励大型连锁超市、流通企业、学校等与农民专业合作社直接对接，建立长期稳定的产销关系，鼓励农民专业合作社在社区集贸市场直销直供，鼓励有序设立专业合作社电子（或网络）市场、周末直销菜市场、早晚市等临时摊点；注重合作社产品营销和市场建设。积极鼓励农民专业合作社参加各类农产品展销会、推介会、博览会，向外开拓市场。引导农民专业合作社建立农产品安全生产记录和质量安全台账，健全农产品质量安全管理制度、控制体系和追溯制度，提高农产品质量安全水平。鼓励和支持农民专业合作社申请注册产品商标，打造品牌；推进农民专业合作社标准化生产，支持农民专业合作社申报无公害农产品基地，认证绿色农产品和有机食品，提高产品的市场竞争力。

（五）依法推进农民专业合作社规范建设，增强农民专业合作社的凝聚力

要引导农民专业合作社完善内部治理结构，建立健全合作社章程、社员出资、组织机构、民主管理、财务管理、生产经营和盈余分配等各项制度，提高合作社运行管理水平。引导农民专业合作社完善利益分配机制，保障成员的经济利益。支持合作社引入承包制、经济责任制、成本核算制以及职业经理人制度等，优化合作社的生产经营机制。深化示范社创建行动，培养一批生产标准化、经营品牌化、管理规范化、社员知识化、产品安全化、经营规模大、服务能力强的农民专业合作社示范社，引导和带动各类农民专业合作社规范发展。

（六）构建农民专业合作社的政策扶持体系，抓典型示范促进农民专业合作社发展

要系统全面落实农民专业合作社的扶持政策，一是要坚持政策扶持，典型示范。各级政府要从"财政扶持激励、金融信用支持、减免经营税费、协调土地流转、工商管理登记、农业项目实施"等方面对合作社提供扶持，构建一个合作社的政策扶持体系。同时，要抓好典型示范合作社建设，各地都要树立典型示范合作社，建立国家级示范合作社、省级示范合作社、市县级示范合作社的评比指标体系和评比制度，明确示范合作社是农业政策扶持的载体，做到以点带面推进合作社规范化、规模化、产业化、品牌化、标准化，有效提高合作社建设的档次。二是要强化保障，完善服务。要建立合作社经营市场风险和自然风险的防范和化解机制，应设计针对合作社经营自然风险的政策性农业保险并加大实施力度，扩大农业保险品种范围。同时通过政府补助等办法，引导规模经营主体建立风险基金制度，提高自身抗御风险的能力。加快农村金融体系改革，大力发展农村金融互助组织，政府牵头建立农业风险准备金、农业贷款担保基金等，为土地和农业规模经营提供资金和风险保障。同时，在向合作社提供农业生产公共服务的基础上，重点推进农业服务的市场化和社会化，特别是要引导现有农技、农机、服务组织走向联合和合作，扩大服务区域范围，要建立农业要素流转服务中心，充分发挥现有资源优势。三是培育主体，发展合作。发展合作社，必须有一大批有能力实施规模经营的职业化农民和经济实体。在通过阳光工程、实用技能培训、扶贫开发等多种渠道，加强农民教育、提高农民素质、切实提高农民非农就业能力和对农业适度规模经营的组织管理能力、为农业适度规模经营提供条件和人才资源的同时，进一步落实优惠扶持政策，壮大龙头企业，大力发展农民专业合作，适度引进"三资"，推进土地等农业生产要素的企业化合作经营。

（2014 年 12 月）

附录七 后 2020 时代的扶贫战略与治理政策新动向*

打赢脱贫攻坚战，确保到 2020 年现行标准下农村贫困人口实现脱贫、贫困县全部摘帽、解决区域性整体贫困是全面建成小康社会的重要内容，事关人民福祉，事关党的执政基础和国家长治久安。随着各地脱贫攻坚工作顺利推进，综合当前脱贫攻坚实践探索与前沿理论谋划，深刻领会《"十三五"脱贫攻坚规划》（国发〔2016〕64 号）文件精神，着眼于 2020 年后的减贫战略定位和治理体系，思考后 2020 时代的减贫战略方向和工作重心的变化趋势，对于全面实现 2049 年初步建成社会主义强国宏伟目标、加速推进未来中国"后小康"社会经济发展、引领当前脱贫攻坚工作、提高后 2020 时代扶贫开发政策的顺承性大有裨益。

一 后 2020 时代的贫困形势研判

2020 年后，在贫困人口构成中，相对贫困人口将成为主体部分，其陷入贫困的原因可能为城乡收入差距扩大、不同区域间发展不平衡、自身能力素质偏低、失业、因灾因病等。在相对贫困人口中，既要重视农村相对贫困人口，又要重视城镇相对贫困人口，且随着城镇化的推进，生活在城市的相对贫困人口规模呈不断扩大态势。

（一）贫困问题多维审视

到 2020 年，我国贫困问题也不再是单纯的经济现象，而是集经济、

---

* 此建议获省级领导批示。

社会、自然等因素于一体的复合现象。因此，需要从经济发展、社会发展、自然生境等多个维度，审视后 2020 时代的贫困问题。

从经济发展的维度看，按照国家"十三五"规划纲要确定的目标，后 2020 时代的贫困问题将大大弱化，同时日益增强的经济实力亦为减贫奠定坚实的经济基础。

从社会发展维度上看，从人口和文化视角分析贫困问题似为必要：一是老年贫困问题日益突出。虽然二孩政策已经全面实施，但未来 3 ~ 5 年，生育水平仍然低于更替水平，人口增幅下降、人口老龄化的趋势不可扭转，意味着后 2020 时代我国养老负担将更重，老年贫困问题不可回避。二是人口素质"城乡剪刀差现象"使得农村贫困有代际传递的危险，对此要予以高度重视。三是民族和地域文化因素影响受到关注，如何在民族和地区特色文化与脱贫致富目标之间建立起有效的联系和共进机制，是今后需要予以特别关注的问题。

从自然生境维度审视，自然生境型贫困问题的形成，既有自然原因又有人为因素，既有历史原因又有现实原因。但综合长期来看，自然生境型贫困问题，是贫困问题解决过程中的难点，需要在较长时间、较大空间上予以缓解，易地扶贫应为首选。

（二）贫困空间形态变迁

区域方面，典型的深度贫困地区，多属于"贫困的贫困"地区（经济贫困 + 自然条件恶劣），脱贫难、返贫易，而其他贫困区域多为"欠发达资源富集区"，往往集资源富集性、经济滞后性、环境敏感性、生态脆弱性、社会复杂性和致富迫切性于一体，只要处理好发展与保护之间的关系，其减贫效果可期。"十三五"规划纲要要求"持续加大对集中连片特殊困难地区的扶贫投入力度"。到 2020 年，集中连片特困地区与发达地区相比，仍然存在地理条件差、基础设施不完善、社会保障机制不健全等问题，加之历史上就是自然灾害频发、地方病和传染病多发地区，因此这些地区面临的自然风险、健康风险和市场风险仍然较大，脱贫人口重新返贫或处于贫困线边缘的低收入者陷入贫困的可能性较大。

国际方面，中国农村扶贫的成功经验对许多发展中国家有启发和借鉴意义。中国的减贫经验对国际减贫努力有相当大的参考价值。联合国粮农组织经济与社会发展署负责人乔莫·桑德拉姆说："中国经验值得学习，我们也希望中国将经验推广到世界，帮助更多国家摆脱贫困。"中国在双边和多边框架内向 120 多个发展中国家实施千年发展目标提供了帮助，除了提供物资和资金援助外，中国还帮助发展中国家培训减贫方面的人员，介绍和推广中国经验。随着中国经济社会的发展，中国在消除贫困、促进国际人权保障方面的贡献会越来越大。

（三）贫困类型转换

第一，由以经济贫困为主转变为经济贫困、社会贫困、资产贫困和生态贫困并存。

第二，由非自愿型和常态型贫困转变为自愿型和偶发型贫困。

第三，由以农村贫困为主转变为农村贫困和城镇贫困并存。这一点尤其重要，2020 年农村绝对贫困人口全部脱贫后，农村居民之间的相对收入差距将日益显现。同时，伴随着城镇化率的提高和市场经济体制的建立，贫困正从乡村向城镇转移，且城镇贫困产生的社会危害更大，尤其应关注从农村转移到城市的新市民群体以及城镇"三无"（无生活来源、无劳动能力又无法定赡养人、扶养人或者抚养人）家庭的贫困问题。

二 后 2020 时代的扶贫战略转向

探讨反贫困问题，实质是分析处于贫困状态的这批人群（贫困人口）的生存状态、基本特征以及如何帮助或引导他们走出贫困状态，同时也要防范处于贫困边缘的人口掉入"贫困陷阱"。传统意义上的反贫困战略侧重于贫困人口所在的地理位置，比如界定贫困县、贫困村等，但相对忽略了贫困个体的生存状态与发展特征。

20 世纪 80 年代中期，我国扶贫战略发生重大转折，即从过去通过经济增长来增加贫困人口收入为主辅以适当救济的反贫困战略，转变为实行以促进贫困人口集中区域自我发展能力提高与推动区域经济发展来实现稳定减贫和消除贫困为目标的战略。2007 年，我国扶贫战略又一次进行了重大调整，即从区域开发扶贫战略转向社会保障扶贫与开发性扶贫相结合的战略，从扶持贫困大区向扶持贫困县继而转向重点扶持贫困村的战略转变，从单一项目扶贫向综合扶贫的战略转变。2013 年再次进行重大调整，即从大水漫灌式的整体扶贫向滴灌式的精准扶贫转变。

与此同时，在治理结构上，扶贫计划和项目的决策经历了从中央高度集权到权力下移到省（任务、责任、资金和权力"四到省"），再到以贫困县为主进而过渡到以村民民主决定为主的转变，从完全的政府主导向政府主导、社会组织参与进而向政府主导、社会组织和受益群体参与、市场运作、成效精准的转变。上述三次战略转变本质上均体现着从"输血"到"造血"的战略转型。

2020 年后，新的形势下致贫和返贫的原因将更加多元化，需要针对未来新的贫困发生机制，寻求更加有效的反贫困策略：由集中性减贫治理转向常规性减贫治理，由主要解决绝对贫困转向主要解决相对贫困，由重点解决农村贫困转向城乡减贫融合推进，由重点解决国内贫困转向国内减贫与国际减贫相结合。

为实现这一战略转换，后 2020 时代贫困的识别和认定将更加具有综合性，即贫困的界定应从经济收入层面，扩大到能力、发展、文化和环境层面。不仅要关注和解决收入贫困，即缺乏满足最低需求的收入和生活支出的贫困，而且要关注和治理发展能力贫困，即缺乏基本发展能力（融入现代社会的能力、适应和驾驭市场等）和知识贫困，即普遍地缺乏获取、学习、应用和交流知识及信息的能力，以及社会责任、环境保护意识和生计可持续发展能力。

三 后 2020 时代的扶贫治理政策走向

结合后 2020 时代的贫困类型转换和致贫原因变化，应对减贫战略转向，需要对后 2020 时代的扶贫治理政策做出必要的调整。

（一）转换"经济增长动能"，实施"新动能减贫"

连片特困区的经济起飞和社会发展是片区贫困问题解决的重要基础，经济新常态下的片区社会经济发展需要新动能，片区区域发展的新动能来源于"改革开放、结构调整、改善民生和城乡居民的活力和创造力"：跨越片区行政规划区隔的制约，协调政府宏观调控与市场机制作用发挥，放管结合，营造公平竞争环境，有效整合城乡发展资源，协同发挥减贫作用；重视网络经济时代的冲击与驱动，以服务业为引领，拉动区域产业结构优化升级，切实推进新型城镇化，大力发展新经济；优化片区社会管理和公共服务，关注民生改善，在连片特困区发展中不断"从区际层面研究经济的调整与转型、技术创新层面研究经济的动力和机遇、体制机制层面研究释放新需求和创造新供给"。

研判连片特困区未来贫困情势，对照片区脱贫攻坚规划要求，需要结合片区"经济增长动能"调整，实施"新动能减贫"：一是转变发展理念，重视乡村价值发现，关注片区发展资源要素的比较优势发挥，如提倡生态绿色减贫理念转变，实质是通过动摇区域社会经济发展质量评价指标理论根源，引导利益相关者发展观，从而彻底转变贫困地区"富裕资源基础上的贫困"这一发展悖论；二是重视结构性贫困问题解决，强调贫困区域发展要素的"流动增益效应"，通过加大人力资本投资、提高公共服务水平和强化制度创新供给不断提高发展要素流动的能力和水平，使得片区贫困问题在要素交互中不断"社会化"，进而在健全制度建构和构筑环境保障的基础上形成"社会合力消除贫困"的社会发展循环；三是注重"城镇与农村"在发展融通过程中形成的"发展梯次驱动"以及在此基础上的发展"螺旋式上升",平滑区域发展差距;四是改善社会发展环境,关注贫困人口发展意愿引领,减少贫困人口的"自愿性贫困",尽可能消减社会排斥和降低贫困人口的相对剥夺感,通过社会整合弥合,增进片区减贫脱贫的正向激励。

(二)结合"新型城镇化建设",推进"城乡统筹减贫"

中央经济工作会议在部署 2017 年经济工作时指出,要继续扎实推进以人为本的新型城镇化工作,连片特困区要将新型城镇化作为片区扶贫开发的重要抓手,梳理新型城镇化建设在"区域公共服务提供、收入分配水平提高、基础设施完善、发展机遇把握、城乡发展规划协调"等方面对于连片特困区城乡发展的影响,关注"新型城镇化在农业转移人口市民化、城乡发展一体化、优化城镇村空间格局和四化协同发展等领域与扶贫开发之间关系",厘清新型城镇化建设给片区新型城乡关系尤其是社会管理政策与制度领域带来的冲击和创新,以新型城镇化与片区扶贫开发的互馈机制建构为依托,逐步形成"以新型城镇化建设关联城乡,在区域扶贫开发中统筹城乡,在扶贫开发与新型城镇化协同发展中实现片区脱贫攻坚目标"的良好发展局面。

依托片区新型城镇化,将城乡扶贫开发有效嵌入,反思中国现行城乡扶贫开发体制,尝试以试点的形式在连片特困区开展统筹城乡扶贫开发治理机制优化:一是在国家扶贫开发战略层面,优化顶层设计,突破传统扶贫开发的城乡分割理念,以实现"扶贫治理的现代化"为导向,兼顾区域自然空间、社会空间与经济空间特征,确定片区城乡统一的贫困标准,尽快建立城乡统一的扶贫开发管理体制和监测体系,整合扶贫开发资源,形成区域扶贫开发合力和提升扶贫资源配置效果。二是在扶贫开发政策体系层面,健全农村贫困人口社会保障,强化城镇贫困人口的扶贫开发,关注城乡"救助型 + 预防型 + 发展型"扶贫开发政策的"全过程、全方位"设计与优化,全局着眼,分类施策。三是在统筹城乡扶贫开发环境保障方面,用系统思维,关注社会主义市场经济条件下的行政规约、资源筹措与合理配置、社会参与、冲突协调和风险防范等作用于统筹城乡扶贫开发工作的配套改革，如颁布"反贫困法"、"统筹城乡反贫困工作条例"、"脱贫人口后期发展扶贫办法"等，为统筹城乡扶贫开发治理提供坚实保障。

（三）健全"益贫性社会政策"，强化"扶贫开发政策衔接"

单纯的经济发展并不能自发地消除贫困，益贫性社会支持政策在反贫困中的作用举足轻重。扶贫开发中的益贫性社会支持政策包括社会保障与社会保护（较之于社会保障，具有主体多元化、对象普适化、领域宽泛化、形式多样化等特征）两类。基于风险社会研究视角，片区扶贫开发、社会保障及其他社会保护政策的提供均是为避免"弱势群体在应对市场经济体制下的贫困风险"。由于贫困风险发生的"主体个性化特征、阶层分布不均、难以预测和避免"等特征，当个体或家庭不足以抵御贫困风险侵袭时即转而要求国家建立社会保障体系，随着现代社会风险程度与复杂性逐渐加剧，社会合力建立贫困风险防范的社会支持政策体系成为必需。

针对统筹城乡条件下的片区贫困风险复杂化、多样化和异质性等发展趋势，未来的统筹城乡扶贫开发工作应注重广泛吸纳社会资源和多元力量，梳理服务于农民工、未就业大学生等不同类型贫困主体利益保障政策，明确小额贷款、专业合作、就业培训等减贫机制的合理性及其与其他社会支持政策的关联，从目标导向、内容结构、保障条件和运作方式等层面构建系统化的益贫性社会支持政策体系，减少政策间隙与资源内耗；同时进一步强化扶贫开发与社会保障政策在理念、标准、业务等方面的衔接，对照体系相对完整的城乡社会保障政策进行"城乡扶贫开发业务流程再造"，逐步实现政策间的衔接，使得二者并行不悖，互为支撑，进一步提高扶贫开发资源配置效率和减贫绩效。

（四）升华"江西扶贫样板"，助力"国际减贫经验输出"

贫困与饥饿依然是制约世界人民共享繁荣的重要因素。数据显示，世界极端贫困人口仍超过 7 亿人。在推动全球减贫事业发展上，中国不仅眼睛向内，专心致志地做好自己国家人口的脱贫事情，更以一个负责任大国的胸襟为全球人口脱贫担责任、作贡献。世行负责贫困和公平全球事务的高级官员安娜·雷文加曾说："中国减贫工作的卓越成就推动了全球贫困人口的下降，中国在减少极端贫困人口方面是世界上其他国家的榜样。"中国政府同国际社会在扶贫开发领域开展交流与合作的方式主要是在贫困地区实施扶贫开发项目，对扶贫开发领域中的重大问题开展前瞻性研究，加强扶贫开发机构能力建设，共建减贫交流合作平台，举办减贫援外培训班，对发展中国家开展减贫项目援助。

服务于全面建成小康社会目标实现，江西紧紧抓住国家支持赣南等原中央苏区振兴发展和推进罗霄山片区扶贫攻坚的重大机遇，抓住"四个重点"，坚持"四个结合"，注意"两条腿走路"，突出"六大模式"，取得了较好的减贫成绩，并逐步形成了扶贫移民搬迁、"雨露计划"、担保贷款产业扶贫到户、村庄整治建设的扶贫工作"江西品牌"，成为全国扶贫工作的"江西样本"，扶贫攻坚成效显著，使贫困人口大幅减少，贫困群众收入稳步提高，贫困地区发展条件不断改善，贫困群众发展的内生动力不断增强。服务于"中国减贫经验走出去"的发展战略，江西扶贫工作应进一步升华"江西扶贫样板"经验，探索适合不同特征贫困群体的扶贫开发模式与典型示范案例，以中国国际扶贫中心为纽带，通过举办减贫援外培训班、承担国家援外（扶贫类）发展项目，加大国际交流力度，分享中国减贫（江西）经验与做法，加快全球减贫事业的进程和步伐。

参考文献

1. 著作与报告类

〔爱尔兰〕安德鲁索：《产业经济学》，经济科学出版社，2009。

柏振忠、李亮：《连片特困山区可持续生计问题与协同发展机制研究》，人民出版社，2015。

陈建军：《要素流动、产业转移与区域经济一体化》，浙江大学出版社，2009。

陈琦、宋雯：《连片特困地区贫困人群自我发展能力研究》，华中科技大学出版社，2015。

程志强：《破解"富饶的贫困"悖论》，商务印书馆，2009。

党国英：《农村治理、社会资本与公共服务》，社会科学文献出版社，2013。

杜传忠：《区际产业分工与产业转移研究》，经济科学出版社，2013。

段会娟：《知识溢出与产业集聚研究》，科学出版社，2013。

共济：《全国连片特困地区区域发展与扶贫攻坚规划研究》，人民出版社，2013。

黄承伟、张琦：《全国连片特困地区区域发展与扶贫攻坚规划研究》，经济日报出版社，2016。

黄细嘉、陈志军：《旅游扶贫：江西的构想和实现途径》，人民出版社，2014。

江西省扶贫和移民办公室：《江西省精准扶贫攻坚政策汇编》，2015。

姜威：《资源整合模式与区域经济发展研究》，人民出版社，2013。

李俊杰：《集中连片特困地区反贫困研究》，科学出版社，2014。

李瑞华:《贫困与反贫困的经济学研究》,中央编译出版社,2014。

李雪峰:《贫困与反贫困:西部贫困县基本公共服务与扶贫开发联动研究》,中国财政经济出版社,2016。

李余、蒋永穆:《中国连片特困地区扶贫开发机制研究》,经济管理出版社,2016。

林重庚、〔美〕迈克尔·斯宾塞:《中国经济中长期发展和转型——国际视角的思考与建议》,余江等译,中信出版社,2011。

刘建娥:《中国乡–城移民的城市社会融入》,社会科学文献出版社,2011。

刘书明:《关中—天水经济区政府合作机制研究》,中国社会科学出版社,2010。

陆汉文:《民乐村:以合作制社会企业推进灾后生计重建》,华中科技大学出版社,2012。

〔德〕马克思:《资本论(第3卷)》,人民出版社,2004。

〔美〕迈克尔·波特:《国家竞争优势》,华夏出版社,2001。

〔美〕B.盖伊·彼得斯:《政府未来的治理模式》,中国人民大学出版社,2001。

〔美〕保罗·A.萨缪尔森、威廉·D.诺德豪斯:《经济学(第十四版)》,北京经济学院出版社,1996。

〔美〕道格拉斯·C.诺思:《制度、制度变迁与经济绩效》,上海三联书店,1994。

〔美〕杰拉尔德·迈耶、约瑟夫·斯蒂格利茨:《发展经济学前沿:未来展望》,中国财政经济出版社,2003。

〔美〕萨缪尔森:《经济学(上册)》,商务印书馆,1980。

〔美〕约翰·罗尔斯:《正义论》,何怀宏等译,中国社会科学出版社,2001。

〔美〕约瑟夫·熊彼特:《经济发展理论》,北京出版社,2008。

〔日〕速水佑次郎:《发展经济学:从贫困到富裕(第3版)》,社会科学文献出版社，2009。

山西推进精准扶贫政策研究课题组：《山西推进精准扶贫政策研究》，中国社会出版社，2015。

石义霞：《中国农村公共产品供给制度研究》，中国财政经济出版社，2011。

史修松：《中国区域经济差异与协调发展研究》，经济科学出版社，2013。

孙根紧：《中国西部地区自我发展能力及其构建研究》，西南财经大学出版社，2014。

孙海燕：《区域协调发展理论与实证研究》，科学出版社，2015。

汤浅诚：《反贫困：逃出溜滑梯的社会》，台北早安财经文化有限公司，2010，第93页。

唐青生：《西部农村金融资源配置研究》，经济科学出版社，2010。

童宁：《农村扶贫资源传递过程研究》，人民出版社，2009。

王俊豪：《政府管制评论》，中国社会科学出版社，2012。

王俊文：《当代中国农村贫困与反贫困问题研究》，湖南师范大学出版社，2010。

温涛：《农村资金配置绩效评价与制度创新研究》，西南师范大学出版社，2011。

习近平：《摆脱贫困》，福建人民出版社，1992。

向德平、张大维：《连片特困地区贫困特征与减贫需求分析：基于武陵山片区8县149个村的调查》，社会科学文献出版社，2009。

徐勇：《反贫困在行动：中国农村扶贫调查与实践》，中国社会科学出版社，2015。

延军平：《西北典型区生态脱贫途径研究》，中国社会科学出版社，2010。

杨云彦：《社会变迁、介入型贫困与能力再造》，中国社会科学出版社，2008。

〔印度〕阿比吉特·班纳吉：《贫穷的本质：我们为什么摆脱不了贫穷》，中信出版社，2013。

〔印度〕阿马蒂亚·森：《贫困与饥荒：论权利与剥夺》，商务印刷馆，2011。

〔印度〕阿马蒂亚·森：《正义的理念》，王磊等译，中国人民大学出版社，2012。

〔英〕哈耶克：《法律、立法与自由（第一卷）》，中国大百科全书出版社，2000。

〔英〕维克托·迈尔·舍恩伯格、肯尼思·库克耶：《大数据时代：生活、工作与思维的大变革》，浙江人民出版社，2013。

〔英〕亚当·斯密：《道德情操论》，蒋自强、钦北愚等译，商务印书馆，1997。

游俊、冷志明、丁建军：《中国连片特困区发展报告（2014－2015）》，社会科学文献出版社，2015。

游俊、冷志明、丁建军：《中国连片特困区发展报告（2013）》，社会科学文献出版社，2013。

张培刚：《发展经济学》，北京大学出版社，2009。

张双棣、陈涛：《古代汉语字典》，北京大学出版社，1998。

张巍：《贫困地区农村公共品供给困境研究》，中国政法大学出版社，2008。

赵敦华：《基督教哲学1500年》，人民出版社，1994。

郑志龙：《基于马克思主义的中国贫困治理制度分析》，人民出版社，2015。

《中共中央国务院关于打赢脱贫攻坚战的决定》，人民出版社，2015。

中国国际扶贫中心：《国际减贫与发展论坛集萃》，社会科学文献出版社，2013。

中国国际扶贫中心：《中国反贫困报告（2015）：市场主体参与扶

贫专题》，华中师范大学出版社，2015。

庄天慧：《西南少数民族贫困县的贫困和反贫困调查与评估》，中国农业出版社，2011。

左常升：《世界各国减贫概要》，社会科学文献出版社，2013。

Joseph E. Stiglitz. *Globalization and Its Discontents*. W. W. Norton & Company，2002.

2. 报刊与学位论文类

柏维春：《政府购买服务相关问题思考》，《人民论坛》2014 年第 3 期，第 28～30 页。

柏振忠、李亮：《连片特困山区可持续生计问题与协同发展机制研究》，科学出版社，2015，第 1～16 页。

鲍芳修、董以红：《区域一体化发展中跨域治理机制探微》，《山东行政学院学报》2015 年第 1 期，第 18～23 页。

鲍曙光：《农村基本公共服务制度研究》，财政部财政所博士学位论文，2014，第 35～42 页。

北京师范大学中国扶贫研究中心课题组：《论中国扶贫开发治理体系和治理能力建设》，《中国延安干部学院学报》2015 年第 1 期，第 124～130 页。

财政部：《关于做好政府购买服务工作有关问题的通知》，《农村财政与财务》2014 年第 1 期，第 54～56 页。

蔡昉：《从投入驱动转向全要素生产率驱动》，《经济参考报》2015 年 3 月 10 日，第 1 版。

陈端计、杨莉莎、史扬：《中国返贫问题研究》，《石家庄经济学院学报》2006 年第 2 期，第 166～169 页。

陈建军、葛宝琴：《区域协调发展内生机制的理论研究》，《中国矿业大学学报》（社会科学版）2008 年第 4 期，第 59～66 页。

陈建军、杨飞：《产业集群价值链升级与县域经济转型升级》，《产业经济评论》2014 年第 7 期，第 93～99 页。

陈良：《贵州农业产业化经营现状、存在问题与对策建议》，《贵州农业科学》2014 年第 2 期，第 248 ~ 252 页。

陈全功、程蹊：《空间贫困理论视野下的民族地区扶贫问题》，《中南民族大学学报》（人文社会科学版）2011 年第 1 期，第 58 ~ 63 页。

陈振明、耿旭：《中国公共服务质量改进的理论与实践进展》，《厦门大学学报》（哲学社会科学版）2016 年第 1 期，第 58 ~ 68 页。

成祖松：《我国区域产业转移粘性的成因分析：一个文献综述》，《经济问题探索》2013 年第 3 期，第 183 ~ 190 页。

池泽新、汪固华：《基于农户视角的农业龙头企业绩效评价研究——以江西为例》，《江西农业大学学报》（社会科学版）2011 年第 3 期，第 26 ~ 33 页。

单纬东：《基于资源理论的贫困县域经济竞争优势的获取》，《中国人口、资源与环境》2007 年第 4 期，第 25 ~ 29 页。

邓维杰：《精准扶贫的难点、对策与路径选择》，《农村经济》2014 年第 3 期，第 123 ~ 125 页。

定军：《国务院扶贫办：全国 7000 万贫困农民 42% 因病致贫》，http://news. sina. com. cn/c/2015 - 12 - 16/doc - ifxmpnuk1595176. shtml。

杜春林、张新文：《项目制背景下乡村公共品的供给嵌入与需求内生》，《广西民族大学学报》（哲学社会科学版）2015 年第 1 期，第 157 ~ 162 页。

范小建：《集中连片特殊困难地区作为新一轮扶贫主战场》，《中国老区建设》2011 年第 2 期，第 4 页。

方世建：《试析效果逻辑的理论渊源、核心内容与发展走向》，《外国经济与管理》2012 年第 1 期，第 10 ~ 17 页。

冯雪飞、董大海、张瑞雪：《互联网思维：中国传统企业实现商业模式创新的捷径》，《当代经济管理》2015 年第 4 期，第 20 ~ 23 页。

付金存、赵洪宝、李豫新：《新经济地理理论视域下地区差距的形成机制及政策启示》，《经济体制改革》2014 年第 5 期，第 43 ~ 47 页。

付少平、赵晓峰：《精准扶贫视角下的移民生计空间再塑造研究》，《南京农业大学学报》（社会科学版）2015 年第 6 期，第 8～16 页。

高尚全：《使市场在资源配置中起决定性作用》，《前线》2013 年第 12 期，第 34～37 页。

高少慧、罗必良、何一鸣：《经济解释范式：经济思想史中的又一次综合》，《中南财经政法大学学报》2016 年第 2 期，第 3～10 页。

顾仲阳：《习近平出席 2015 减贫与发展高层论坛并发表主旨演讲》，《人民日报》2015 年 10 月 17 日，第 1 版。

郭春丽：《加快完善要素市场，推动经济结构战略性调整》，《经济与管理研究》2015 年第 3 期，第 23～29 页。

郭佩霞：《政府购买 NGO 扶贫服务的障碍及其解决》，《贵州社会科学》2012 年第 8 期，第 94～98 页。

郭宇廷：《城镇化让扶贫面临新挑战》，《中国县域经济报》2013 年 3 月 14 日，第 1 版。

国家民委：《2013 年民族八省区农村贫困人口比上年减少 559 万人》，http：//www. gov. cn/xinwen/2014－04/21/content_ 2663679. htm。

郝佳伟：《资源禀赋、锁定效应与内蒙古资源型产业升级路径研究》，内蒙古大学硕士学位论文，2015，第 16～20 页。

何雄浪、胡运禄、杨林：《市场规模、要素禀赋与中国区域经济非均衡发展》，《财贸研究》2013 年第 1 期，第 40～48 页。

洪银兴：《关于市场决定资源配置和更好发挥政府作用的理论说明》，《经济理论与经济管理》2014 年第 10 期，第 5～13 页。

胡朝阳：《政府购买服务的法律调整体系探析》，《学海》2014 年第 4 期，第 146～152 页。

黄承伟、覃志敏：《论精准扶贫与国家扶贫治理体系建构》，《中国延安干部学院学报》2015 年第 1 期，第 131～136 页。

黄承伟、覃志敏：《贫困地区统筹城乡发展与产业化扶贫机制创新》，《农业经济问题》2013 年第 5 期，第 51～55 页。

江建英、郭立群：《区域经济发展与软要素作用探析》，《当代经济》2006 年第 12 期，第 12～13 页。

姜伟：《加快发展互联网经济》，《中国发展观察》2015 年第 7 期，第 25～26 页。

赖运建：《党建引领推进精准扶贫》，《当代江西》2016 年第 4 期，第 20～21 页。

李秉龙、李金亚：《中国农村扶贫开发的成就、经验与未来》，《人民论坛》2011 年第 11 期，第 44～45 页。

李梦竹、王志章：《市场规模、连片特困地区政府扶贫行为的现状与对策研究》，《湖北民族学院学报》（哲学社会科学版）2014 年第 2 期，第 74～78 页。

李鹏：《要素流动对区域经济发展的推动效应》，《中国集体经济》2011 年第 33 期，第 29～30 页。

李小云、唐丽霞、张雪梅：《我国财政扶贫资金投入机制分析》，《农业经济问题》2007 年第 10 期，第 77～82 页。

李小云：《我国农村扶贫战略实施的治理问题》，《贵州社会科学》2013 年第 7 期，第 101～106 页。

李新安：《生产要素区际流动与我国区域经济协调发展》，《区域经济评论》2013 年第 1 期，第 129～134 页。

李亚楠、杨洪涛：《全国扶贫每年花多少钱？千亿扶贫资金到底怎么花？》，http：//ny. china. com. cn/a/guandian/shengshixinwen/2015/1210/16914. html。

林万龙、李成威、陆汉文、曹洪民：《全面深化改革背景下中国特色社会扶贫政策的创新》，《经济纵横》2016 年第 6 期，第 80～85 页。

刘解龙：《经济新常态中的精准扶贫理论与机制创新》，《湖南社会科学》2015 年第 4 期，第 156～159 页。

刘睿、蔡雨成：《去年内蒙古贫困人口减少 30 万》，《中国民族报》2013 年 2 月 5 日，第 1 版。

刘向、温凤仙：《良心·责任·秩序·幸福》，《学术论坛》2014年第 12 期，第 11～15 页。

刘筱红、张琳：《连片特困地区扶贫中的跨域治理路径研究》，《中州学刊》2013 年第 4 期，第 82～87 页。

刘新智、刘雨松、李璐：《创业环境对农户创业行为选择的影响》，《西南大学学报》（自然科学版）2015 年第 4 期，第 1～8 页。

刘一萱、徐婵：《2014 年全国 14 个集中连片特困区交通投资4143.5 亿元》，http：//ccn. people. com. cn/n/2015/0716/c366510 –27316068. html。

刘永富：《2014 全国减贫目标超额完成共 1232 万人脱贫》，ht-tp：//hbfp. cnhubei. com/2015/0304/207009. shtml。

刘远、周祖城：《员工感知的企业社会责任、情感承诺与组织公民行为的关系》，《管理评论》2015 年第 10 期，第 118～127 页。

卢进勇：《国际经济合作》，北京大学出版社，2014，第 8 页。

罗琦、罗明忠：《江西省赣州市农业主导产业选择及其发展策略》，《南方农村》2015 年第 1 期，第 9～15 页。

马仁锋、王筱春：《省域发展潜力影响要素及其作用机理分析》，《云南地理环境研究》2009 年第 6 期，第 87～92 页。

冒佩华、王朝科：《"使市场在资源配置中起决定性作用和更好发挥政府作用"的内在逻辑》，《毛泽东邓小平理论研究》2014 年第 2 期，第 17～23 页。

牛艳梅：《我国反梯度推移理论研究综述》，《时代金融》2012 年第 3 期，第 23～24 页。

欧阳彬、戴钢书：《论重大自然灾害灾后重建的秩序维度》，《科学·经济·社会》2011 年第 3 期，第 15～18 页。

欧阳煌、李思、祝鹏飞：《关于新时期财政扶贫治理困境及破解的思考》，《财政研究》2015 年第 12 期，第 90～93 页。

庞明川：《资源配置效率与公平视野的"强政府－强市场"目标模

式》,《改革》2013 年第 11 期,第 25～36 页。

彭大鹏:《构建良性的"进入—退出"机制是统筹城乡发展的核心》,《湘湘三农论坛》2011 年第 1 期,第 134～138 页。

齐中英、苏树林:《区域发展要素资源流动与可持续发展机制》,《数量经济技术经济研究》2001 年第 10 期,第 16～19 页。

祁子祥:《城市化水平与三次产业结构相关性分析》,《重庆理工大学学报》(社会科学)2015 年第 7 期,第 68～73 页。

钱海燕、沈飞:《地方政府购买服务的财政支出效率评价》,《财政研究》2014 年第 3 期,第 64～67 页。

任嫒、邰秀军:《基于基尼系数的我国农村居民收入的区域差异与分解》,《经济体制改革》2016 年第 1 期,第 70～76 页。

任志锋、陶立业:《论大数据背景下的政府"循数"治理》,《理论探索》2014 年第 6 期,第 82～86 页。

沈开艳、陈建华:《中国区域经济均衡发展趋势的可持续性分析》,《学术月刊》2014 年第 8 期,第 97～105 页。

宋彦峰、夏英:《资源整合产业扩张与扶贫新方式探索》,《农村经济》2011 年第 2 期,第 43～46 页。

苏明、刘军民:《我国减贫形势及未来国家扶贫战略调整的政策取向》,《地方财政研究》2011 年第 11 期,第 31～37 页。

苏明:《中国政府购买公共服务研究》,《财政研究》2010 年第 1 期,第 9～17 页。

孙丹:《国家统计局:2014 年中国城镇化率达到 54.77%》,http://www.ce.cn/xwzx/gnsz/gdxw/201501/20/t20150120_ 4386891.shtml。

孙军、王先柱:《要素流动的层次演进与区域协调发展》,《云南财经大学学报》2010 年第 2 期,第 128～133 页。

孙文华、孙南萌:《市场决定资源配置:现实诉求与改革取向》,《前线》2013 年第 12 期,第 34～37 页。

孙兆霞、张建、毛刚强:《贵州省党建扶贫的源起演进与历史贡献》，《贵州社会科学》2016 年第 2 期，第 11～16 页。

谭贤楚：《"输血"与"造血"的协同——中国农村扶贫模式的演进趋势》，《甘肃社会科学》2011 年第 3 期，第 226～228 页。

谭贤楚、朱力：《基于社会转型的贫困问题及其治理》，《前沿》2010 年第 3 期，第 141 页。

唐志红：《内陆型经济区跨越"梅佐乔诺陷阱"的产业开放路径》，《理论视野》2014 年第 7 期，第 50～52 页。

陶建钟：《风险社会的秩序困境及其制度逻辑》，《江海学刊》2014 年第 2 期，第 95～100 页。

汪涛、杨立华、刘刚等：《市场网络化、外部性与传统关系营销理论的扩展》，《学术研究》2010 年第 10 期，第 49～54 页。

汪向东：《沙集模式引发的思考》，《企业家日报》2014 年 6 月 21 日，第 3 版。

汪行福：《复杂现代性与现代社会秩序重构》，《探索与争鸣》2014 年第 6 期，第 4～10 页。

王国勇、邢溦：《我国精准扶贫工作机制问题探析》，《农村经济》2015 年第 9 期，第 46～50 页。

王健：《西部亟待跳出"因灾返贫"恶性循环》，《新华每日电讯》2014 年 8 月 7 日，第 4 版。

王丽：《公共服务外购：契约经济须先行》，《改革与战略》2015 年第 3 期，第 33～36 页。

王蒙、李雪萍：《行政吸纳市场：治理情境约束强化下的基层政府行为》，《中共福建省委党校学报》2015 年第 10 期，第 89～96 页。

王萍萍、闫芳：《农村贫困的影响面、持续性和返贫情况》，《调研世界》2010 年第 3 期，第 5～6 页。

王三秀：《国外可持续生计观念的演进、理论逻辑及其启示》，《毛泽东邓小平理论研究》2010 年第 9 期，第 79～84 页。

王晓毅：《精准扶贫与驻村帮扶》，《国家行政学院学报》2016 年第 3 期，第 56～62 页。

王浴青：《农村科技扶贫开发与创新路径：重庆例证》，《重庆社会科学》2011 年第 3 期，第 62～66 页。

卫兴华：《法治是市场经济的内在要求》，《红旗文稿》2015 年第 2 期，第 40～41 页。

《习近平关于〈中共中央关于全面深化改革若干重大问题的决定〉的说明》，《求是》2013 年第 22 期，第 19～27 页。

邢成举、葛志军：《集中连片扶贫开发：宏观状况、理论基础与现实选择》，《贵州社会科学》2013 年第 5 期，第 123～128 页。

徐朝东、邓淑琴：《农村脱贫与返贫的纠结与对策》，《老区建设》2011 年第 9 期，第 30～33 页。

颜珂：《农村要防成批因老返贫》，《人民日报》2013 年 5 月 13 日，第 14 版。

杨瑞龙、聂辉华：《不完全契约理论：一个综述》，《经济研究》2006 年第 2 期，第 104～114 页。

姚建军：《深圳战略性新兴产业政策体系的科学化》，《开放导报》2014 年第 6 期，第 73～76 页。

叶文虎、宁淼：《论社会经济发展主导要素的演替》，《中国人口、资源与环境》2006 年第 6 期，第 18～22 页。

殷红梅、徐燕：《贵州省贫困地区乡村旅游产业化扶贫建设模式探讨》，《贵州农业科学》2011 年第 10 期，第 197～200 页。

虞崇胜、余扬：《提升可行能力：精准扶贫的政治哲学基础分析》，《行政论坛》2016 年第 1 期，第 22～25 页。

袁洪飞：《我国区际产业转移粘性影响因素分析》，《当代经济》2014 年第 1 期，第 140～143 页。

曾会生：《2016 年中央财政安排拨付财政扶贫资金 660.95 亿元》，http：//finance. china. com. cn/news/20160719/3818293. shtml。

张立群：《连片特困地区贫困的类型及对策》，《红旗文稿》2012

年第 11 期，第 18～20 页。

张鹏顺：《区域理论视野下的旅游扶贫》，《理论探讨》2011 年第 2 期，第 100～104 页。

张乾友：《官僚制组织的两副面孔》，《北京行政学院学报》2016 年第 1 期，第 62～69 页。

张一鸣：《精准扶贫为新时期中国扶贫格局带来新变化——访北京师范大学经济与资源管理研究院教授张琦》，《中国经济时报》2014 年 10 月 9 日，第 001 版。

赵凯：《农业产业化经营风险分担优化模型》，《江苏农业科学》2013 年第 4 期，第 400～402 页。

赵孟营：《从新契约到新秩序：社会治理的现代逻辑》，《北京大学学报》（哲学社会科学版）2015 年第 2 期，第 106～114 页。

赵艳琴、王文东：《作为秩序的正义》，《甘肃理论学刊》2015 年第 2 期，第 38～42 页。

证券时报网快讯中心：《中国 17 省市盘活扶贫资金 6 亿元　占闲置扶贫资金 72%》，http://finance.sina.com.cn/stock/t/2016 – 08 – 03/doc – ifxunyyf6585807.shtml。

《中共中央关于全面深化改革若干重大问题的决定》，《求是》2013 年第 22 期，第 3～18 页。

钟真、孔祥智：《着力完善新型农业社会化服务体系》，《农民日报》2015 年 1 月 7 日，第 3 版。

周灿：《公共服务视角下德昂族扶贫开发对策研究》，《黑龙江民族丛刊》2015 年第 4 期，第 72～78 页。

周加来、李刚：《区域经济发展差距：新经济地理、要素流动与经济政策》，《经济理论与经济管理》2008 年第 9 期，第 87～92 页。

周伟：《跨域公共问题协同治理：理论预期、实践难题与路径选择》，《甘肃社会科学》2015 年第 2 期，第 171～174 页。

周佑勇：《法治视野下政府与市场、社会的关系定位》，《吉林大学社会科学学报》2016 年第 2 期，第 27～34 页。

朱启臻、梁栋:《基于乡村价值的精准扶贫》,《贵州民族大学学报》(哲学社会科学版) 2016 年第 2 期，第 56～64 页。

Amartya Sen. *The Idea of Justice*. Cambridge，Belk nap Press of Harvard University Press，2009：35 - 38.

Aniruddha Dasgupta，Vivtoria A. Beard. Comniunity Driven Development，Collective Action and Elite Capture in Indonesia. *Development and Change*，2007，38（2）：229 - 249.

Benjamin Müller，Sebastian Olbrich. Developing Theories in Information Systems Research：The Grounded Theory Method Applied. *Information Systems Theory*，2012，（29）：36 - 38.

Burkew J. ，Jaynet S. Spatial Disadvantages or Spatial Poverty Traps：Household Evidence from Rural Kenya. MSU International Development Working Paper，2008：93.

Coady D. P. ，Grosh M. E. ，Hoddinott J. *Targeting of Transfers in Developing Countries：Review of Lessons and Experience*. World Bank Publications，2004：36.

Foss N. J. Capabilities and the Theory of Firm. Revue d'Economie Industrielle，1996，（6）：7 - 28.

Fredrickson H. G. Whatever Happened to Public Administration?：*Governance，Governance Everywhere*. New York：Oxford University Press，2005，（1）：282 - 304.

Gerry Stoker. *Transforming Local Governance：From Thatcherism to New Labour*. London：Palgrave Macmillan，2003：154.

Jyotsna Jalan J，Ravallion M. Spatial Poverty Traps? The World Bank Policy Research Working Paper，1997，（1862）：27.

Krugman P. First Nature，Second Nature，and Metropolitan Location. *Journal of Regional Science*，1993，（2）：129 - 144.

Peteraf M. The Cornerstones of Competitive Advantage：A Resource

Based View. *Strategic Management Journal*, 1993, (14): 179 – 191.

Richard C. Larson, M. Elizabeth Murray. Distance Learning as a Tool for Poverty Reduction and Economic Development: A focus on China and Mexico. *Journal of Science Education and Technology*, 2008, 17 (2): 43.

Rybczynski T. M. Factor Endowments and Relative Commodity Prices. *Economica*, 1955, (22), 336 – 341.

Sen A. The political economy of targeting. World Bank, 1992: 36.

Tom Jones. Policy Coherence, Global Environmental Governance, and Poverty Reduction. *International Environmental Agreements*, 2002, 2 (4): 76 – 82.

Townseng P., *Gordon D. World Poverty: New Policies to Defeat an Old Enemy*. Bristol: The Policy Press, 2002, (3): 171 – 194.

图书在版编目（CIP）数据

连片特困区扶贫资源配置效应与优化机制 / 郑瑞强，
朱述斌，王英著. -- 北京：社会科学文献出版社，
2017. 11

（中国减贫研究书系. 专题研究）

ISBN 978 - 7 - 5201 - 0801 - 0

Ⅰ. ①连⋯　Ⅱ. ①郑⋯ ②朱⋯ ③王⋯　Ⅲ. ①贫困区
- 扶贫 - 研究 - 中国　Ⅳ. ①F127

中国版本图书馆 CIP 数据核字（2017）第 102988 号

中国减贫研究书系 · 专题研究

连片特困区扶贫资源配置效应与优化机制

著　　者／郑瑞强　朱述斌　王　英

出 版 人／谢寿光
项目统筹／谢蕊芬
责任编辑／胡　亮　谢蕊芬

出　　版／社会科学文献出版社 · 社会学编辑部（010）59367159
　　　　　地址：北京市北三环中路甲 29 号院华龙大厦　邮编：100029
　　　　　网址：www. ssap. com. cn
发　　行／市场营销中心（010）59367081　59367018
印　　装／三河市东方印刷有限公司

规　　格／开　本：787mm × 1092mm　1/16
　　　　　印　张：21.75　字　数：311 千字
版　　次／2017 年 11 月第 1 版　2017 年 11 月第 1 次印刷
书　　号／ISBN 978 - 7 - 5201 - 0801 - 0
定　　价／89.00 元

本书如有印装质量问题，请与读者服务中心（010 - 59367028）联系